Évelyne Bérard

Gilles Breton
Yves Canier
Christine Tagliante

STUDIO+

Guide pédagogique

Crédits

Couverture :
« Pyramide du Louvre », architecte I. M. Peï / P. Moulu / Sunset ;
(bg) Éric Audras / 6 PA / Sunset ;
(mb) Coco Marlet / 6 PA / Sunset ;
(bd) Zéphyr Images / Sunset.

Couverture : Michèle Bisgambiglia
Conception maquette : Esperluette
Mise en pages : Nicole Pellieux

© Les Éditions Didier, Paris 2004   ISBN 2-278-05409-0   Imprimé en France

S O M M A I R E

LA COLLECTION STUDIO

La collection Studio comporte deux ensembles d'ouvrages – *Studio 60* et *Studio 100* – et un ouvrage commun, *Studio Plus*.

L'ensemble *Studio 60* convient à des apprenants qui suivent des modules d'apprentissage d'environ 60 heures. L'ensemble *Studio 100* est adapté à des modules d'environ 100 heures (c'est le cas, par exemple, d'un parcours scolaire sur l'année, à raison de 4 heures de cours par semaine).

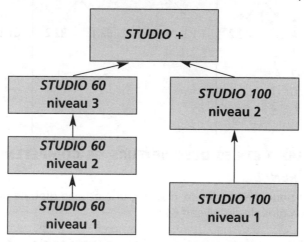

L'ensemble *Studio 60* **niveaux 1, 2 et 3** représente, en fonction de la plus ou moins grande transparence de la langue maternelle de l'apprenant avec le français et des conditions d'apprentissage, environ 180 heures d'apprentissage (trois fois 60 heures).
L'ensemble *Studio 100* **niveaux 1 et 2** représente, toujours en fonction de la langue maternelle de l'apprenant et de la situation d'apprentissage, environ 200 heures d'apprentissage (deux fois 100 heures).

Studio Plus propose entre 150 et 180 heures d'apprentissage en incluant le cahier d'exercices.
La collection Studio représente donc au total environ 350 heures d'apprentissage.

LA COLLECTION STUDIO ET LE *CADRE DE RÉFÉRENCE*[1] DU CONSEIL DE L'EUROPE

Le Cadre européen commun de référence pour les langues: apprendre, enseigner, évaluer a été élaboré par les experts de la Division des Politiques linguistiques du Conseil de l'Europe. Ce *Cadre* décrit aussi complètement que possible ce que les apprenants d'une langue doivent maîtriser afin de pouvoir utiliser cette langue dans le but de communiquer. Il présente six niveaux de compétence en langues, allant de l'utilisateur élémentaire à l'utilisateur expérimenté. Ces niveaux ont été définis et validés grâce à une méthodologie rigoureuse combinant des analyses intuitives, qualitatives et quantitatives.
Deux niveaux concernent l'utilisateur élémentaire (niveaux A1 et A2), deux autres décrivent les compétences de l'utilisateur indépendant (niveaux B1 et B2, le niveau B1 étant mieux connu sous le nom de « Niveau seuil »), les deux derniers niveaux (C1 et C2) présentent les compétences de l'utilisateur expérimenté. La définition de niveaux de compétence permet de mesurer les progrès de l'apprenant à chaque étape de son apprentissage.
Studio Plus amène les apprenants à la maîtrise du niveau B1.

LA COLLECTION STUDIO ET LES NIVEAUX DU *CADRE DE RÉFÉRENCE*

La frontière entre les niveaux est toujours subjective. À partir de quel moment peut-on affirmer qu'un apprenant devient un « utilisateur indépendant » de la langue qu'il apprend? Quand passe-t-il véritablement du niveau A2 au niveau B1?

---

1. *Cadre européen commun de référence pour les langues: apprendre, enseigner, évaluer*, Division des Politiques linguistiques, Conseil de l'Europe, Didier, 2001.

En fonction du volume horaire global d'apprentissage, du rythme (intensif ou extensif), de la transparence de la langue de l'apprenant avec le français, des autres langues étrangères acquises, celui-ci passera plus ou moins rapidement d'un niveau à l'autre.

Les institutions ou les enseignants peuvent, en fonction de leurs obligations ou de leurs choix, désirer valoriser les progrès en cours de niveau et non en fin de cursus. Le *Cadre* permet une arborescence souple, que chaque établissement ou chaque enseignant peut adapter, jusqu'au degré de finesse qui lui convient.

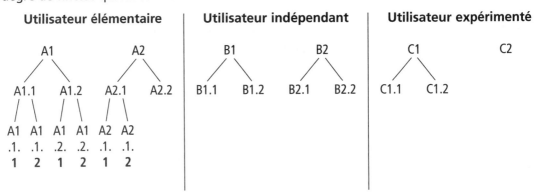

La collection Studio et les descripteurs de compétence du *Cadre de référence*

Le *Cadre* propose pour chacun des six niveaux, une échelle globale de compétence.
Voici la description globale du niveau B1 :

> Peut comprendre les points essentiels quand un langage clair et standard est utilisé et s'il s'agit de choses familières dans le travail, à l'école, dans les loisirs, etc. Peut se débrouiller dans la plupart des situations rencontrées en voyage dans une région où la langue cible est parlée. Peut produire un discours simple et cohérent sur des sujets familiers et dans ses domaines d'intérêt. Peut raconter un événement, une expérience ou un rêve, décrire un espoir ou un but et exposer brièvement des raisons ou des explications pour un projet ou une idée.

Le *Cadre de référence* développe cette échelle globale de façon précise, à l'aide d'une série de descripteurs de compétence détaillés, pour la réception, l'interaction et la production : compréhension orale et écrite, expression orale (en interaction ou en continu) et écrite.
Les descripteurs décrivent globalement des aspects de la compétence, sous forme de tâches communicatives dont la maîtrise est à acquérir.

Dans ce *Guide pédagogique*, les descripteurs du *Cadre* sont rappelés au début de chaque activité.

Studio 60 niveau 1
Les contenus spécifiques (fonctions, notions, grammaire et vocabulaire) du niveau A1 ont été définis, pour le français, à la demande du Conseil de l'Europe, par un groupe de travail appelé « NiCoLaf »[2] (Niveaux de compétence en langue française). *Studio 60* niveau 1 s'est attaché à correspondre à ces contenus. Ainsi, à la fin de *Studio 60* niveau 1, l'apprenant maîtrisera l'ensemble des contenus linguistiques et communicatifs du niveau A1 du *Cadre*.
Studio 60 niveau 2
Un apport de 60 heures d'apprentissage mènera les apprenants à maîtriser les descripteurs de compétence du début du niveau A2 (niveau A2.1).
Studio 60 niveau 3
À l'issue de 180 heures d'apprentissage, les apprenants maîtriseront parfaitement l'ensemble des descripteurs de compétence du niveau A2.

---

2. Jean-Claude Beacco, Simon Bouquet, Rémy Porquier, Didier, 2004.

Studio 100 niveau 1

Ce premier niveau s'attache à faire acquérir à l'apprenant l'ensemble des compétences décrites dans les descripteurs du niveau A1 du *Cadre européen commun de référence* ainsi que certaines de celles du niveau A2.1.

Studio 100 niveau 2

Le second niveau de *Studio 100* permet à l'apprenant de maîtriser parfaitement les descripteurs de compétences du niveau A2 complet ainsi que certaines de celles du niveau B1.1.

Le dernier ouvrage de la collection Studio, **Studio Plus**, mène les apprenants à la maîtrise de l'ensemble des descripteurs du niveau B1, le « Niveau Seuil », pour lequel son concepteur[3] a défini les connaissances et aptitudes requises pour qu'un apprenant parvienne à « communiquer à l'étranger dans les situations de la vie quotidienne et à nouer des relations avec les gens qu'il y rencontre ».

Tout au long de la collection Studio, nous nous sommes attachés à ce que les activités proposées permettent aux apprenants de mettre en œuvre les deux parties de cette définition : « communiquer dans les situations de la vie quotidienne » et « nouer des relations avec les gens ».

LES PRINCIPES APPLIQUÉS DANS LA COLLECTION STUDIO :

UNE MÉTHODOLOGIE ACTIONNELLE

Nous avons privilégié une méthodologie de type « actionnel », considérant que tout apprenant d'une langue doit accomplir des actions, essentiellement langagières mais pas uniquement, afin de communiquer. Dans la collection Studio, ces actions sont traduites sous forme de tâches à réaliser dans des circonstances et des domaines d'action donnés. Les tâches proposées permettent à l'apprenant d'agir en mobilisant toutes ses compétences, langagières, certes, mais également cognitives, affectives, stratégiques et ludiques.

Dans la collection Studio, et plus encore dans **Studio Plus**, les tâches proposées font appel à la part de créativité présente chez chaque apprenant et à sa capacité de jouer avec la langue. Les chansons, les jeux de mots, les énigmes, les tests de personnalité permettent d'utiliser la langue pour le jeu ou pour le plaisir. Pour nous, cet aspect est loin d'être secondaire, il fait entièrement partie du processus d'apprentissage.

Ce travail sur tâche a pour but d'éviter une attitude d'apprentissage passif. Il permet de centrer l'attention de l'apprenant sur ce qu'il doit réaliser et sur les compétences à mettre en œuvre pour le faire. Le professeur anime, organise, sollicite. Il fait en sorte que la communication entre les apprenants, à l'intérieur de la classe, soit directement transposable à des situations que l'apprenant rencontrera avec des locuteurs natifs.

RAPPEL DE L'ORGANISATION DU LIVRE DE L'ÉLÈVE :

PARCOURS, SÉQUENCES, SÉANCES

Studio Plus est constitué de trois parcours. Chaque parcours permet de travailler sur trois savoir-faire appliqués à un domaine de pratique de la langue ; il est composé de quatre séquences d'apprentissage. Une séquence est une unité courte d'enseignement qui amène l'apprenant à maîtriser un savoir-faire complet directement réutilisable. Ces séquences se divisent naturellement en séances, qui correspondent chacune à une séance de cours.

Chaque parcours comprend trois séquences d'apprentissage qui permettent de travailler les objectifs suivants : raconter, décrire / expliquer, argumenter, et une séquence de pratique de ces différents discours. Dans cette dernière, nous proposons des documents authentiques et des activités ludiques qui permettent de reprendre ce qui a été abordé. Cette séquence permet de faire le point sur les composantes de l'acquisition en cours et de consolider la progression de la maîtrise des savoir-faire communicatifs, linguistiques et culturels définis par les objectifs généraux.

La structure de la séquence intègre une première partie d'activités sur l'objectif de la séquence, des rubriques qui portent essentiellement sur des aspects sociolinguistiques, ou socioculturels, puis une deuxième partie qui regroupe des activités et des documents organisés autour d'un thème : la presse, la famille, la vie politique...

---

3. John Trim, Threshold Level, 1975. Version française, sous la direction de Daniel Coste, *Un niveau seuil*, Didier, 1976.

LES OBJECTIFS D'APPRENTISSAGE

Chaque parcours est organisé de façon à ce que les objectifs d'apprentissage soient représentatifs de ce qu'un individu peut faire lorsqu'il est en relation écrite ou orale avec un Français ou un francophone. Lorsque l'on parle ou on écrit à quelqu'un, on utilise différents actes de parole, en fonction de ce que l'on a à dire. C'est pourquoi, selon les séquences, et dans le respect d'une progression linguistique, chaque parcours aborde les macro-actes qui permettent de communiquer : raconter, décrire / expliquer, argumenter.

La dernière séquence du parcours, la séquence *Pratique des discours*, permet, quant à elle, de mettre en œuvre de façon naturelle, l'un ou l'autre, ou même l'ensemble de ces actes, selon la nature de la tâche proposée, en mettant l'accent sur un principe de diversité des documents. Ces dernières séquences proposent également un dossier littérature sur trois auteurs : Albert Camus, Georges Simenon, Marguerite Duras.

LES ÉLÉMENTS LINGUISTIQUES

En ce qui concerne la grammaire, nous proposons à l'apprenant des tableaux récapitulatifs et des exercices qui reprennent les points en principe acquis à ce niveau en les élargissant et en les développant. Par exemple, la séquence 1 inclut un tableau sur les temps du passé (imparfait, passé composé, plus-que-parfait) et des activités permettant d'utiliser ces outils dans des situations de communication. La séquence 5 propose un travail sur la concordance des temps et la séquence 9 introduit le passé simple en compréhension.

Les pictogrammes ⟲ et ⟳ indiquent qu'il s'agit soit d'une reprise, soit de contenus nouveaux.

Nous avons également choisi de travailler le lexique d'une manière plus fine que dans les niveaux précédents : plusieurs activités développent cet aspect de la langue (formation des mots, mots composés, familles de mots…).

LES ASPECTS SOCIOCULTURELS

Les savoirs personnels, individuels de l'apprenant, au sujet de sa propre culture ou des représentations qu'il a de celle de la langue qu'il apprend, sont en permanence sollicités tout au long de la collection Studio.

Lorsqu'une notion culturelle (les valeurs, les croyances, les institutions, etc.), socioculturelle (la vie quotidienne ; les repas, les congés, ou les conditions de vie ; le logement, la couverture sociale, les habitudes de lecture) ou sociolinguistique (par exemple les habitudes d'adresse et de politesse, la façon dont se règlent les rapports entre générations), est proposée dans Studio, elle l'est toujours en fonction de ce que l'apprenant peut en dire, sur un mode de comparaison interculturelle : « voici comment cela se passe dans mon pays, voici les ressemblances ou les différences entre mes pratiques, mes valeurs, et celles de la France et du monde francophone ».

Le fait de traiter de certains thèmes permet aux apprenants d'enrichir leurs connaissances de la culture française et francophone.

LE CAHIER D'EXERCICES

Le cahier d'exercices propose des activités complémentaires et des exercices systématiques qui reprennent le contenu de chaque séquence. Il permet également de développer la maîtrise de discours spécifiques, par exemple, les différents types de courrier.

Le professeur peut choisir de les faire en classe, de les donner à faire en dehors des heures de cours en fonction des besoins et des difficultés des apprenants, et de les corriger en classe.

Cependant, si les apprenants le souhaitent, ils peuvent faire ces exercices d'une manière autonome, car ils sont tous enregistrés sur un CD audio individuel et comportent des corrigés.

L'ÉVALUATION DES APPRENTISSAGES

Dans la collection Studio, nous proposons toujours deux types d'évaluation.
• **Une évaluation formative,** qui peut être réalisée en **autoévaluation** : elle se trouve à la fin de chaque parcours, dans le livre de l'élève. Non notée, elle a un double objectif d'information : information des apprenants sur ce qu'ils sont capables de faire après un parcours d'apprentissage

et information de l'enseignant, qui peut ainsi repérer les points non encore acquis ou en cours d'apprentissage.

• **Une évaluation sommative,** facultative, qui n'apparaît pas dans le livre de l'élève et qui se trouve dans ce guide, à la fin de chaque parcours. Elle est composée de deux, trois ou quatre activités d'évaluation, qui prennent en compte soit des capacités isolées : compréhension orale, compréhension écrite, expression orale et écrite, soit des capacités en interaction : compréhension et expression orale ou écrite. Ces activités sont accompagnées de barèmes de notation. Vous pouvez les utiliser soit en complément de l'évaluation formative, soit en évaluation institutionnelle si votre établissement vous demande une évaluation chiffrée, en fin de cursus.

L'ensemble de ces activités d'évaluation permet de vérifier :
• **que les descripteurs de compétence du niveau B1 du Cadre de référence sont bien maîtrisés ;**
• **que les compétences de l'apprenant correspondent à la définition du niveau B1 : « communiquer à l'étranger dans les situations de la vie quotidienne et nouer des relations avec les gens qu'il y rencontre » ;**
• **que l'apprenant est bien préparé aux épreuves du nouveau DELF[4] B1.**

ORGANISATION DU GUIDE

De même que dans tous les Guides de la collection Studio, celui-ci suit, pas à pas, les activités proposées dans le livre de l'élève.

Pour chaque activité, après avoir indiqué le descripteur du *Cadre* auquel elle correspond, nous rappelons ses **objectifs** et nous donnons une indication approximative de **durée**. Nous proposons ensuite une *Fiche express* qui décrit dans le détail une proposition de déroulement de l'activité. La rubrique *Suggestions*, **remarques** permet de commenter ce qui nous semble important. Lorsque des connaissances extralinguistiques sont nécessaires, nous les signalons systématiquement dans la rubrique *Pour votre information* afin de donner toutes les informations dont le professeur peut avoir besoin pour satisfaire la curiosité des apprenants. Dans cette même rubrique, nous indiquons parfois des titres d'ouvrages ou des adresses de sites Internet qui permettront de se renseigner plus à fond sur des faits linguistiques ou culturels. Enfin, nous faisons des **points formation** qui rappellent des démarches pédagogiques précises.

NOTE :

En ce qui concerne le temps prévu pour la réalisation de chaque activité, il est estimé de façon assez stricte mais cette estimation n'inclut pas le temps consacré par l'enseignant à des explications complémentaires qu'il est nécessairement conduit à donner à ce niveau d'apprentissage. Lorsque le temps est indiqué avec *x min + x min* (*40 min + 20 min*, par exemple), cette indication fait référence :
❶ – au temps de l'activité ;
   – au temps à consacrer au tableau de *Grammaire / communication* et / ou aux exercices ;
❷ – à une activité complexe qui peut être divisée en deux séances de travail. C'est le cas pour des activités de productions orales mais surtout écrites dont la correction peut être plus ou moins longue.
Ces indications de temps sont forcément variables en fonction des conditions d'enseignement et de la plus ou moins grande distance entre la langue cible et la langue maternelle. Elles sont à moduler en fonction :
– du nombre d'apprenants dans la classe ;
– de la nécessité d'apporter, de la part de l'enseignant, des informations sur le plan de la langue, de la culture, de la pragmatique ;
– des nécessités de remédiation ;
– de l'utilisation du cahier d'exercices ;
– de l'utilisation des parties d'évaluation formative et / ou sommative.

---

4. Le DELF (Diplôme d'études en langue française) est délivré par le ministère français de l'Éducation nationale. À partir de 2005, il est totalement aligné sur les six niveaux du *Cadre européen commun de référence pour les langues.*

Compréhension orale

Transcriptions :

1. Vous prenez du sucre avec votre café ?
2. La direction vous souhaite la bienvenue. Cette semaine, nous proposons à notre aimable clientèle une réduction de 10 % sur tous les produits ménagers.
3. Le train en provenance de La Rochelle, prévu quai D à 20h30 arrivera quai B, à 21h30.
4. Demain matin, nous commencerons la journée par une visite du jardin des Tuileries. Puis, nous irons au Grand Palais voir l'exposition Gauguin. Après déjeuner, je vous propose une promenade le long de la Seine et enfin, le soir, direction l'Opéra pour un requiem de Verdi. Beau programme, non ?
5. Pour votre confort et votre sécurité, Voyage Plus vous propose un système de location de voitures, clés en main. Départ de votre domicile et retour de la voiture dans la ville de votre choix. À ne pas manquer ! Offre valable jusqu'à la fin du mois d'octobre.

Structures de la langue : grammaire et lexique

Compréhension écrite

Cette auto-évaluation, proposée en début d'ouvrage, permet de faire le point sur les connaissances des apprenants, qu'elles aient ou non été acquises au cours des niveaux précédents de *Studio 60* ou *100*. Quelles que soient les méthodes d'apprentissage utilisées auparavant, cette auto-évaluation permettra de vérifier si les apprenants ont atteint le niveau A2 du *Cadre européen commun de référence* en ce qui concerne la compréhension et l'expression orale et écrite, en capacité isolée ou en interaction ainsi que les éléments linguistiques qui y sont associés.

Elle est organisée en deux parties. La première est constituée d'exercices d'évaluation conçus pour permettre d'évaluer la maîtrise des descripteurs du *Cadre européen commun de référence*, niveaux A1 et A2. La seconde permet à l'apprenant de réfléchir et d'estimer s'il maîtrise ou non ces descripteurs.

Les deux parties donnent une indication à l'enseignant sur les points acquis, ceux qui sont encore en cours d'acquisition ou ceux qui ne sont pas maîtrisés.

Où en êtes-vous ?
(Environ 30 minutes, corrigé compris.)

Compréhension orale
Corrigé
1. **Oui, un peu. (c)**
2. On peut entendre ce type d'annonce **dans un magasin. (d)**
3. Le train arrivera **de la Rochelle avec du retard. (d)**
4. Le groupe de touristes va **voir une exposition de peinture. (c)**
5. Cette publicité propose **un moyen pratique de louer un véhicule. (c)**

Structures de la langue : grammaire et lexique
Corrigé
1. – Excusez-moi, je suis perdu. **Pour aller (d)** à la poste, s'il vous plaît ?
   – C'est tout droit, à cent mètres.
   – Merci !
2. Pierre vient de téléphoner. Il est à l'aéroport. Il a dit qu'il **avait oublié (c)** son passeport sur la table de sa chambre. Tu peux lui apporter en vitesse ?
3. – Mais il y a un monde fou chez toi !
   – Oui ! Marine a invité tous **ses (c)** amis préférés pour fêter son anniversaire.
4. Dans quelle situation peut-on entendre : *Faites la queue comme tout le monde !* **Dans une boulangerie. (b)**
5. Vous n'arrivez pas à ouvrir votre porte. Quelqu'un passe, vous lui dites : *Vous pouvez me donner un coup de main ?* **(a)**

Compréhension écrite
Corrigé
1.
1. Cette annonce propose un logement **à acheter. (a)**
2. Ce logement est situé **dans une rue tranquille. (c)**

2.

	vrai	faux	?
1. Il s'agit d'une lettre d'invitation.	☒	☐	☐
2. Vincent habite à Marseille.	☐	☒	☐
3. Magali est mariée.	☐	☐	☒
4. Vincent a des enfants.	☐	☐	☒
5. Vincent travaille à partir de 20 h.	☐	☒	☐
6. Magali est fille unique.	☐	☒	☐

3.

	vrai	faux
1. Si on annule son voyage on peut se faire rembourser son billet.	☐	☒
2. On peut acheter ce billet à la gare au dernier moment.	☐	☒
3. Cette promotion est valable toute l'année.	☐	☒
4. La réduction sur Paris-Avignon est la même que celle sur Le Havre-Paris.	☐	☒
5. Le billet le plus cher est celui de Paris-Avignon.	☒	☐

4.

1.	2.	3.	4.	5.
d	b	e	a	c

Production orale et interaction

Les deux premiers sujets donnent lieu à une production orale en monologue, les trois suivants (jeux de rôle), permettent une interaction.
À l'enseignant d'évaluer si les descripteurs concernant la production orale (niveaux A1 et A2 du *Cadre européen commun de référence*) sont maîtrisés.

Production écrite

Il en va de même que pour la production orale ; à l'enseignant d'évaluer si les descripteurs concernant la production écrite (niveaux A1 et A2 du *Cadre européen commun de référence*) sont maîtrisés.

Descripteurs
(Environ 30 minutes.)

Dans cette seconde partie, les descripteurs essentiels de compétence des niveaux A1 et A2 du *Cadre européen commun* sont présentés aux apprenants afin qu'ils puissent, individuellement, estimer à quel point ils les maîtrisent. À cet effet, ils peuvent, après avoir lu le descripteur, réfléchir et déterminer s'ils sont capables de faire ce qui est indiqué, en choisissant entre *Oui, sans problème*, *Pas toujours* ou *Pas encore*. L'enseignant pourra, par la suite, se référer à cette auto-estimation, et veiller à ce que les réponses n'aient pas été dictées par une surestimation ou une sous-estimation.

Production orale et interaction

Production écrite

Descripteurs

Vie personnelle
et sociale

---

séquence 1 : *Raconter*

p. 13

• Nouvelle année

CADRE DE RÉFÉRENCE B1

Compréhension générale de l'oral
Peut comprendre les points principaux d'une intervention sur des sujets familiers rencontrés régulièrement au travail, à l'école, pendant les loisirs, y compris des récits courts.
Monologue suivi : décrire l'expérience
Peut faire une description directe et simple de sujets familiers variés dans le cadre de son domaine d'intérêt.
Peut rapporter assez couramment une narration ou une description simples sous forme d'une suite de points. Peut relater en détail ses expériences en décrivant ses sentiments et ses réactions.
Correction sociolinguistique
Est conscient des différences les plus significatives entre les coutumes, les usages, les attitudes, les valeurs et les croyances qui prévalent dans la communauté concernée et celles de sa propre communauté et en recherche les indices.

Objectif(s) *Repérage d'informations détaillées dans un récit oral d'activités, formulé sur le ton de la conversation.*

FICHE EXPRESS | ± 30 min

❶ Faire lire les items du questionnaire afin de guider l'écoute.
❷ Faire écouter les cinq enregistrements à la suite puis demander si le premier item (*Manger*) s'applique à tous. Faire justifier la réponse.
❸ Faire ensuite écouter le premier enregistrement et faire compléter le questionnaire. Vérifier les items qui ont été cochés et faire justifier les réponses.
❹ Procéder de même pour les autres enregistrements. Pour l'enregistrement B, faire expliquer pourquoi la personne dit : *J'étais bien content d'échapper aux fêtes de fin d'année. Que révèle cette petite phrase sur son caractère ?*

Compréhension orale

• Nouvelle année

Ressources :
• 1 enregistrement
• 4 photos

Transcriptions :
– Qu'est-ce que vous avez fait pour le Nouvel An ?
A. – On est allés chez des amis, tu sais, Paula et Jacques, il y avait ton cousin Joël et sa femme. On a beaucoup mangé, ils avaient fait un super repas, c'était très bon. On a dansé, on s'est bien amusés, c'était un bon début d'année !
B. – Cette année, j'ai fait quelque chose d'assez spécial. Je suis parti une semaine dans le Sud de l'Algérie marcher dans le désert. C'était un voyage organisé, c'était très agréable, j'étais bien content d'échapper aux fêtes de fin d'année. J'ai fait un vrai retour à la nature et en plus, les gens du groupe étaient sympas.
C. – On est sortis avec des copains, on était une vingtaine, on est allés au restaurant, puis après dans une boîte, on a dansé jusqu'à six heures du matin et à sept heures, on est allés prendre un café au bar de la Poste.
D. – Rien de spécial, comme tous les jours on a dîné en famille, puis on a regardé la télé... c'était très calme.

E. – Je suis allée à Paris chez une amie, on a dîné ensemble, puis on est sorties, on s'est promenées jusqu'à deux heures du matin; il y avait du monde dans les rues, les gens étaient très gais, c'était vraiment sympa!

Suggestions, remarques

En fonction du public, cette activité peut avoir différents prolongements :
- En posant la question : *Et vous, qu'avez-vous fait pour votre dernier réveillon de fin d'année ?*
- En travail comparatif interculturel, à partir des situations représentées sur les photos : *Que fait-on, généralement, dans votre pays, pour fêter la fin de l'année ?*

Pour votre information

Le réveillon de Noël se passe habituellement en famille, mais le réveillon du jour de l'An est généralement l'occasion de sorties entre amis ou de soirées chez des amis.
15 % des Français partent faire du ski et réveillonner à la montagne.

Corrigé

	A	B	C	D	E
Manger.	☒	☐	☒	☒	☒
Rester seul.	☐	☐	☐	☐	☐
Regarder la télévision.	☐	☐	☐	☒	☐
Aller au restaurant.	☐	☐	☒	☐	☐
Danser.	☒	☐	☒	☐	☐
Voyager.	☐	☒	☐	☐	☐
S'amuser.	☒	☐	☐	☐	☐
Aller en boîte.	☐	☐	☒	☐	☐
Passer la soirée avec une amie.	☐	☐	☐	☐	☒
Passer la soirée avec la famille.	☐	☐	☐	☒	☐
Passer la soirée avec des copains.	☒	☐	☒	☐	☐
Se promener dans les rues.	☐	☐	☐	☐	☒

**Compréhension orale •
Expression écrite**

● Démarches

Ressources :
• 1 enregistrement

Transcriptions :
– Pff... quelle semaine !
Samedi dernier, j'ai perdu
mon portefeuille avec ma
carte d'identité...
– Mais je croyais que c'était
très facile de faire une carte
d'identité maintenant !
– Tu parles ! J'ai passé ma
semaine à courir dans des
bureaux. C'est certainement
facile de faire une carte
d'identité quand tu as tous
les papiers, mais si tu ne les
as pas, quelle galère !
Je suis allée lundi à la mairie,
on m'a donné un formulaire
à remplir. Il me fallait un
extrait de naissance, j'ai dû
aller dans un autre bureau,
mais c'était trop tard, ils
venaient de fermer !
Mardi, je suis retournée à la
mairie, j'ai obtenu mon
extrait de naissance mais
j'avais oublié de prendre un
justificatif de domicile...
– Qu'est-ce que c'est ?
– Des papiers qui certifient
que tu as un domicile fixe :
une facture de téléphone,
une facture d'électricité, une
quittance de loyer, c'est-à-
dire le papier que fait ton
propriétaire quand tu payes
ton loyer, il faut deux pièces
différentes pour prouver
que tu as un domicile.
Donc, mercredi, je suis
retournée à la mairie pour la
troisième fois, j'avais tout : le
formulaire, l'extrait de naissance, le justificatif de loyer,
les deux photos d'identité,
enfin... je pensais que j'avais
tout.
Quand j'ai perdu mon portefeuille, je n'ai pas fait de
déclaration de perte à la
police. Donc je suis allée au

séquence 1 : Raconter

● **Démarches**

Compréhension générale de l'oral
Peut comprendre une information factuelle directe sur des sujets de
la vie quotidienne ou relatifs au travail en reconnaissant les messages généraux et les points de détail, à condition que l'articulation
soit claire et l'accent courant.
Prendre des notes
Peut prendre des notes sous forme d'une liste de points clés lors d'un
exposé simple à condition que le sujet soit familier, la formulation
directe et la diction claire en langue courante.

Objectif(s) *Repérage d'informations fines dans un récit oral de
type explicatif et chronologique.*

FICHE EXPRESS | ± 30 min

❶ Faire prendre connaissance du document et des questions posées afin
de guider l'écoute.
❷ Faire écouter une première fois l'enregistrement dans sa totalité.
❸ Demander ce qui a été globalement compris : Quelle est la situation ?
Qu'est-il arrivé ? Que s'est-il passé et quand ?
❹ Faire écouter une seconde fois et faire prendre note des documents
à présenter. Vérifier la présence de tous les documents.
❺ Expliquer comment ces documents se présentent et quelles informations y sont portées.
❻ Faire compléter le questionnaire.

Suggestions, remarques

Le récit étant chronologique, on peut, dans un premier temps, faire
repérer les jours de la semaine (lundi, mardi, mercredi), puis demander
de prendre des notes sur les démarches qui ont été faites ces jours-là.
Exemple : Le lundi, la personne est allée à la mairie et a rempli un formulaire. Le mardi, elle est retournée à la mairie pour obtenir un extrait
de naissance. Le mercredi, elle est allée une troisième fois à la mairie
avec son formulaire, son extrait de naissance, son justificatif de domicile
et ses deux photos. Elle est également allée au commissariat pour obtenir un justificatif de déclaration de perte.

Pour votre information

• En France, la carte d'identité se présente désormais sous la forme d'un
petit carton plastifié. Elle comporte les informations habituelles sur ce
genre de document : nom, prénom(s), sexe, date et lieu de naissance,
taille, signature...

commissariat, j'ai attendu une heure pour avoir le papier de déclaration de perte ! Je suis retournée à la mairie et enfin, j'ai tout déposé, j'aurai ma carte dans trois semaines…
– Eh bien, tu vois il vaut mieux ne pas perdre son portefeuille, il y avait d'autres papiers importants dedans ?
– Non, enfin, je crois pas…

Sur l'extrait d'acte de naissance figurent :
– le nom, les prénoms et le sexe de la personne concernée ;
– l'année, le jour, l'heure et le lieu de naissance ;
– les noms et prénoms, dates et lieux de naissance des père et mère.
Pour en savoir plus : http://www.service-public.fr/
• L'expression imagée *Quelle galère !* signifie *Quelle aventure !*, en suggérant toutes les difficultés qu'il y a à surmonter.

POINT FORMATION : LA PRISE DE NOTES (1/3)

La prise de notes efficace est celle où l'apprenant est capable de reformuler, avec ses propres mots, ce qu'il a entendu, en résumant et synthétisant ce qui est important. Nous n'en sommes pas encore là…
Pour le moment, la prise de notes concerne les informations factuelles, présentées dans un ordre chronologique.
La prise de notes permet de recueillir de l'information afin de la réutiliser. Elle sollicite :
– une écoute active, puisqu'elle doit donner lieu à une transcription ;
– un passage de la phonie à la graphie, qui permet une fixation de l'orthographe lexicale et une réflexion sur l'orthographe grammaticale ;
– une organisation logique répondant aux questions : *Qui ? Quoi ? Quand ? Où ? Comment ? Pourquoi ? Combien ?* ;
– un effort concernant le choix des mots-clés à noter.

Corrigé

Carte nationale d'identité
• *Qui peut l'obtenir ?*
Une personne de nationalité française.
• *Que faire pour l'obtenir ?*
– Se présenter à la mairie du domicile.
– Remplir **un formulaire**.
– Présenter les pièces suivantes :
1. **Un extrait de naissance.**
2. **Un justificatif de domicile.**
– Fournir **deux photos d'identité**.
• *Délai d'obtention*
Première demande : minimum 7 jours.
En cas de perte ou de vol : **trois semaines**.
• *Que faut-il faire en cas de perte ou de vol ?*
Présenter **une déclaration de perte ou de vol**.

**Compréhension écrite •
Expression écrite**

• Accidents de surf

Ressources :
• 5 témoignages écrits
• 1 photo

• Accidents de surf

CADRE DE RÉFÉRENCE B1

Lire pour s'orienter
Peut trouver et comprendre l'information pertinente dans des écrits quotidiens tels que lettres, prospectus et courts documents officiels.
Écriture créative
Peut écrire la description d'un événement, un voyage récent, réel ou imaginé.

Objectif(s) *Repérage d'informations détaillées dans de courts récits écrits. Réutilisation de certains éléments du récit pour la rédaction d'un récit personnel.*

FICHE EXPRESS | ± 15 min

Activité 1:

❶ Faire lire, dans un premier temps silencieusement et individuellement, chacun des récits.

❷ Faire repérer, à l'aide des marques du féminin, les récits qui ont été écrits par des femmes (**3** et **4**).

❸ Pour les récits **1**, **2** et **5**, faire repérer les indications de localisation: *Hawaï, Californie, Natal*.

❹ Faire ensuite repérer les indications présentes dans les descriptifs des personnes qui peuvent mettre les apprenants sur la piste des réponses correctes (deux filles dont une collégienne qui vit en Australie et une débutante; trois hommes).

❺ Faire mettre en relation les récits et les personnes et faire justifier les réponses.

Corrigé

1. **e:** Pedro Garcia (représentant: *Mon entreprise m'avait envoyé à Hawaï*).
2. **d:** Paul Smith (américain, 55 ans, fait du surf depuis l'âge de 15 ans: *je fais du surf depuis quarante ans*).
3. **a:** Fanny Wilson (collégienne australienne, surf à *Perth avec des copains du collège*).
4. **b:** Isabelle Comte (débutante: *Je débutais*).
5. **c:** Sergio do Santos (brésilien: *Chez moi, à Natal*).

FICHE EXPRESS | ± 30 min

Activité 2:

❶ Donner des consignes de longueur du texte à rédiger et de temps de rédaction. Par exemple, entre 30 et 40 mots, 15 minutes maximum.

❷ Passer dans les groupes pour apporter votre aide (vocabulaire et structures). Si vous constatez des erreurs sur les temps, demandez aux apprenants de se référer au tableau de grammaire de la page 15, qui reprend les temps déjà connus en exemplifiant les usages.

❸ À la fin du temps imparti, procéder à une correction collective. Lors de correction d'erreurs sur les temps, ou d'interrogations des apprenants, faire référence au tableau de grammaire.

POINT FORMATION: LA CORRECTION COLLECTIVE DES PRODUCTIONS ÉCRITES

Procéder à une correction collective fait gagner du temps et permet de corriger l'ensemble des erreurs de production, à condition de les classer par type d'erreurs. Voici une possibilité de correction collective:

• Un des apprenants écrit la production de son groupe au tableau.
• Les autres apprenants seront sollicités pour corriger les erreurs présentes sur le tableau, et chacun, ensuite, individuellement, corrigera le même type d'erreur sur sa propre production.
• On examinera d'abord globalement le texte, sans examiner les erreurs de type linguistique (morphosyntaxe et lexique): comprend-t-on de quoi il s'agit?
• Dans un second temps, on s'attachera aux erreurs éventuelles de registre de communication.
• Puis, les accords singulier / pluriel et masculin / féminin.
• Les erreurs sur les temps.
• L'emploi des mots de liaison, des interrogatifs, des démonstratifs.
• Enfin, les erreurs d'orthographe.

Tableau de grammaire / communication :
passé composé / imparfait / plus-que-parfait

Demander aux apprenants de lire ce tableau, partie par partie. Leur demander s'ils ont des questions ; une mise au point sur les indicateurs sera peut-être nécessaire.

Solliciter les apprenants pour qu'ils proposent des règles d'utilisation, leur demander de donner des exemples sur les indicateurs en référence à une action finie.

Hier, il y a

Habitude : *tous les dimanches, chaque lundi, tous les deux jours.*

Durée : *pendant sept ans.*

Avant / maintenant.

Exercice : Les temps du récit

Corrigé

Il y a longtemps, je suis allée à Rio de Janeiro, j'**avais** des amis qui **travaillaient** là-bas. Je les **avais rencontrés** lorsque je **faisais** mes études à Toulouse. Ils m'**avaient invitée** à visiter le Brésil et j'**avais accepté** leur invitation. J'**avais passé** un mois très agréable. Lui **travaillait** dans une grande entreprise française, mais elle ne **travaillait** pas. J'**étais partie** avec elle dans le Nordeste puis à Manaus, on **avait fait** un voyage merveilleux. Et puis je les **avais perdus** de vue.

Et hier, dans le métro, je les **ai rencontrés** et nous **sommes allés** dîner ensemble le soir. Ils **vivent** maintenant à Athènes et ils m'**ont invitée** à aller les voir à Pâques. Génial !

Exercice : Le plus-que-parfait

Corrigé

1. Mouloud s'est fait voler sa voiture décapotable, il l'**avait** achetée il y a une semaine.
2. J'ai rencontré Martine samedi, je ne l'**avais** pas vue depuis un an.
3. Il a acheté un billet pour les Seychelles et il **est** parti immédiatement.
4. En juin, Simon **a** passé le bac, il l'**a** raté ; c'est la deuxième fois, il l'**avait** déjà raté l'année dernière.
5. Frédéric n'**a** / **avait** pas fait son travail dans les délais, son professeur s'est mis en colère.
6. Nous **avons** visité la Grèce à Noël, nous y **sommes** / **étions** déjà allés en 1999.
7. Nous **avons** acheté cette maison il y a trente ans, à l'époque, c'était très calme, et puis les choses ont changé, on **a** construit une autoroute tout près.
8. Il **était** déjà parti quand je suis arrivé.

Ressources :
• 1 enregistrement

Transcriptions :
– Allô ?
– Salut, Mathias, ça va ?
– Oui, et toi ?
– Oui ! Qu'est-ce que tu fais ce soir ?
– Oh, rien de spécial, j'ai un peu de travail.
– On pourrait sortir ?
– Ouais, je sais pas... je n'ai pas un bon souvenir de notre dernière sortie...
– Pourquoi ?
– Tu ne te souviens pas ? Tu as voulu aller dans un super resto et au moment de payer, tu avais oublié ta carte de crédit, ça m'a coûté cher, cette soirée !
– Allez, je te promets ; ce soir, c'est moi qui paie. On se retrouve au bar des Amis à 8 h ?
– Pas au bar des Amis : il y a quinze jours, je t'ai attendu pendant une heure, tu avais perdu tes clés de voiture !
– Ok ! Passe me chercher au bureau, alors.
– Bon, d'accord...

• Je ne veux plus sortir avec toi !

CADRE DE RÉFÉRENCE B1

Comprendre une interaction entre locuteurs natifs
Peut généralement suivre les points principaux d'une longue discussion se déroulant en sa présence, à condition que la langue soit standard et clairement articulée.
Essais et rapports
Peut résumer avec une certaine assurance une source d'informations factuelles sur des sujets familiers courants et non courants dans son domaine, en faire le rapport [et donner son opinion].

Objectif(s)
Transposition du discours oral au récit écrit. Application des règles de la concordance des temps.

FICHE EXPRESS | ± 20 min

❶ Faire écouter une première fois le dialogue et demander si Mathias va, en définitive, accepter la sortie proposée par Jean-Paul.

❷ Faire expliquer ses réticences. Que peut-on en déduire de son caractère ? Que peut-on en déduire de ses relations avec Jean-Paul ?

❸ Faire écouter une seconde fois et faire prendre en note des éléments qui vont être utilisés dans la transposition écrite.

❹ Faire définir les actes de langage qui vont donner lieu à des verbes introductifs du discours rapporté.
EXEMPLES :
– *On pourrait sortir ?* → proposer quelque chose → Jean-Paul propose...
– *Tu ne te souviens pas ?* → expliquer → Mathias explique pourquoi...
– *Allez, je te promets* → promettre → Jean-Paul promet, s'engage à...
– *Bon d'accord* → accepter → Mathias finit par accepter...

Suggestions, remarques

Demander aux apprenants de se référer au tableau de grammaire de la page 15 lors de la rédaction du récit.

séquence 1 : *Raconter*

p. 17

• Histoires drôles

CADRE DE RÉFÉRENCE B1

Monologue suivi : argumenter
Peut donner brièvement raisons et explications relatives à des opi-nions, projets et actions.

Objectif(s) Sensibilisation au discours logique : organisation des phrases explicatives.

FICHE EXPRESS ± 40 min

❶ Faire lire les histoires et demander aux apprenants de retrouver ce qui est drôle :
  • *J'ai été heurté de plein fouet par un poteau :* mauvaise utilisation du passif.
  • *Je suivais une voiture quand celle-ci s'est arrêtée à un feu rouge, à ma grande surprise :* il est normal de s'arrêter au feu rouge, il n'y a pas de raison d'être surpris.
  • *J'ai signé le constat mais ça ne compte pas, j'avais pas mes lunettes, j'ai rien vu de ce qui était dessus :* on ne signe pas un constat sans le lire.
  • *Une auto invisible est sortie de nulle part, elle a heurté la mienne, et a disparu :* l'auto est présentée comme une personne, avec une intention.
  • *J'ai été victime d'un accident de la circulation, provoqué par un chien en bicyclette :* l'ordre des mots dans la phrase laisse à penser que c'est le chien qui est en bicyclette.
❷ Faire transposer la phrase à la forme active : *J'ai heurté un poteau de plein fouet.*
❸ Procéder de même pour les phrases suivantes.

Pour votre information

L'expression *de plein fouet* signifie « de face, en ligne droite, directe-ment » (*Dictionnaire des expressions et locutions*, Dictionnaires Le Robert, collection « les usuels du Robert », Alain Rey et Sophie Chantreau).

Tableau de grammaire / communication : les pronoms relatifs

Tableau de rappel : demander aux apprenants de s'y référer à chaque fois qu'une erreur sur les relatifs est commise. Faire retrouver la rubrique correspondant à l'erreur commise.

Exercice : Les pronoms relatifs

Corrigé

1. Le jeune homme **dont** tu m'avais parlé n'est pas venu au rendez-vous **que** je lui avais fixé.
2. La fille **qui** est amoureuse de Jules est très jolie.
3. Les personnes **dont** vous avez la charge peuvent déclarer leurs reve-nus sur votre déclaration.
4. Le travail **que** vous m'avez promis de faire doit être terminé pour lundi.
5. La dame à **qui** tu as téléphoné hier soir vient de rappeler.
6. Il y a un problème **dont** j'ignorais l'existence.
7. Ce garçon a des qualités **que** tu ne dois pas sous-estimer.
8. C'est le restaurant **où** nous nous sommes connus.

**Compréhension écrite •
Expression écrite**

• Histoires drôles

Ressources :
• 5 petites histoires drôles
• 1 dessin

Exercice :
Les pronoms relatifs

p. 18

• RUBRIQUES : Les mots composés

CADRE DE RÉFÉRENCE B1

Pas de descripteur disponible.

• RUBRIQUES :
Les mots composés

Ressources :
• 1 texte
• 1 liste de définitions
  à relier aux mots
  composés
• 2 dessins

Objectif(s) *Les pages* **Rubriques** *ont pour fonction de donner des informations de type socioculturel, sociolinguistique ou politique sur la France et le monde francophone. Les textes proposés sont toujours accompagnés de consignes qui rendent l'activité dynamique.*
Acquisition de vocabulaire, rappel.

FICHE EXPRESS | ± 45 min

Activité 1 :
❶ Faire lire la définition du deux-roues. Faire dégager la qualité principale des deux-roues (ce sont des véhicules motorisés qui servent à transporter les personnes) et faire relever ce qui est drôle.

Activité 2 :
❷ Demander aux apprenants de faire des hypothèses sur les mots composés.

Corrigé

1.	Petit animal nocturne.	→ **c)**	chauve-souris
2.	Véhicule qui roule en dehors des routes.	→ **h)**	tout-terrain
3.	Se trouve généralement au-dessus d'un fauteuil.	→ **i)**	appuie-tête
4.	Ville principale d'un canton ou département.	→ **j)**	chef-lieu
5.	Ensemble d'immeubles où les gens viennent pour dormir.	→ **d)**	cité-dortoir
6.	Instrument pour déboucher une bouteille.	→ **k)**	tire-bouchon
7.	Temps de repos dans un match de football, rugby ou hockey.	→ **l)**	mi-temps
8.	Système par lequel on devient propriétaire d'une maison, d'une voiture.	→ **b)**	location-vente
9.	Cartable.	→ **f)**	porte-documents
10.	Sert à écrire.	→ **g)**	porte-plume
11.	Problème très difficile à résoudre.	→ **a)**	casse-tête
12.	Personne qui ne cesse de vous harceler.	→ **e)**	casse-pieds

Suggestions, remarques

Prolongement : faites l'exercice inverse. À l'aide d'une liste de mots composés que vous souhaitez proposer, faites trouver une définition convenable qui obtient le consensus du groupe. EXEMPLES : tire-fesses, chèque-voyage, amuse-gueule, rabat-joie.

• RUBRIQUES : *Quelqu'un m'a dit,* Carla Bruni

CADRE DE RÉFÉRENCE B1

Pas de descripteur disponible.

Objectif(s) *Découverte d'une chanteuse et d'une chanson très appréciées du public français.*

FICHE EXPRESS | ± 45 min

❶ Faire écouter la chanson et faire élucider le vocabulaire par le groupe en demandant des synonymes ou des phrases explicatives (*faner, un salaud, nos chagrins, le destin, se moquer, les traits*). Faire remarquer qu'un synonyme de tristesse est dans le texte et le faire retrouver.
❷ Poser des questions aux apprenants :
– Quelle impression se dégage de la chanson ?
– Quel est le thème de la chanson ?
❸ Repérer le refrain, éventuellement l'écrire au tableau.
❹ Faire écouter une ou deux fois chaque partie.
❺ Faire lire le texte en écoutant la chanson.
❻ Demander l'avis des apprenants.

Pour votre information

Carla Bruni

Mannequin-vedette des années quatre-vingt-dix, Carla Bruni est l'auteur-compositeur de la chanson *Quelqu'un m'a dit*. (Pour plus d'informations, se reporter à la biographie, page 56 du livre de l'élève.)

POINT FORMATION : TRAVAILLER UNE CHANSON (1/3)[1]

Il n'existe pas d'approche unique de la chanson en classe de langue. Selon ses objectifs, on peut vouloir privilégier l'accès au sens, le linguistique ou la mélodie. On peut commencer par faire écouter la chanson, mais on peut également faire découvrir le texte avant.

Typologie d'exercices permettant un accès au sens

1. L'écoute sans le texte

Il s'agit de placer l'apprenant en situation d'écoute active avec l'aide d'une ou de plusieurs grilles d'écoute préétablies ou d'une grille mixte, reprenant certains éléments des grilles suivantes.

---

1. Cette fiche est extraite de l'ouvrage *La classe de langue*, Christine Tagliante, col. Techniques de classe, Clé international, 1994.

• RUBRIQUES :
Quelqu'un m'a dit

Ressources :
• l'enregistrement original de la chanson
• le texte de la chanson
• 1 photo de Carla Bruni

Transcriptions :
On me dit que nos vies ne
      [valent pas grand-chose,
Elles passent en un instant
      [comme fanent les roses.
On me dit que le temps qui
      [glisse est un salaud
Que de nos chagrins il s'en fait
      [des manteaux

Pourtant quelqu'un m'a dit
Que tu m'aimais encore,
C'est quelqu'un qui m'a dit
Que tu m'aimais encore.
Serait-ce possible alors ?

On m'dit que le destin se
      [moque bien de nous
Qu'il ne nous donne rien et
      [qu'il nous promet tout
Paraît que le bonheur est à
      [portée de main,
Alors on tend la main et on se
      [retrouve fou

Pourtant quelqu'un m'a dit...

Mais qui est-ce qui m'a dit que
      [toujours tu m'aimais ?
Je ne me souviens plus c'était
      [tard dans la nuit,
J'entends encore la voix,
   [mais je ne vois plus les traits
« Il vous aime, c'est secret, lui
      [dites pas que j'vous l'ai dit »

Tu vois quelqu'un m'a dit
Que tu m'aimais encore,
Me l'a t'on vraiment dit
Que tu m'aimais encore,
Serait-ce possible alors ?

On me dit que nos vies ne
      [valent pas grand-chose,
Elles passent en un instant
      [comme fanent les roses
On me dit que le temps qui
      [glisse est un salaud
Que de nos tristesses il s'en
      [fait des manteaux,

Pourtant quelqu'un m'a dit que...

1.1. Grille situationnelle

Elle permet, par un jeu de questions / réponses, de définir la situation et de la présenter sous forme de grille, au tableau.

Quoi ? Y a-t-il une action que l'on puisse définir ? Peut-on dire ce qui se passe ? Est-ce une action présente ou future ?

Où ? Peut-on situer le lieu où se passe cette action ? Y a-t-il des noms de pays, de lieux, de villes, de rues que l'on peut repérer ?

Qui ? / De qui ? Qui est le personnage qui chante ? Peut-on le définir ? Y a-t-il d'autres personnages que l'on peut caractériser ?

Quand ? Peut-on dire à quel moment se passe l'action ?

1.2. Grille d'impressions et de sentiments

Proposer au tableau ou sur une feuille photocopiée distribuée à chacun ou par groupe, une série de sentiments ou d'impression que vous aurez préétablie. EXEMPLES : la tendresse, la mélancolie, le désespoir, la honte, la violence, la joie, le bonheur, le désordre, la peur, la tristesse, etc.) puis poser la question : *Quelle est l'impression dominante qui se dégage de cette chanson ?* et faire justifier les réponses.

1.3. Grille thématique

Quel est ou quels sont les thèmes traités ? Proposer une liste de thèmes dont seuls certains sont traités dans la chanson et faire justifier les réponses. EXEMPLES : l'aventure, la perte d'un amour, la vieillesse, la mort, la solitude, etc.

1.4. Grille lexicale

Proposer une grille qui comporte des mots et des expressions présents dans le texte de la chanson, ainsi que des mots phonologiquement ou sémantiquement proches qui n'y sont pas présents. Faire cocher ceux qui ont été entendus.

1.5. Grille *vrai / faux*

Proposer une liste d'affirmations portant sur le contenu du texte.
Soit sur la caractérisation des personnages.
EXEMPLES :

	vrai	faux
La femme qui chante a un caractère mélancolique.	☐	☐
La femme qui chante a un caractère joyeux.	☐	☐
Elle est totalement désespérée.	☐	☐
Elle est pleine d'espoir.	☐	☐

Soit sur des actions, des lieux, le moment où se déroule l'action, etc.

Pour aller plus loin, le site du Cavilam :
http://www.leplaisirdapprendre.com propose d'autres exploitations.

• Insolite

CADRE DE RÉFÉRENCE B1

> *Compréhension générale de l'écrit*
> Peut lire des textes factuels directs sur des sujets relatifs à son domaine et à ses intérêts avec un niveau satisfaisant de compréhension.

Objectif(s) *Recherche d'information dans des documents courts informatifs présentant des faits divers peu ordinaires. Compréhension fine.*

FICHE EXPRESS ± 30 min

❶ Faire lire les questions de façon à susciter une lecture active (l'apprenant sait ce qu'il recherche dans le texte).

❷ Faire éventuellement expliciter le vocabulaire (*un exploit*).

❸ Faire lire le premier texte, poser des questions sur la compréhension globale du texte, puis le faire reformuler pour s'assurer de la compréhension fine. EXEMPLE : deux personnes, dont ne connaît pas l'identité, ont accroché un tableau sur le mur d'un musée. Ils voulaient protester parce qu'ils trouvent que l'art moderne n'a pas beaucoup de valeur.

❹ Procéder de même pour chacun des textes suivants en faisant éventuellement expliciter le vocabulaire.

❺ Faire ensuite répondre aux questions posées et faire justifier les réponses.

Suggestions, remarques

Il est également possible de commencer par faire lire les textes.

Corrigé

Fait divers le plus triste : **5**.
Fait divers qui présente un exploit : **4**.
Fait divers le plus drôle : **1**.
Fait divers qui fait allusion à l'égalité des sexes : **3**.
Fait divers qui concerne un produit alimentaire : **6**.
Fait divers qui fait allusion à une décision légale : **2**.

Exercice : Syntaxe des verbes

Corrigé

1. Jacques va arrêter **de** travailler dans deux mois.
2. Le conseil d'administration a approuvé le budget.
3. J'ai décidé **de** partir immédiatement.
4. Nous n'avons pas réussi **à** savoir ce qu'elle voulait.
5. Je suis très content **de** vous accueillir.
6. Cette association lutte **contre** l'exclusion.
7. Roselyne n'a pas cessé **de** me parler pendant le cours.
8. On lui a interdit **de** parler.

Compréhension écrite • Expression orale

• Insolite

Ressources :
• 6 brèves AFP avec photos

Exercice :
Syntaxe des verbes

p. 21

• Pas de chance !

CADRE DE RÉFÉRENCE B1

Monologue suivi : décrire l'expérience
Peut décrire un événement, réel ou imaginaire.
Peut raconter une histoire.

Objectif(s)   *Imaginer une histoire et la raconter.*

FICHE EXPRESS   ± 45 min

❶ Chaque dessin permet d'imaginer une histoire en répartissant les événements dans le temps. Quelque chose est arrivé avant et a produit un effet.

❷ Faire observer les dessins puis répartir les apprenants par groupes en ou en tandems.

❸ Indiquer précisément les consignes de temps : 10 minutes maximum pour choisir un dessin, imaginer l'histoire, choisir qui, dans le groupe ou dans le tandem, va la raconter, mettre par écrit les grandes lignes.

❹ L'enseignant passe dans les groupes pour apporter un complément de vocabulaire ou faire rectifier une structure mal utilisée.

❺ Au bout de 10 minutes, les rapporteurs des groupes racontent leur histoire. Le groupe choisit celle qui lui plaît le plus et justifie son choix.

Tableau de grammaire / communication : le passif

Demander aux apprenants de s'y référer, si besoin, pour élaborer leur histoire ou pour faire l'exercice.

Exercice : Le passif

Corrigé

1. La demande d'extradition de Marc Maleur a été rejetée par la Suisse.
2. Les objets personnels d'André Breton ont été vendus aux enchères.
3. Le porte-avion *Joffre* a été racheté par le Brésil.
4. 200 hectares de forêt ont été détruits par un incendie.
5. Le prix Fémina a été attribué à Yves Simon.
6. Le mariage de l'acteur Charles Ducrot a été annulé par le pape.
7. L'équipe de France de rugby a été battue par l'Angleterre.

Expression orale

• Pas de chance !

Ressources :
• 4 dessins

Exercice : Le passif

séquence 1 : *Raconter*

pp. 22-23

• La presse écrite en France

CADRE DE RÉFÉRENCE B1

Lire pour s'orienter
Peut parcourir un texte assez long pour y localiser une information recherchée et peut réunir des informations provenant de différentes parties du texte ou de textes différents afin d'accomplir une tâche spécifique.

Objectif(s) **Compréhension fine. Recherche d'information dans différents textes descriptifs et explicatifs.**

Compréhension écrite

• La presse écrite en France

Ressources :
• 1 texte
• 5 photos

FICHE EXPRESS ± 30 min

❶ Faire prendre connaissance des questions auxquelles les apprenants devront répondre après avoir lu les textes afin de guider la lecture.

❷ Faire lire les grands titres : *Les quotidiens*, puis *La presse magazine* et faire expliquer ce dont il s'agit. S'assurer du consensus.

❸ Faire ensuite lire les sous-titres : *Les quotidiens nationaux*, puis *Les quotidiens régionaux*. S'assurer de la compréhension des sous-titres en demandant des titres de quotidiens présents dans le pays.

❹ Faire lire à voix haute par un apprenant le premier paragraphe et faire répondre à la première question.

❺ Faire lire le second paragraphe. Faire répondre aux deux questions suivantes.

❻ Même démarche pour les autres paragraphes, chacun d'entre eux donnant la réponse aux questions.

❼ À partir de la photo de droite, p. 23, demander aux apprenants de trouver le thème de chaque magazine en faisant des hypothèses sur le titre.

Corrigé

	vrai	faux
1. Il y a plus de quotidiens nationaux que régionaux.	☐	☒
2. Depuis 1945, le nombre de quotidiens a doublé.	☐	☒
3. La concurrence des autres médias explique l'évolution de la presse écrite.	☒	☐
4. La France est en dernière position en Europe pour la vente de quotidiens.	☒	☐
5. Il existe des quotidiens spécialisés dans certains domaines.	☒	☐
6. Il y a deux quotidiens liés à des partis politiques.	☐	☒
7. Les quotidiens régionaux ont connu une baisse plus faible.	☒	☐
8. La presse magazine est très variée.	☒	☐
9. Elle est toujours très spécialisée.	☐	☒
10. Elle suit l'évolution de la société.	☒	☐

Suggestions, remarques

Il est possible de faire faire cette activité en petits groupes ou en tandems. Chacun choisit alors de lire les textes soit sur *Les quotidiens*, soit sur *La presse magazine* et essaie de répondre aux questions. Les questions auxquelles le groupe ne peut pas répondre sont données par l'autre groupe.

Certains journaux proposent des sites. En voici quelques adresses:
http://www.lemonde.fr/
http://www.liberation.com/
http://www.lefigaro.fr/
http://permanent.nouvelobs.com/
http://www.lexpress.fr/info/
http://www.lepoint.fr/sommaire.html

p. 24

• Offres spéciales

Compréhension orale •
Compréhension écrite

• Offres spéciales

Ressources :
- 1 enregistrement
- 4 petites annonces

Transcriptions :

1. – Qu'est-ce que tu cherches, comme voiture ?
   – Oh ! une petite voiture... une voiture d'étudiant... une voiture pas chère !
   – Combien tu veux y mettre ?
   – Tu veux dire combien je peux y mettre... Pas plus de 1 200 €.

2. – Tu as vu ? J'ai changé de voiture...
   – Ah bon ? Qu'est-ce que tu as acheté ?
   – Une Scénic.
   – Neuve ou d'occasion ?
   – D'occasion, mais elle a peu de kilomètres.

3. – Eh ben dis donc ! Tu ne te refuses rien !
   – Oui, je sais, c'est une petite folie...
   – C'est carrément le grand luxe...
   – Sièges en cuir, jantes aluminium, toutes les options !
   – Et ça marche bien ?
   – Ah ! mon vieux, c'est rien de le dire !
   – Et puis une décapotable, pour l'été, c'est génial !

4. – Qu'est-ce que vous cherchez, monsieur, comme voiture ?
   – Une voiture familiale, spacieuse... vous comprenez, j'ai quatre enfants...
   – Vous pensez acheter une voiture neuve ou d'occasion ?
   – Hola ! d'occasion : je n'ai pas les moyens d'acheter une voiture neuve...
   – Quelle somme pensez-vous pouvoir mettre dans cet achat ?
   – 12 000 € maximum.
   – Je vois... Je crois que j'ai ce qu'il vous faut...

CADRE DE RÉFÉRENCE B1

Discussion informelle entre amis
Peut suivre l'essentiel de ce qui se dit autour de lui sur des thèmes généraux, à condition que les interlocuteurs évitent l'usage d'expressions trop idiomatiques et articulent clairement.
Compréhension générale de l'écrit
Peut lire des textes factuels directs sur des sujets relatifs à son domaine et à ses intérêts avec un niveau satisfaisant de compréhension.

Objectif(s) *Mise en relation d'informations contenues dans un discours oral et d'informations écrites.*

FICHE EXPRESS | ± 30 min

❶ Faire prendre connaissance des petites annonces et des publicités.
❷ Faire éventuellement expliciter le vocabulaire par le groupe (*cabriolet, coupé, véhicule monospace, contrôle technique*).
❸ Demander aux apprenants quelles sont, selon eux, les informations importantes à mettre en avant lorsqu'on veut acheter ou vendre une voiture (le prix, l'état).
❹ Faire écouter le premier enregistrement et demander s'ils ont repéré une information considérée comme importante (le prix).
❺ Faire associer l'enregistrement et l'annonce *Vends 205 Peugeot ... 1 000 euros à débattre*.
❻ Procéder de même pour les enregistrements suivants.

Suggestions, remarques

Il est également possible de commencer l'activité en faisant écouter les enregistrements et en faisant repérer les informations considérées comme importantes avant de les faire mettre en relation avec les annonces et les publicités.

Pour votre information

- Pour les constructeurs automobiles, le concept de monospace est synonyme de convivialité et de famille, de confort et de sécurité.
- Tout véhicule de plus de trois ans doit effectuer un contrôle technique, valable deux ans, dans un centre habilité. Ce contrôle porte sur 125 points qui seront vérifiés par le centre (identification du véhicule, freinage, éclairage, pollution, niveau sonore, équipements, direction, etc.). En cas de vente du véhicule, le contrôle doit dater de moins de six mois. Pour en savoir plus : http://www.controle-technique.org/

Corrigé

Enr.	1.	2.	3.	4.
	d	a	b	c

• La voiture de vos rêves...

CADRE DE RÉFÉRENCE B1

Production orale générale
Peut faire une description directe et simple de sujets familiers variés dans le cadre de son domaine d'intérêt.

Expression orale

• La voiture de vos rêves...

Ressources :
• 1 dessin

Objectif(s) ***Réemploi de vocabulaire.***

FICHE EXPRESS | ± 15 min

❶ Travail en tandem. Donner des consignes précises de durée de préparation. Demander aux apprenants de noter, non des phrases construites, mais des éléments de caractéristiques de la voiture qu'ils auront ensuite à développer. EXEMPLES : *couleur, taille, nombre de portes, vitesse, confort, usage principal.*
❷ Demander au tandem de choisir le rapporteur.
❸ Demander aux groupes de choisir la meilleure production.

• Qu'est-ce que c'est ?

CADRE DE RÉFÉRENCE B1

Compréhension écrite

• Qu'est-ce que c'est ?

Ressources :
• 4 petits textes descriptifs
• 4 photos

Lire des instructions
Peut comprendre le mode d'emploi d'un appareil s'il est direct, non complexe et rédigé clairement.

Objectif(s) ***Compréhension fine de textes descriptifs. Repérage d'informations en vue d'une association avec des images.***

FICHE EXPRESS | ± 30 min + 30 min

❶ Faire examiner les photos et faire dire ce qu'elles représentent afin de guider la lecture.
❷ Faire lire le premier texte et faire relever les utilisations de l'objet décrit. À quel appareil peut-on l'associer ? l'agenda électronique ? Oui, il comporte toutes ces fonctions. le digicode ? Non, pourquoi ? le téléphone portable ? Oui. l'appareil photo numérique ? Non.
❸ Faire lire le deuxième texte et le faire associer au digicode en demandant de justifier les réponses.
❹ Faire lire le troisième texte. Demander quel est l'indice qui permet de relier le texte au téléphone portable. Quelle est la différence essentielle avec l'agenda électronique ?
❺ Quels sont les avantages de l'appareil photo numérique par rapport aux appareils classiques ?

Tableau de grammaire / communication : le pronom relatif « dont »

Demander aux apprenants de lire le tableau. Vérifier qu'ils ont compris, leur demander de donner des exemples.

Exercice :
Le pronom relatif
« dont »

Exercice : Le pronom relatif « dont »

Corrigé

1. Ali ? Oui, c'est une personne très sympathique **dont** je me souviens très bien.
2. C'est un événement grave **dont** les journaux ont beaucoup parlé.
3. Le téléphone portable est un appareil utile **dont** certaines personnes abusent.
4. Jérémy a rencontré une jeune fille **dont** la famille est d'origine argentine.
5. André s'est payé l'ordinateur **dont** il rêvait depuis des mois.
6. Les Mornet ont acheté une nouvelle voiture **dont** ils sont très contents.

Exercice :
Syntaxe des verbes

Exercice : Syntaxe des verbes

Corrigé

1. Tu as parlé **à** Jean **de** notre problème ?
2. Tu es d'accord **avec** moi ?
3. J'ai parlé **de** toi à mon directeur, il va te recevoir.
4. Je ne t'oublie pas, je pense **à** toi.
5. Je me méfie **de** lui, il est bizarre.
6. J'ai demandé **à** une amie **de** m'aider.
7. Est-ce que tu es vraiment obligé **de** partir maintenant ?
8. Il faut absolument discuter **de** ce problème **avec** Jeanne.

p. 27

Expression orale

• À quoi ça sert ?

Ressources :
• 4 photos

• À quoi ça sert ?

CADRE DE RÉFÉRENCE B1

Production orale générale
Peut assez aisément mener à bien une description directe et non compliquée de sujets variés dans son domaine en la présentant comme une succession linéaire de points.

Objectif(s) **Réemploi des éléments donnés précédemment permettant d'expliquer et de décrire.**

FICHE EXPRESS | ± 30 min

❶ Avant de faire décrire les objets présentés, faire examiner rapidement les photos et faire répondre à la question : *À quoi ça sert ?* afin d'obtenir un maximum de productions et de dresser ou de faire dresser une liste au tableau.

❷ EXEMPLE :
Photo n° 1 – Ça sert à :
– transporter des passagers, des malades vers un hôpital ;
– transporter du matériel ;
– faire des photographies aériennes ;
– faire des sauvetages en montagne ;
– surveiller certains endroits ; etc.

❸ Commenter le tableau *Pour décrire*.

❹ Diviser ensuite le groupe en tandems et faire élaborer la description des objets, à l'aide du tableau *Pour décrire*.

❺ Faire produire les descriptions. La meilleure est celle qui emporte le consensus du groupe.

Tableau de grammaire / communication : pour décrire
Tableau de référence pour la production des descriptions.

• RUBRIQUES : La définition (1)

CADRE DE RÉFÉRENCE B1

Monologue suivi : décrire l'expérience
Peut faire une description directe et simple de sujets familiers variés
dans le cadre de son domaine d'intérêt.

Objectif(s) *Acquisition de vocabulaire. Compréhension de défi-nitions.*

• RUBRIQUES :
La définition (1)

Ressources :
• 1 enregistrement
• 1 dessin
• 2 photos

Transcriptions :
Comment on appelle, en fran-çais, ces gros bateaux qu'on voit sur les rivières ?
Comment ça s'appelle cette espèce de rivière très calme où circulent les péniches ?
Comment s'appelle ce plat à base de poisson qu'on mange dans le midi, et en particu-lier à Marseille ?
Comment on appelle, en fran-çais, l'outil qui sert à planter des clous ?
Comment on appelle la per-sonne qui fait les lunettes ?
Qu'est-ce que c'est, en français, la machine qui sert à couper l'herbe ?

FICHE EXPRESS ± 30 min

Activité 1 :
❶ Faire lire le premier énoncé et faire poser le même type de question par les apprenants en prenant, soit des objets présents dans la classe ou apportés pour l'activité (*Comment ça s'appelle, ce truc sur votre bureau ? C'est un carnet d'adresses…*), soit en leur faisant préparer des questions sur tout ce qui leur vient à l'esprit (*Comment on appelle le truc qu'on pose sur la vitre de la voiture ? Le pare-soleil…*).
❷ Faire de même pour les énoncés suivants.

Activité 2 :
❸ Faire écouter le premier énoncé, faire associer à une illustration.

Corrigé

Comment on appelle, en français, ces gros bateaux qu'on voit sur les rivières ? → **a**

Comment ça s'appelle cette espèce de rivière très calme où circulent les péniches ? → **e**

Comment s'appelle ce plat à base de poisson qu'on mange dans le midi, et en particulier à Marseille ? → **c**

Comment on appelle, en français, l'outil qui sert à planter des clous ? → **d**

Comment on appelle la personne qui fait les lunettes ? → **b**

Qu'est-ce que c'est, en français, la machine qui sert à couper l'herbe ? → **f**

p. 29

• RUBRIQUES : Mangez sain !

CADRE DE RÉFÉRENCE B1

Reconnaître des indices et faire des déductions
Peut identifier des mots inconnus à l'aide du contexte sur des sujets relatifs à son domaine et à ses intérêts.

Objectif(s) *Compréhension fine et détaillée. Vérification des hypothèses de lecture à partir des mots inconnus.*

FICHE EXPRESS | ± 20 min

❶ Diviser le groupe en tandems et faire relever les mots ou expressions inconnus. EXEMPLES : *vertus nutritionnelles, gastronomie, faire bon ménage, cardiaque, acides gras saturés, acides essentiels, diététique, squelette, sanguine.*
❷ Faire deviner le sens des mots, soit parce qu'ils sont transparents avec une autre langue, soit parce qu'un autre mot de la même famille est connu.
❸ Travailler la famille du mot *nutritionnel(le)* en faisant retrouver les mots connus : *nourrir, nourriture*, et en en donnant d'autres, moins connus : *nourrice, nourrisson, nourricier, nutrition.*
❹ Faire établir la liste des vertus de l'huile d'olive, faire comparer les listes.
❺ Faire ensuite répondre aux questions.

• RUBRIQUES : Vivez sainement !

CADRE DE RÉFÉRENCE B1

Comprendre une interaction entre locuteurs natifs
Peut généralement suivre les points principaux d'une longue discussion se déroulant en sa présence, à condition que la langue soit standard et clairement articulée.
Interviewer et être interviewé (l'entretien)
Peut fournir des renseignements concrets exigés dans un entretien ou une consultation (par exemple, décrire des symptômes à un médecin) mais le fait avec une précision limitée.

Objectif(s) *Comprendre une discussion entre un spécialiste et un patient. Décrire ses habitudes de vie.*

• RUBRIQUES :
Mangez sain !

Ressources :
• 1 texte
• 1 document

• RUBRIQUES :
Vivez sainement !

Ressources :
• 1 enregistrement

Transcriptions :
– Avant de vous examiner, je vais vous poser quelques questions sur vos habitudes de vie afin de vous connaître un peu mieux...
– D'accord.
– Vous dormez bien ?
– Ça dépend des périodes... Quand j'ai beaucoup de travail, des soucis professionnels, je suis plutôt insomniaque... je dors mal.
– Vous prenez des somnifères ?
– J'essaie d'éviter... mais ça m'arrive parfois.
– Est-ce que vous pratiquez un sport ?

– Je fais un peu de tennis, de temps en temps, avec un copain. Et puis, je cours une fois par semaine, le samedi ou le dimanche. Enfin, j'essaie de le faire régulièrement mais je n'y arrive pas toujours…

– Est-ce que vous surveillez votre alimentation ?

– Je fais attention de ne pas manger trop gras… J'évite la charcuterie, mais j'aime beaucoup le fromage… alors j'en mange à peu près à tous les repas. Et je suis très gourmand : j'aime beaucoup les desserts, les sucreries. Je ne peux pas résister devant la pâtisserie…

– Est-ce que vous fumez ?

– J'ai arrêté il y a cinq mois et six jours… C'est difficile, mais je tiens le coup…

FICHE EXPRESS | ± 30 min

❶ Faire écouter l'enregistrement dans sa totalité et poser les questions permettant de clarifier la situation : Qui parle ? À qui ? Où ? Pourquoi ?

❷ Faire lire le questionnaire et faire paraphraser les entrées : Que signifie *qualité du sommeil* ?

❸ Faire compléter la première entrée et vérifier que tous les éléments sont présents. La personne interviewée dit : *Ça dépend, quand j'ai des soucis, je suis plutôt insomniaque*. Comment peut-on qualifier, en termes de qualité du sommeil, cette déclaration ? (Variable, insomnies occasionnelles.)

❹ Procéder de même pour l'entrée suivante. Comment peut-on qualifier, en termes de consommation de produits médicamenteux, la déclaration : *J'essaie d'éviter mais ça m'arrive parfois* ? (Rare, peu fréquente.)

❺ Troisième entrée. Faire faire la liste des sports pratiqués ainsi que leur fréquence.

❻ Quatrième entrée : faire indiquer ce que la personne ne mange pas (pas de graisse, pas de charcuterie), ce qu'elle consomme souvent (fromage, sucreries, pâtisseries). Comment peut-on qualifier ces habitudes alimentaires ? (Déséquilibrées.)

❼ Dernière entrée (ancien fumeur, six mois de sevrage).

Pour votre information

Quelques données sur les habitudes de vie des Français
L'insomnie :

L'insomnie touche un Français adulte sur cinq.

Les causes de l'insomnie sont diverses : mauvaise hygiène de vie, activité physique intense ou inexistante, maladie, prise de médicaments, environnement bruyant…

Mais dans la plupart des cas, elle est liée à des causes psychologiques : événement traumatisant, anxiété, stress…

L'insomnie pouvant avoir des conséquences non négligeables voire graves (accidents, maladies), des mesures ont été prises (étude, campagne d'affichage) pour informer le public sur un phénomène trop souvent négligé et inciter les personnes qui en souffrent à consulter.

La consommation de somnifères :

La consommation médicale en France, que ce soit le recours aux professionnels de santé ou la consommation de médicaments, est non seulement l'une des plus importantes parmi les pays européens, mais elle ne cesse de progresser ces dernières décennies.

Pour ce qui concerne les tranquillisants ou somnifères, 14,5 % des Français déclarent en avoir consommé dans l'année, les femmes étant environ deux fois plus nombreuses que les hommes. Par ailleurs, plus l'âge augmente, plus leur consommation est importante.

Source : *Baromètre santé 2000*.

L'activité sportive :

La pratique sportive est de plus en plus fréquente : plus de la moitié des Français (soit 36 millions) dit avoir une activité physique et sportive. Les deux tiers pratiquent au moins une fois par semaine.

Ils sont 33 % à déclarer que c'est l'activité qui leur procure le plus de plaisir devant la lecture (26 %) et un bon repas (25 %).

L'engouement a été favorisé par l'apparition de nouvelles disciplines sportives et du renouvellement des anciennes, du développement des équipements, de l'accroissement du temps libre et du pouvoir d'achat.

Les habitudes alimentaires :
Durant ces vingt dernières années, les Français ont largement modifié leur alimentation. La consommation de pain, pommes de terre, sucre, huile s'est régulièrement réduite au profit des légumes et des produits laitiers (fromages, yaourts, desserts lactés). Viande de bœuf et de veau ont en partie été remplacées par volaille et poisson.

Même si les Français connaissent de mieux en mieux les règles de diététique et restent désireux de ne pas grossir, leur première attente restant celle du plaisir, ils n'hésitent pas à commettre quelques excès…

Le tabac :
Depuis vingt ans, en France, la proportion de fumeurs parmi les hommes a diminué alors que celle des femmes est en augmentation.

Plus de la moitié des fumeurs déclarent avoir envie d'arrêter de fumer, sans différence selon le sexe.

59,5 % des fumeurs et anciens fumeurs de 15 ans et plus affirment qu'il leur est déjà arrivé d'arrêter de fumer durant au moins une semaine.

Les motivations sont diverses : sont évoquées *une prise de conscience des conséquences du tabac* (20,4 %), *la peur de tomber malade* (14,9 %), *la naissance d'un enfant* (13,4 %) et, pour 10,3 % des interrogés, *le prix des cigarettes*.

Depuis 1991 (loi Évin), les pouvoirs publics se mobilisent pour renforcer les dispositifs autour de la prévention du tabagisme : généralisation des zones non-fumeurs, interdiction de toute publicité en faveur du tabac, implication des professionnels de la santé et de l'éducation, campagne d'information notamment auprès des jeunes…

Le Parlement européen s'est également impliqué en faveur de la prévention du tabagisme avec une directive (mai 2001) concernant la fabrication, la présentation et la vente des produits du tabac.

Source : *Baromètre santé 2000.*

• Vous habitez chez vos parents ?

CADRE DE RÉFÉRENCE B1

Lire pour s'informer
Peut reconnaître les points significatifs d'un article de journal direct et non complexe sur un sujet familier.
Compréhension des émissions de radio et des enregistrements
Peut comprendre les points principaux des bulletins d'information radiophoniques et de documents enregistrés simples, sur un sujet familier, si le débit est assez lent et la langue relativement articulée.

Objectif(s) *Mise en relation d'informations présentées sur un graphique, dans un article descriptif et dans une enquête enregistrée.*

FICHE EXPRESS | ± 30 min

❶ Faire observer et commenter le graphique. Que peut-on en dire ? Quels sont les indications les plus significatives ?

❷ Faire commenter chacun des points du texte. Les choses se passent-elles de la même façon dans les pays des apprenants ?

❸ Diviser le groupe en tandems et faire écouter l'enregistrement, en arrêtant après chaque interviewé(e) et en laissant le temps de compléter le tableau.

❹ Continuer l'écoute des enregistrements jusqu'à ce que l'ensemble du tableau soit complété.

❺ Procéder alors à une correction en grand groupe ; un apprenant donne les réponses du premier item et chacun compare avec ses propres réponses.

❻ Faire réécouter l'enregistrement si le consensus n'est pas atteint.

Compréhension écrite •
Compréhension orale

• Vous habitez chez vos parents ?

Ressources :
• 1 graphique
• 1 enregistrement
• 1 texte chiffres

Transcriptions :
– Bonjour ! Je fais une enquête sur la situation des jeunes pour le magazine *La vie étudiante*. Vous voulez bien répondre à mes questions ? Vous avez quel âge ? Vous travaillez ou vous étudiez ? Vous habitez seul ou chez vos parents ?

1. – Ni l'un ni l'autre ! J'ai 23 ans, je suis au chômage et j'habite avec un copain.

2. – J'ai 20 ans, j'habite avec quatre amis, on a loué un grand appartement parce qu'à plusieurs, c'est moins cher. On partage tout. On fait tous des études, vous savez.

3. – Moi, j'ai 22 ans, je suis mariée depuis un an, j'ai un enfant, une petite fille, j'habite avec mon mari et ma fille. Je continue mes études, mais mon mari travaille.

4. – Bonjour, moi c'est Paulo, je suis encore au lycée, en terminale, je passe le bac cette année et j'habite chez mes parents. Si j'ai le bac, mon père m'a promis un studio.

5. – Nous, on a le même âge, 19 ans et on habite ensemble ici, parce qu'on vient tous les deux de province. Le week-end, je rentre souvent chez mes parents.

6. – Moi, j'ai 18 ans, j'habite seul, à la Cité universitaire, j'ai une bourse pour faire mes études.

7. – Lui, c'est Frédéric, moi, c'est Karima, on habite chez ses parents. Notre âge ? Fred a 20 ans et moi, 19.

Corrigé

Enr.	Âge	Vit chez ses parents	Vit seul	Vit en couple ou avec des amis	Pour quelle(s) raison(s) ?
1.	23 ans	☐	☐	☒	chômage
2.	20 ans	☐	☐	☒	moins cher
3.	22 ans	☐	☐	☒	
4.	18 ans	☒	☐	☐	lycéen
5.	19 ans	☐	☐	☒	viennent de province
6.	18 ans	☐	☒	☐	bourse d'études
7.	20/19 ans	☒	☐	☐	

• Famille... famille

CADRE DE RÉFÉRENCE B1

Traiter un texte
Peut collationner des éléments d'information issus de sources diverses et les résumer pour quelqu'un d'autre.
S'adresser à un auditoire
Peut faire un exposé simple et direct, préparé, sur un sujet familier dans son domaine qui soit assez clair pour être suivi sans difficulté la plupart du temps et dans lequel les points importants soient expliqués avec assez de précision.

Objectif(s) *Réemploi des indicateurs de temps pour la production d'un petit exposé explicatif reprenant des éléments chronologiques.*

FICHE EXPRESS | ± 45 min

❶ Faire prendre connaissance des trois documents à partir de leurs titres (*Instabilité des couples / Déclin des familles nombreuses / Augmentation des familles monoparentales*) et faire éventuellement expliciter le vocabulaire en faisant paraphraser.
❷ Diviser le groupe en petits groupes ou en tandems et faire choisir un rapporteur.
❸ Donner des consignes précises pour obtenir un petit exposé (temps de préparation : 10 minutes, rédaction des idées maîtresses : 10 minutes).
❹ Faire présenter quelques exposés par les rapporteurs.
❺ Faire corriger les erreurs éventuelles par le groupe.

**Tableau de grammaire / communication :
les indicateurs de temps**

Faire lire le tableau et demander aux élèves de proposer des exemples.

**Compréhension écrite •
Expression orale**

• Famille... famille

Ressources :
• 3 documents statistiques

---

p. 32

Exercice : La fréquence

Corrigé

1. Il ne vient **jamais** me voir le dimanche.
2. Il ne vient pas **souvent** me voir le dimanche.
3. Elle vient **parfois** me voir le dimanche.
4. Je l'invite **tous les samedis** à déjeuner et nous nous racontons notre semaine.
5. Nous n'avons pas de contact fréquent, je le vois **parfois pendant l'été**.
6. Vous devriez venir plus **souvent** nous avons passé une excellente soirée.

• Expliquez-moi ça !

CADRE DE RÉFÉRENCE B1

Conversation
Peut soutenir une conversation ou une discussion mais risque d'être quelquefois difficile à suivre lorsqu'il/elle essaie de formuler exactement ce qu'il/elle aimerait dire.
Interaction orale générale
Peut échanger, vérifier et confirmer des informations, faire face à des situations moins courantes et expliquer pourquoi il y a une difficulté.

Objectif(s) *Interaction orale guidée préparée.*

FICHE EXPRESS | ± 40 min + 20 min

❶ Donnez des consignes précises de temps et de mode de préparation : 10 minutes de préparation et obligation de placer, dans la conversation, la phrase imposée. Ne noter que des idées, pas des phrases complètes.
❷ Passer dans les groupes pour apporter vocabulaire et structures.
❸ Faire produire les dialogues sans interrompre les « acteurs » pendant leur prestation, demander aux apprenants de noter les erreurs pour pouvoir les corriger après.
❹ Faire choisir les meilleurs performances par le groupe.

Tableau de grammaire / communication :
les emplois du subjonctif

Rappel. Le tableau servira de référence pour les corrections des erreurs et l'exercice suivant.

Exercice : Le subjonctif

Corrigé

1. Oh ! là, là ! il est tard ! Il faut que je **parte**.
2. Désolé, je ne peux pas, il faut que j'**aille** au bureau.
3. J'aimerais bien que tu **fasses** la vaisselle, de temps en temps !
4. Je regrette que tu ne **veuilles** pas venir, j'aurais été contente de te voir.
5. Il faudra bien qu'un jour tu **apprennes** à conduire, c'est utile, tu sais.
6. Oui, je sais, tu es très occupé, mais je voudrais que tu **prennes** le temps de venir me voir.
7. J'ai bien peur que François ne **puisse** venir.
8. Excusez-moi, il faut que je **finisse** d'abord ce travail, après je pourrai vous aider.

Expression orale

• Expliquez-moi ça !

Ressources :
• 1 liste de situations
• 1 liste d'explications / prétextes

Exercice :
Le subjonctif

• Les textos

Compréhension écrite •
Expression écrite

• Les textos

Ressources :
• 6 dessins de textos

CADRE DE RÉFÉRENCE B1

Comprendre la correspondance
Peut comprendre la description d'événements, de sentiments et de souhaits suffisamment bien pour entretenir une correspondance régulière avec un correspondant ami.

Objectif(s) *Compréhension d'un fait de société : l'écriture texto chez les jeunes et les moins jeunes.*

FICHE EXPRESS | ± 45 min

❶ Partir de l'exemple et faire associer les textos aux situations.
❷ Passer à l'activité de production écrite.
❸ Faire lire les messages produits, puis, pour chaque occasion proposée, faire écrire le message au tableau et procéder à une correction collective.

Pour votre information

Le langage « texto » (ou SMS)
3,3 milliards de messages ont été envoyés en France entre des téléphones portables en 2001... Ce sont les 15-24 ans qui représentent les plus grands utilisateurs de SMS (80 %).
Ces derniers étant limités à 160 caractères, la nécessité de « faire court » s'est imposée, générant la création de codes multiples.
Les procédés employés par le langage « texto » sont souvent empruntés à divers modes d'écriture de civilisations anciennes. Ainsi, le recours à la suppression des voyelles dans les mots (« bjr » pour *bonjour*, « slt » pour *salut*) ou au sigle (« MDR » pour *mort de rire*) étaient déjà utilisés en latin. De même, les mots tronqués ou abrégés (« y a réu » pour *il y a une réunion*).
Plus créative, la technique du rébus où lettres et chiffres remplacent les sons : le « K » remplace le *Qu* (« Kiela ? » pour *Qui est là ?*), « NRV » pour *énervé*, le « 2 » remplace le *De* (« A 2main » pour *À demain*). On trouve parfois une combinaison de sons anglais et français : « 3bu » pour *tribu*. Plus graphique, l'usage des « frimousses » (« smileys » en anglais), ces visages dont on « lit » l'expression en penchant la tête à gauche.

Corrigé

Expéditeur / destinataire	
Une femme à son mari.	6
Une jeune femme à des amis.	4
Un homme à la femme aimée.	2
Une jeune maman à une amie.	5
Un père à sa fille.	1
Un fils à sa mère.	3

Objet du SMS	
Demander de faire une course.	6
Souhaiter un anniversaire.	1
Demander de venir.	3
Dire son amour.	2
Annoncer une naissance.	5
Annoncer un succès.	4

séquence 3 : *Argumenter*

p. 35

• Avoir 20 ans

CADRE DE RÉFÉRENCE B1

Monologue suivi : argumenter (par exemple lors d'un débat)
Peut donner brièvement des raisons et des explications relatives à des opinions, des projets et des actions.

Objectif(s) *Repérage d'informations essentielles : arguments et opinions. Diagnostic.*

FICHE EXPRESS | ± 20 min

❶ Faire écouter chaque enregistrement pour en dégager l'information concernant ce que chaque interlocuteur a décidé de faire à 20 ans.

❷ Faire une deuxième écoute pour repérer la raison pour laquelle ils ont fait ces choix (argument) et le point de vue adopté. EXEMPLE : *À l'époque, on se mariait jeune* (argument), *je ne regrette rien* (point de vue).

❸ Discussion pour permettre aux apprenants d'exprimer leur point de vue et leurs expériences.

Suggestions, remarques

Cette activité doit permettre à chacun de donner un avis. Cette première activité permet de faire le point sur ce que les apprenants connaissent comme outils linguistiques pour donner une opinion. On les laissera donc s'exprimer dans un premier temps et on vérifiera ensuite les acquis antérieurs (*pour moi, je pense que, je suis d'accord, je ne suis pas d'accord*, adjectifs exprimant une opinion).

Pour votre information

Évolution du nombre annuel de mariages en France
Le nombre de mariages a retrouvé le niveau le plus élevé depuis 1996. Cette hausse a mis un terme à une période de vingt années de baisse.

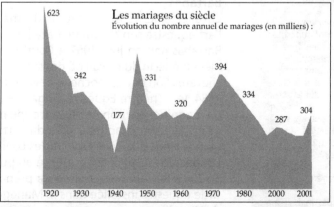

Les mariages du siècle
Évolution du nombre annuel de mariages (en milliers) :

L'âge au premier mariage s'est accru de près de 5 ans en vingt ans.
Enfin, un tiers des mariages concernent des couples avec enfants.

Source : *Francoscopie 2003*, Gérard Mermet, Larousse.

Compréhension écrite • Expression orale

• Avoir 20 ans

Ressources :
- 1 enregistrement
- 4 photos

Transcriptions :
1. – Moi, je me suis marié à 18 ans, à mon époque, on se mariait jeune... et je ne regrette rien.
2. – À 20 ans, je suis partie à l'aventure, j'ai fait le tour du monde pendant deux ans. C'était génial ! J'ai beaucoup appris.
3. – Moi, j'ai eu 20 ans hier, je suis allé à ma banque et j'ai ouvert un plan d'épargne pour la retraite.
4. – Moi, j'ai 20 ans, je viens de commencer des études d'ingénieur, j'en ai pour sept ans mais je suis sûre d'avoir une bonne situation.

• À mon avis

CADRE DE RÉFÉRENCE **B1**

Pas de descripteur disponible.

Objectif(s) *Repérage des expressions les plus communes utilisées pour demander et donner un avis.*

FICHE EXPRESS ± 40 min

❶ Faire écouter le premier enregistrement et demander de relever sur quoi porte la demande d'opinion ou l'opinion donnée.

❷ Faire une deuxième écoute et relever (sur le tableau ou le transparent) l'expression utilisée (verbes et locutions marquant l'opinion, l'énoncé d'un jugement) pour demander un avis et pour donner son opinion.

❸ Procéder de même avec les autres enregistrements.

❹ Demander ensuite de noter les expressions les plus usuelles pour demander ou donner un avis.

Suggestions, remarques

Selon la réaction des apprenants, il est possible de prolonger l'activité en classant avec eux les expressions utilisées pour donner son avis selon le degré de certitude. On pourra noter que la forme seule ne permet pas toujours de mesurer ce degré, l'explication donnée renforçant l'opinion donnée.

EXEMPLE : *Je trouve que + c'est génial* ou *Pour moi + il n'y a pas trente-six solutions…*

Cette activité sera, comme la précédente, l'occasion de faire le point sur leurs connaissances.

Pour votre information

Bartabas

Cavalier émérite et fondateur du théâtre Zingaro, Bartabas a fait de l'art équestre son cheval de bataille.

Bartabas naît en juin 1957 à Courbevoie d'un père architecte et d'une mère médecin du travail et, dès son plus jeune âge, se passionne pour les chevaux. Son bac en poche, il devient artiste de rue avant de monter, en 1984, le « Théâtre Équestre Zingaro » (du nom de sa monture préférée, un magnifique frison noir). La troupe mélange le théâtre et l'équitation et installe son chapiteau près du fort d'Aubervilliers. Dans les années quatre-vingt-dix, divers spectacles connaissent un grand succès.

Le spectacle Triptyk est présenté au public en 2000.

En 2003, Bartabas est choisi pour prendre la tête de l'Académie du spectacle équestre installée dans le Manège de la Grande Écurie du château de Versailles.

Compréhension orale

• À mon avis

Ressources :
• 1 enregistrement

Transcriptions :

1. – Tu crois que je peux inviter aussi les Martin à dîner ?
– À mon avis, ce n'est pas une bonne idée. Si tu les invites, on sera treize à table, et ils sont très superstitieux.

2. – Je l'attends depuis une heure. Il n'a pas l'habitude d'être en retard à ses rendez-vous. Tu ne penses pas qu'il lui est arrivé quelque chose ?
– C'est vrai, c'est bizarre, mais je ne crois pas qu'il lui soit arrivé quoi que ce soit. Il est très prudent en voiture.

3. Mes chers collègues, je vous ai réunis aujourd'hui pour vous annoncer une réorganisation de nos services. Mais ne vous inquiétez pas, je suis sûr que cette réorganisation donnera un second souffle à notre société.

4. – Alors, qu'est-ce que tu penses du dernier spectacle du cirque Bartabas ? Tu as aimé ? On m'a dit que c'était très bien !
– Je trouve que c'est génial ! Les chevaux sont superbes ! Je vais y retourner. Tu veux qu'on y aille ensemble ?

5. Pour moi, il n'y a pas trente-six solutions. Soit il accepte le salaire que je lui propose avec la possibilité d'une augmentation dans un an, soit il va travailler ailleurs ! Mais ça m'étonnerait qu'il trouve mieux ailleurs…

6. – D'après toi, comment elle a fait pour se faire inviter à la réception à l'Élysée ?
– Je ne sais pas mais il me semble qu'elle connaît la femme du cousin du frère du ministre des Transports.

Le 14 Juillet aujourd'hui

Le 14 Juillet connaît toujours un grand succès. À Paris, le traditionnel défilé militaire sur les Champs-Élysées fait l'objet d'une préparation minutieuse. Partout se déroulent bals ou feux d'artifice.

Traditionnellement, une grande réception est organisée à l'Élysée où le président de la République reçoit un grand nombre d'invités.

Sous la présidence de François Mitterrand, le 14 Juillet 1989 a été un moment fort de la célébration du bicentenaire de la Révolution française. De nombreux chefs d'État étrangers ont pu assister notamment à « La Marseillaise », spectacle de Jean-Paul Goude.

Corrigé

Enr.	Demander un avis	Donner un avis
1.	Tu crois que…	À mon avis…
2.	Tu ne penses pas que…	Je ne crois pas que…
3.		Je suis sûr que…
4.	Qu'est-ce que tu penses de…	Je trouve que…
5.		Pour moi…
6.	D'après toi…	Il me semble que…

Compréhension écrite • Expression orale

• Le mal du siècle

Ressources :
• 1 texte
• 4 lettres (courrier des lecteurs)
• 1 photo
• 2 dessins

• Le mal du siècle

CADRE DE RÉFÉRENCE B1

Compréhension générale de l'écrit
Peut lire des textes factuels directs sur des sujets relatifs à son domaine et à ses intérêts avec un niveau satisfaisant de compréhension.
Lire pour s'informer
Peut identifier les principales conclusions d'un texte argumentatif clairement articulé.

Objectif(s) *Recherche de l'information essentielle dans des textes complexes et repérage des formes utilisées pour exprimer des nuances de l'opinion.*

FICHE EXPRESS | ± 20 min + 40 min

❶ Faire lire l'article en demandant aux apprenants d'en donner le thème et de relater brièvement l'historique de la découverte.

❷ Faire lire ensuite les lettres et demander de les classer selon que l'opinion est positive, négative ou plus nuancée.

❸ Demander aux apprenants de justifier leur choix (expressions utilisées pour donner son opinion, arguments) et garder des traces (transparent ou tableau) des productions.

❹ Faire un choix des formes pouvant servir à des productions écrites ultérieures.

Suggestions, remarques

L'activité concerne les formes utilisées à l'écrit. Une transposition de la forme écrite à la forme orale peut être proposée, les apprenants venant de repérer celles-ci dans l'activité précédente.

Dans cette activité, nous sommes passés des expressions servant à donner un point de vue à l'argumentation permettant d'étayer l'opinion donnée.

Nous développerons, par étapes, ce qui caractérise le discours argumentatif. Nous en avons un aperçu dans ces textes, à savoir l'implication du locuteur dans son énoncé. Chaque lecteur cherche en effet à convaincre la direction du journal du bien-fondé de sa position et s'implique pour cela fortement. Cette implication se manifeste dans les textes proposés par :

– l'utilisation de pronoms personnels et d'adjectifs possessifs à la première personne (*je / mon...*) ;

– l'utilisation de modalisateurs qui montrent le degré de vérité ou de fausseté que le scripteur accorde à l'article. Ces mots ou expressions marquent l'intervention de l'appréciation du locuteur dans l'énoncé. Ces modalisateurs peuvent appartenir à différentes catégories :

• des adverbes : *tout simplement, rarement, heureusement* ;

• des verbes : *trouver, croire, regretter, comprendre* ;

• des expressions : *il est évident, soyez assuré...* ;

• des substantifs exprimant le jugement : *contribution, exaspération, contrevérités, énormités* ;

• des adjectifs exprimant le jugement : *génial, documenté, nuancée, sérieux, insupportable*.

Il faut, d'autre part, noter dans ces textes la présence de connecteurs logiques :

– de causalité (rapport cause / conséquence) : *en effet, donc* ;

– d'opposition : *néanmoins*.

Pour votre information

Le mal de dos : le mal du siècle

En France, le mal de dos est la première cause d'invalidité avant 45 ans, il coûte chaque année au minimum 1 million d'euros à la Sécurité sociale et 80 % de la population en souffre à l'un ou l'autre moment de sa vie. Parmi les douleurs liées à un effort, les lumbagos et les sciatiques sont particulièrement fréquents.

Les chiffres du dos en détail

• 80 % des Français ont ou auront mal au dos (*Credoc*, 1990) et 47 % déclarent avoir mal au dos... Ils n'étaient que 30 % en 1980.

• Chaque jour, nous inclinons notre dos 1 500 à 2 000 fois !

• 8,9 milliards de francs de coûts médicaux.

• 3 600 000 journées de travail perdues.

• 1re cause de consultation dans les centres anti-douleur.

• 50 % des enfants ont mal au dos et parfois, dès l'âge de 8 ans.

• Le mal de dos représente 13 % des accidents du travail chaque année.

Expression orale

• Qu'est-ce que
tu en penses ?

Ressources :
• 6 thèmes
• 7 photos

séquence 3 : *Argumenter*

p. 38

• Qu'est-ce que tu en penses ?

CADRE DE RÉFÉRENCE B1

Interaction orale générale
Peut aborder sans préparation une conversation sur un sujet familier, exprimer des opinions personnelles et échanger de l'information sur des sujets familiers, d'intérêt personnel ou pertinents pour la vie quotidienne (par exemple, la famille, les loisirs, le travail, les voyages et les faits divers).
Discussion informelle entre amis
Peut exprimer poliment ses convictions, ses opinions, son accord et son désaccord.

Objectif(s) *Réemploi des formes présentées et relevées dans les activités précédentes.*

FICHE EXPRESS | ± 40 min + 20 min

❶ Répartir les apprenants par groupes de deux. Chaque groupe choisit un thème qui sera l'objet de la discussion, les deux membres de chaque groupe ayant obligatoirement un avis différent.

❷ Dire aux groupes de prendre connaissance des expressions proposées dans le tableau de la page 39 et de les utiliser pour exprimer leurs opinions dans le mini-débat.

❸ Demander à chaque groupe de venir discuter devant les autres, qui repèrent les arguments utilisés par chacun des interlocuteurs.

❹ Après le passage de chaque tandem, demander au grand groupe d'évaluer les performances des interlocuteurs et de décider qui a été le plus convaincant et pourquoi.

Suggestions, remarques

Une autre façon de procéder peut consister à organiser la discussion avec le groupe-classe, soit à partir des thèmes proposés, soit à partir d'autres thèmes.

Tous les éléments servant à l'argumentation n'ayant pas encore été présentés et travaillés, il s'agit avant tout, à ce stade, de faire réemployer les expressions utilisées pour demander et donner un point de vue. Les formes utilisées pour l'argumentation ainsi que l'enchaînement des arguments seront abordés ultérieurement.

Pour votre information

L'ouverture des magasins le dimanche
De plus en plus de magasins ouvrent le dimanche dans les grandes villes en France.

Cette ouverture est en principe interdite, sauf pour les magasins situés dans des quartiers classés en zone touristique qui peuvent obtenir une dérogation.

Le code du travail (article L-221-5), stipule en effet que « le repos hebdomadaire doit être donné le dimanche ».

Les familles nombreuses

Le nombre des familles nombreuses a fortement diminué. Cette évolution concerne tous les milieux sociaux.

Les Français de 15 à 45 ans considèrent que le nombre idéal d'enfants serait environ de deux enfants.

L'âge idéal au premier enfant pour une femme est évalué à 25 ans. Dans la réalité, 44 % des mères ont leur premier enfant avant 25 ans.

Habiter en ville ou à la campagne

En 50 ans, la population urbaine a doublé. Trois habitants sur quatre vivent actuellement dans les villes, contre un sur deux en 1936. L'espace à dominante rurale représente 70 % de la superficie totale, mais ne regroupe que 13 millions d'habitants, soit un quart de la population française.

La région Île-de-France compte 10,9 millions d'habitants, soit 18 % de la population. Paris intra-muros continue de se vider (2 116 000 en 1999). Mais Paris reste le centre de la plus grande agglomération européenne avec plus de 9 millions d'habitants, devant Londres (7,5 millions).

L'apprentissage de deux langues étrangères à l'école primaire

L'apprentissage d'une langue vivante est une réalité pour 94 % des élèves de CM1 et de CM2 (chiffres 2001-2002). Pour les CE2, la généralisation se fera en 2005.

La plupart des cours sont dispensés par des assistants de langues, des locuteurs natifs, des professeurs itinérants ou du second degré.

Les langues vivantes étudiées par les élèves de CM1-CM2 pour l'année 2001-2002 sont :

- l'anglais : 76 % ;
- l'allemand : 19,1 % ;
- l'espagnol : 1,9 % ;
- les langues régionales : 1,5 % ;
- l'italien : 1,1 % ;
- le portugais : 0,1 % ;
- l'arabe : 0,05 % ;
- d'autres langues : 0,25 %.

Source : *DESCO 1*

Pour plus d'informations, consulter le site :
http://www.primlangues.education.fr/php/

• Quel est le problème ?

Ressources :
• 1 enregistrement

Transcriptions :
1. – Je ne sais pas quoi faire. La voiture n'est pas assez grande pour emmener tout le monde pendant les vacances… Comment faire, tu as une idée ?
– Tu pourrais faire partir tes amis en train et prendre la famille en voiture ?
2. – J'ai une réunion ce soir au bureau et j'ai l'impression qu'elle ne finira pas avant 18 h. Je ne pourrai pas aller chercher Léa à la sortie de l'école. Tu pourrais y aller ?
– Non, tu as oublié que j'avais rendez-vous avec Antoine. Je vais téléphoner à Lætitia ; elle doit aller chercher son fils et je suis sûr qu'elle acceptera de garder Léa jusqu'à notre arrivée.
3. – J'ai une place de théâtre en trop. Qu'est-ce que je peux en faire ?
– C'est quelle pièce ?
– *Le Tartuffe* de Molière, à la Comédie française.
– Propose-la à Flo ! Je suis sûr que ça va l'intéresser. Elle adore les grands classiques.
4. – Je ne trouve plus mes papiers. Tu ne les as pas vus ? J'ai bien peur de les avoir perdus… ou alors on me les a volés.
– À ta place, je chercherais d'abord dans les endroits où tu es allé : ton bureau bien sûr, le restaurant où tu as déjeuné, et puis le fleuriste où tu m'as acheté ces jolies fleurs…

séquence 3 : *Argumenter*

p.39

• Quel est le problème ?

CADRE DE RÉFÉRENCE B1

Notes, messages et formulaires
Peut laisser des notes qui transmettent une information simple et immédiatement pertinente à des amis, à des employés, à des professeurs et autres personnes fréquentées dans la vie quotidienne, en communiquant de manière compréhensible les points qui lui semblent importants.

Objectif(s) **Entraînement à la compréhension de dialogues élaborés, dans lesquels les interlocuteurs demandent et donnent des avis et des conseils ainsi que des explications. Reformulation des informations.**

FICHE EXPRESS | ± 50 min

❶ Faire écouter le premier dialogue et retrouver les informations demandées. Demander de relever l'expression utilisée pour le conseil.
❷ Procéder de la même façon avec les autres dialogues en demandant, si nécessaire, que les informations soient reformulées. EXEMPLE (deuxième dialogue) : impossibilité de chercher Léa, demander à Lætitia si elle peut la garder.
❸ Après le dernier dialogue, faire avec les apprenants la liste des expressions utilisées pour :
– demander un conseil, un service ;
– donner un conseil, un avis.

Suggestions, remarques

Il est possible de faire réemployer les expressions – locutions et verbes – utilisées à partir de situations similaires à celles des enregistrements : la perte d'un objet, le retard à un rendez-vous, un problème de serrure, un devoir non fini, etc.

5. – Qu'est-ce que tu ferais à ma place ? Le patron m'a proposé une augmentation de salaire à condition d'aller diriger l'agence de Marseille.
– Si j'étais toi, je me renseignerais d'abord sur les conditions de travail à Marseille, sur les gens avec qui tu vas travailler. Tu pourrais avoir de mauvaises surprises…

6. – Ma voiture est en panne et les transports sont en grève. Je ne suis pas sûr d'aller au bureau demain. Mettre quatre heures aller-retour pour travailler six heures, c'est un peu absurde.
– Profites-en pour prendre un jour de congé. Tu en as bien besoin, tu as l'air crevé !

Transcriptions :

1. – Alors, tu viens avec nous demain chez Marion ? On y va tous, il paraît qu'elle nous a réservé une surprise pour la fin de la soirée.

– Mais tu n'y penses pas ! Marion ? Elle dit du mal de tout le monde, c'est une vraie langue de vipère !

2. – Demain, je vais voir la voiture que Pierre vend. Il paraît qu'elle est en très bon état et en plus, il la vend à un bon prix. Je crois que je vais l'acheter !

– Ne fais surtout pas ça ! Tu sais comment il conduit ? Il a eu trois accidents avec cette voiture ! La dernière fois, il a dû changer la moitié du moteur !

3. – Alors voilà. J'avais enfin réussi à convaincre Marie de partir en vacances avec moi, j'avais acheté des billets pour le Mexique, pas chers du tout, en charter, sur Air Vacances, et devine ce qui m'arrive ? Je viens d'avoir un coup de fil du directeur de l'agence qui me dit que la compagnie a fait faillite... il n'y a plus d'avion et ils ne peuvent pas me rembourser ! Comme tu es avocat, est-ce que tu peux m'aider ?

– Attends, mais tu es bête ou quoi ? Tu seras remboursé, c'est écrit dans le contrat que tu as signé en achetant tes billets : « en cas de faillite de la compagnie, les billets seront remboursés dans le mois qui suit la date du départ prévu ». Je m'en occupe, ne t'inquiète pas. C'est quoi, le téléphone de ton agence ?

4. – Ce soir, nous nous retrouvons dans le hall de l'hôtel à 9 h. Soyez à l'heure ! Nous prendrons le métro direction pont de Sèvres et descendrons à pont de l'Alma pour prendre un bateau. Et nous dînerons sur le bateau qui va remonter la Seine jusqu'à Notre-Dame.

– Chouette, c'est super !

Exercice : Pas d'accord ?

Corrigé

Expression entendue	Dial.
Ne fais surtout pas ça !	2
Tu es bête ou quoi ?	3
Elle ne tient pas debout, ton histoire !	6
Mais tu n'y penses pas !	1
Chouette, c'est super !	4
C'est aussi mon avis.	5

5. – Certains disent que les professeurs ont beaucoup de vacances, qu'ils n'ont pas beaucoup d'heures de travail dans la semaine et qu'ils partent tôt à la retraite. Je me demande pourquoi ceux qui font ces remarques n'ont pas choisi ce métier. Ils verraient que les choses ne sont pas aussi faciles et aussi simples.

– C'est aussi mon avis !

6. – Jérôme m'a dit qu'il n'avait pas pu venir à notre rendez-vous à cause de son travail. Il paraît que son patron lui a demandé au dernier moment de rester pour préparer la réunion du lendemain. Il ne pouvait pas refuser !

– Ah, bon... Le patron, c'est bien Roger, celui qui a une barbe et qui porte toujours des lunettes noires ?

– Oui, pourquoi ?

– Parce que si c'est lui, son histoire ne tient pas debout. J'étais justement avec Roger hier soir.

p. 40

• RUBRIQUES : Francophonie

CADRE DE RÉFÉRENCE B1

Pas de descripteur disponible.

Objectif(s) *Sensibiliser les apprenants à la variation linguistique (expressions québécoises) et aux représentations que l'on peut avoir sur une culture étrangère.*

FICHE EXPRESS | ± 30 min

❶ Faire faire le premier item en grand groupe. Ceux-ci remarqueront que le mot dont ils doivent trouver la signification est contextualisé. La relation entre portable et courriels permet de déduire qu'il s'agit de courrier électronique.

❷ Demander ensuite aux apprenants de trouver la signification des autres mots ou expressions proposés.

❸ Faire relever ce qui a permis de faire le bon choix. On notera que certains mots sont proches du français de France ou que d'autres sont de « faux amis ».

❹ Ainsi :
   – **2.** « Aider » et « gentil » vont ensemble.
   – **3.** « Garder son calme » est à associer à « ne panique pas ».
   – **4.** L'idée d'acheter une robe chère est à relier à « j'ai vraiment envie… ».
   – **5.** On n'appelle que rarement son directeur par son prénom.
   – **6.** « Manger » est à associer à « épicier ».
   – **7.** Ici, trouver le sens est plus délicat : les deux pourraient être possibles.
   – **8.** « J'adore » est à associer à « excellent ».
   – **9.** « Nouveau centre commercial » est à associer à « aller dans les magasins ».

❺ Demander aux apprenants s'il existe aussi dans des pays ou des régions où leur langue est utilisée (par exemple l'anglais et l'anglo-américain, l'espagnol de l'Espagne et du Mexique, le chinois…) des mots ou expressions différents ayant la même signification.

Suggestions, remarques

Plutôt que de travailler toutes les pages *Rubriques* à la suite, il est recommandé de traiter les thèmes en fonction de vos besoins et de ceux du groupe.

Ainsi, le thème de la francophonie peut donner lieu à développement dans différents domaines : culturel, linguistique, historique, politique. Des références sont indiquées ci-après dans *Pour votre information*.

**• RUBRIQUES :
Francophonie**

Ressources :
• 1 liste d'expressions québecoises
• 3 dessins

Qu'est-ce que la francophonie ?

La Francophonie est une communauté culturelle et linguistique regroupant plus de 170 millions de personnes qui utilisent le français, à des degrés divers, dans leur vie quotidienne. La Francophonie est également une communauté institutionnelle formée de 56 États et gouvernements, répartis sur les cinq continents, qui adhèrent à sa Charte.
Pour plus ample information, voir le site :
http://www.acdi-cida.gc.ca/lafrancophonie

Le français québécois

Il est important de spécifier qu'il s'agit bien d'un français québécois et non d'un français canadien. En effet, il existe au moins une autre communauté francophone au Canada, la communauté acadienne, et celle-ci parle une langue différente tant par l'accent que par le vocabulaire.

Pourquoi le français québécois est-il donc différent de celui de la France ? La réponse, comme c'est souvent le cas, se cache dans le passé. Plusieurs témoignages confirment que, dès la fin du XVIIe siècle, tout le monde en Nouvelle-France s'exprime en français. Or, en France à la même époque, les patois sont encore très nombreux. En effet, deux Français sur cinq ne comprennent ni ne parlent le français ! Seulement un Français sur cinq en a une connaissance active. Un navigateur fut tout étonné que tous, au Québec, même les paysans, parlent un français comparable à celui de la cour du roi !

L'usage du français a donc été généralisé au Québec avant de l'être en France. On doit ce fait principalement à deux facteurs. Tout d'abord, les colons qui viennent peupler la Nouvelle-France étaient originaires de différentes provinces françaises et tous parlaient donc leurs patois maternels. Or, une fois arrivés, ces hommes et ces femmes se retrouvèrent souvent avec un voisin qui parlait un patois différent du leur, d'où la nécessité d'une langue commune. On aurait choisi la plus prestigieuse, celle du roi, le « françois ». Deuxièmement, on remarque que les femmes ont joué un rôle de première importance dans ce phénomène puisque ce sont elles qui apprennent la langue aux enfants. Or, des études prouvent que la grande majorité de celles-ci connaissait, au moins partiellement, le français.

Aujourd'hui, le français québécois est écrit, chanté et célébré. Larousse lui a même consacré un dictionnaire.

Nous vous recommandons le site suivant :
http://www.geocities.com/Athens/Ithaca/7318/FRANC.HTM

Le document qui suit peut être utilisé avec les apprenants en compréhension écrite. On fera relever les termes qui caractérisent ce texte plutôt officiel à la fois descriptif, narratif et argumentatif car on indique les raisons du choix : passif, apposition, les connecteurs (*donc, enfin…*).

Délégation générale à la langue française et aux langues de France
COMMUNIQUÉ

Le terme *courriel* a été adopté et publié par la commission générale de terminologie et de néologie au *Journal officiel* du 20 juin 2003.
Par cette publication, la commission générale a souhaité mettre un terme à une période d'hésitation.
Utilisé depuis un certain temps, notamment au Québec, ce néologisme s'est progressivement répandu dans l'usage français pour désigner le

courrier électronique, qu'il s'agisse, le plus souvent, du message lui-même, ou, par extension, de la messagerie utilisée.

Un *courriel* est un « document informatisé qu'un utilisateur saisit, envoie, ou consulte en différé, par l'intermédiaire d'un réseau. Un *courriel* contient le plus souvent un texte auquel peuvent être joints d'autres textes, des images ou des sons ».

Évocateur, avec une sonorité bien française, le mot *courriel* est largement utilisé dans la presse et concurrence avantageusement l'emprunt à l'anglais *mail*.

La commission générale se range donc à la proposition québécoise désormais consacrée par l'usage, tout en maintenant la forme *courrier électronique* comme synonyme. En effet, dès 1997, elle avait publié comme équivalent français d'*e-mail*, le terme *courrier électronique*, qui reste parfaitement adapté.

Enfin, le symbole *Mél.*, qui n'a jamais été proposé comme terme équivalent d'e-mail, reste utilisable, comme symbole et jamais comme nom, devant une adresse électronique, comme *Tél.* s'emploie devant un numéro de téléphone.

• RUBRIQUES :
Sacrés Français !
Un Américain
nous regarde

Ressources :
• 1 extrait de livre
• 1 reproduction de
la couverture

• RUBRIQUES : Sacrés Français !
Un Américain nous regarde

CADRE DE RÉFÉRENCE B1

Lire pour s'orienter
Peut parcourir un texte assez long pour y localiser une information recherchée et peut réunir des informations provenant de différentes parties du texte ou de textes différents afin d'accomplir une tâche spécifique.

Objectif(s)   **Les Français vus par... : point de vue interculturel.**

FICHE EXPRESS | ± 45 min

❶ Demander à la première lecture d'indiquer quelles sont les personnes dont on décrit les habitudes, de repérer la thèse du locuteur.
❷ Demander à la deuxième lecture de repérer les arguments utilisés pour soutenir cette thèse
❸ Répondre au questionnaire pour vérifier les hypothèses.
❹ Faire suivre cette compréhension écrite d'une discussion où chacun exprimera son opinion.

Suggestions, remarques

Ce texte reprend avec humour ce qu'on dit sur « l'arrogance » des Français, leur façon de tout savoir sur tout. Les avis sont bien entendu partagés et le stéréotype n'est pas loin. Cela donne l'occasion d'une discussion qui permettra de confronter les points de vue, de parler de son expérience, de comparer avec son propre pays, bref, d'argumenter.

Corrigé

	vrai	faux	?
1. Un Français reconnaît toujours quand il a tort.	☐	☒	☐
2. Quand un Français se trompe de numéro de téléphone, il s'excuse.	☐	☒	☐
3. Les Français ont la réputation d'être très polis.	☒	☐	☐
4. Les Français ne s'excusent pas quand ils bousculent quelqu'un dans la rue.	☐	☒	☐
5. Les Américains ont moins l'esprit d'équipe que les Français.	☐	☐	☒
6. En cas d'échec au travail, le Français reconnaît sa responsabilité.	☐	☒	☐

Pour votre information

À lire ou à relire :
Ouvrages didactiques :
• Martine Abdallah-Pretceille, *L'Éducation interculturelle*, Presses universitaires de France, Paris, 1999.

- Maddalena De Carlo, *L'interculturel*, Clé international, Paris, 1998.
- Geneviève-Dominique De Salins, *Une approche ethnographique de la communication*, Didier, Paris, 1994.

Ouvrages de littérature ou de sociologie :
- Hector Bianciotti :
  Comme la trace de l'oiseau dans l'air, Grasset, Paris, 1999.
  Le Pas si lent de l'amour, Grasset, Paris, 1995.
  Ce que la nuit raconte au jour, Grasset, Paris, 1992.
- Theodore Zeldin :
  De la conversation, Fayard, Paris, 1999.
  Les Françaises et l'histoire intime de l'humanité, Fayard, Paris, 1994.
  Histoire des passions françaises, 1848-1945, Recherches, Paris, 1978.
  Réédition Payot, Paris, 1994.

• RUBRIQUES : La vie en société

CADRE DE RÉFÉRENCE B1

Compréhension générale de l'oral
Peut comprendre une information factuelle directe sur des sujets de la vie quotidienne ou relatifs au travail en reconnaissant les messages généraux et les points de détail, à condition que l'articulation soit claire et l'accent courant.

Objectif(s)   *Repérage d'informations de type socioculturel.*

FICHE EXPRESS   ± 30 min

❶ Faire écouter le premier dialogue et demander quel est le problème évoqué.
❷ Demander ensuite de répondre au questionnaire.
❸ Procéder de la même façon avec le dialogue suivant et demander de relever les formules de politesse utilisées avant de répondre au questionnaire.
❹ Pour le troisième dialogue, demander de le reprendre avec la même intonation après avoir répondu au questionnaire.
❺ Faire remarquer, pour le quatrième dialogue pour lequel la réponse semble évidente, que dans certaines familles traditionnelles, les enfants vouvoient leurs parents.
❻ Faire écouter le cinquième dialogue et demander quel est le problème évoqué. Demander de répondre au questionnaire.
❼ Même procédé pour le dernier dialogue.

Suggestions, remarques

L'activité proposée est idéale pour décrire et expliquer les comportements, les habitudes des habitants d'un pays et confronter les représentations que chacun peut avoir de l'autre.
Ainsi, le fait de demander à quelqu'un que l'on voit pour la première fois le montant de son salaire ne se fait pas en France mais n'est pas choquant dans d'autres pays.
De même, ne pas arriver à un rendez-vous à l'heure fixée n'est pas considéré comme étant du retard dans certains pays, alors que cela est une erreur grave et un manque de respect dans d'autres pays. C'est tout le

---

• RUBRIQUES :
La vie en société

Ressources :
- 1 enregistrement

Transcriptions :
1. – Ah! j'ai oublié d'appeler Martine pour l'inviter samedi! Tu lui téléphones ?
   – Tu as vu l'heure ? Il est 10 h, on l'appellera demain.
2. – Oh pardon! Excusez-moi, je vous ai fait mal ?
   – Non, non, ça va.
   – Vraiment, je vous demande pardon, je n'avais pas vu votre pied.
   – Mais je vous en prie, ce n'est pas grave, vous ne m'avez pas du tout fait mal.
3. Non mais, dis donc! Tu n'es pas un peu fou de proposer des choses pareilles ?
4. – Papa? Tu pourrais me passer le sel, s'il te plaît ?
   – Tiens, le voilà. Ne sale pas trop, c'est mauvais pour la santé, je te l'ai déjà dit mille fois!
5. – Daniel, venez, je vais vous présenter monsieur Durand.
   – Bonjour, monsieur! Enchanté. Vous avez une superbe voiture... elle a dû vous coûter cher! Vous gagnez combien par mois ?
   – Non mais dites donc, ça ne vous regarde pas!
6. – Sophie? Monsieur Breton est arrivé? Ça fait une heure que je l'attends!
   – Non, monsieur, pas encore.
   – Il a téléphoné ?
   – Non.
   – Eh bien quand il arrivera, dites-lui que je suis en réunion. Je ne peux pas attendre comme ça toute la matinée. Il prendra un nouveau rendez-vous, ça lui apprendra!

rapport au temps que peut avoir une société qui est à prendre en compte.

Prolongement possible : on peut demander aux élèves ce qui les a surpris dans leurs contacts avec les étrangers.

Corrigé

	oui	non	?
1. Vous pouvez téléphoner chez quelqu'un que vous ne connaissez pas avant 8 heures et après 21 heures.	☐	☒	☐
2. Si vous marchez sur le pied de quelqu'un, vous pouvez utiliser au moins trois formules de politesse différentes pour vous excuser.	☒	☐	☐
3. Vous connaissez le geste qu'utilisent les Français pour dire : « *Tu n'es pas un peu fou ?* »	☐	☐	☐
4. Les enfants français disent *tu* à leurs parents.	☒	☐	☐
5. Lorsqu'on ne connaît pas encore très bien quelqu'un, on peut quand même lui demander quel est son salaire mensuel ou quelles sont ses opinions politiques.	☐	☒	☐
6. Ça n'a aucune importance si on arrive en retard à un rendez-vous de travail, tout le monde le fait.	☐	☒	☐

p. 42

• Le paysage politique

CADRE DE RÉFÉRENCE B1

Compréhension générale de l'écrit
Peut parcourir un texte assez long pour y localiser une information
recherchée et peut réunir des informations provenant de différentes
parties du texte ou de textes différents afin d'accomplir une tâche
spécifique.

Objectif(s) *Information sur les formations politiques qui ont*
joué ou jouent un rôle important en France.

FICHE EXPRESS ± 45 min

❶ Demander aux apprenants de lire le « chapeau » du texte et d'en tirer l'information principale.
❷ Faire relever ensuite le nom des différents partis et leur positionnement de l'extrême gauche à l'extrême droite.
❸ Demander ensuite aux étudiants de se reporter au tableau des résultats de l'élection présidentielle de 2002.
❹ Proposer aux apprenants de commenter ces résultats (le score FN qui a créé la surprise au 1er tour, le score de Jacques Chirac au 2e tour).

Suggestions, remarques

Si le professeur le juge opportun, l'activité peut être prolongée par une information donnée par les apprenants sur le système politique de leur pays (représentation parlementaire, nombre de partis, leur importance, leur positionnement, type d'élections et rythme, etc.). Il ne s'agit pas d'engager de débat à ce stade, mais de transmettre de l'information sur ce qui est le fondement d'une société démocratique : la représentation parlementaire, les résultats d'élections.

Compréhension écrite

• Le paysage politique

Ressources :
• 1 texte
• 1 tableau de pourcentages

LES INSTITUTIONS POLITIQUES

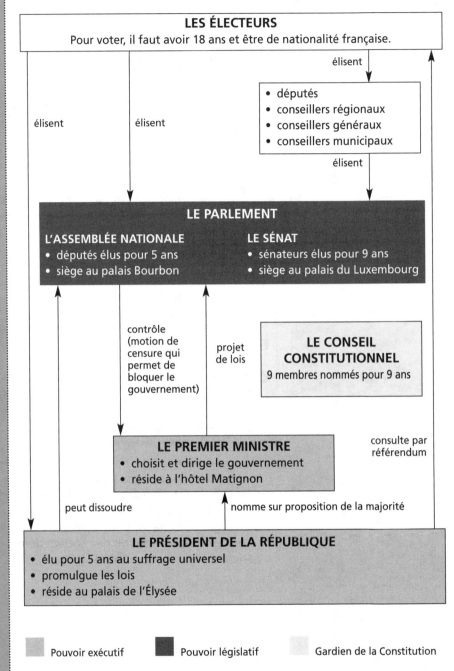

LES ÉLECTEURS
Pour voter, il faut avoir 18 ans et être de nationalité française.

élisent

- députés
- conseillers régionaux
- conseillers généraux
- conseillers municipaux

élisent

élisent   élisent   élisent

LE PARLEMENT

L'ASSEMBLÉE NATIONALE
- députés élus pour 5 ans
- siège au palais Bourbon

LE SÉNAT
- sénateurs élus pour 9 ans
- siège au palais du Luxembourg

contrôle
(motion de
censure qui
permet de
bloquer le
gouvernement)

projet
de lois

LE CONSEIL CONSTITUTIONNEL
9 membres nommés pour 9 ans

consulte par
référendum

LE PREMIER MINISTRE
- choisit et dirige le gouvernement
- réside à l'hôtel Matignon

peut dissoudre   nomme sur proposition de la majorité

LE PRÉSIDENT DE LA RÉPUBLIQUE
- élu pour 5 ans au suffrage universel
- promulgue les lois
- réside au palais de l'Élysée

Pouvoir exécutif   Pouvoir législatif   Gardien de la Constitution

Compréhension orale

• Un peu de logique

Ressources :
• 1 enregistrement

Transcriptions :

1. – Tu n'es pas allée voter ? C'est aujourd'hui les élections !

– Je ne vote pas parce que d'abord, ça ne changera rien, ensuite, pour moi, tous les hommes politiques se valent et enfin, dès qu'ils sont au pouvoir, ils oublient leurs promesses !

2. – Tu n'as pas voté pour le candidat écologiste ?

– Eh bien, non ! Primo, c'est le seul qui n'avait pas de programme pour notre région. Secundo, il n'est pas d'ici et tertio, il ne connaît rien à nos problèmes. J'ai voté pour celui qu'on connaît bien, parce que c'est un enfant du pays.

3. – Moi, je suis de droite, je considère que premièrement, la gauche n'est pas assez concrète, elle est trop idéaliste. Deuxièmement, il faut faire marcher le pays, pas rêver à une société idéale, sinon on n'arrive à rien.

– Ah bon ? Je pense exactement le contraire...

4. – La gauche et la droite, c'est bonnet blanc et blanc bonnet.

– Pas du tout ! Non seulement la gauche a des idées beaucoup plus généreuses que la droite mais il n'y a pas que l'économie dans la vie, il y a aussi le social, et les améliorations sociales, c'est toujours la gauche qui les propose, jamais la droite !

– Il ne faut pas être aussi catégorique, la droite aussi fait du social.

5. – Un seul parti politique n'a aucune chance de gagner les élections ! Les partis doivent s'unir !

• Un peu de logique

CADRE DE RÉFÉRENCE B1

Discussion informelle entre amis
Peut, en règle générale, suivre les points principaux d'une discussion d'une certaine longueur se déroulant en sa présence à condition qu'elle ait lieu en langue standard clairement articulée.

Objectif(s) *Repérage des arguments utilisés et de leur enchaînement dans une conversation.*

FICHE EXPRESS | ± 40 min

❶ Faire écouter une première fois le premier enregistrement et reformuler si nécessaire chaque argument donné.

❷ Faire une deuxième écoute pour repérer les articulateurs (*d'abord...*).

❸ Procéder de la même façon avec les autres enregistrements.

❹ Demander aux apprenants de se reporter au tableau *Grammaire / communication*. Faire remarquer que les marqueurs ne s'emploient pas indifféremment. Demander aux apprenants de relever les différents types d'indicateurs qui apparaissent dans les enregistrements et de les classer dans une des catégories du tableau.

Suggestions, remarques

Le réemploi des articulateurs peut être fait soit directement à la suite de la lecture du tableau, soit par la suite.

POINT FORMATION : L'ENCHAÎNEMENT DES ARGUMENTS

Nous avons vu, lors de l'activité de la page 37, que le discours argumentatif se caractérise par l'implication du locuteur dans ce qu'il dit. Cette implication se manifeste par les pronoms personnels, les possessifs, une modalisation forte (donner quelque chose comme sûr, incertain, improbable, probable, etc.).

Une autre caractéristique du discours argumentatif, outre les connecteurs logiques (*parce que, donc, mais, néanmoins...*), ce sont les marqueurs de chronologie. Ce sont ceux qui caractérisent les dialogues de cette activité. Ils permettent d'ajouter une idée nouvelle et d'enchaîner les arguments.

– Oui, c'est sûr, regarde, d'une part, quand tous les partis de gauche s'unissent, la gauche gagne, même chose pour la droite. Et d'autre part, quand les électeurs choisissent le parti qui leur plaît le plus, les votes sont tous éparpillés et personne n'arrive à obtenir la majorité.

Compréhension écrite •
Expression écrite

• Pas du tout
d'accord !

Ressources :
• 1 courriel

• Pas du tout d'accord !

CADRE DE RÉFÉRENCE B1

Production écrite générale
Peut écrire des textes articulés simplement sur une gamme de sujets
variés dans son domaine en liant une série d'éléments discrets en
une séquence linéaire.

Objectif(s) *Réemploi en production écrite des formes présentées*
en compréhension orale dans l'activité précédente.

FICHE EXPRESS | ± 30 min

❶ Répartir le grand groupe en groupes de deux. Chaque groupe prépare sa réponse.
❷ Rappeler aux apprenants ce qui caractérise le texte argumentatif
(modalisateurs, connecteurs logiques, marqueurs).
❸ Laisser 10 minutes pour la rédaction des textes puis demander à
chaque groupe de lire son texte.
❹ Faire une correction collective qui portera d'abord sur la façon dont
les arguments s'enchaînent puis sur la morphosyntaxe.

POINT FORMATION :

Le discours argumentatif est certainement le plus complexe des types de
discours. C'est un des quatre grands types de discours retenus dans la
typologie des discours, à savoir : le discours narratif, le discours descriptif / le discours explicatif, le discours argumentatif.
Ces types de discours structurent les séquences de chaque parcours dans
trois grands domaines d'activité langagière. Le discours argumentatif a
des marques spécifiques qui permettent d'exprimer des opinions, de développer, d'enchaîner des arguments, de réfuter des arguments, d'étayer
une démonstration. Mais il a aussi pour particularité de fonctionner en utilisant les niveaux des autres types de discours ; ainsi, étayer une démonstration, défendre un point de vue peut se réaliser à travers un récit ou une
explication ou une description. C'est donc l'articulation entre ces types de
discours dans l'argumentation qui peut être complexe à percevoir. On
peut aisément faire expliciter aux apprenants ces différents niveaux de discours pour leur permettre une meilleure compréhension.

Compréhension écrite •
Expression écrite

• Aménagement
de la ville

Ressources :
• 1 tract

séquence 3 : *Argumenter*

p. 44

• Aménagement de la ville

CADRE DE RÉFÉRENCE B1

Correspondance
Peut écrire une lettre personnelle pour donner des nouvelles ou exprimer sa pensée sur un sujet abstrait ou culturel, tel un film ou de la musique.

Objectif(s) **Production écrite à partir d'un déclencheur donnant lieu à controverse. Utilisation de certains connecteurs d'opposition.**

FICHE EXPRESS ± 40 min + 20 min

❶ Faire lire le tract sur les grands projets et commenter avec les apprenants les projets dans les différents domaines : commerces, culture, logement, voirie. Cette approche permettra une certaine dynamique tout en apportant de la matière : idées, lexique…

❷ Attirer l'attention des apprenants sur une partie du tableau *Grammaire / communication* de la page 45 (celle qui concerne l'opposition avec *mais, pourtant, cependant, toutefois, par contre, en revanche*).

❸ Répartir le groupe en défenseurs des projets (plutôt pour), en critiques des projets (plutôt contre).

❹ Demander aux deux groupes de rédiger un texte positif ou négatif et de formuler des propositions permettant soit d'améliorer soit de remplacer ce qui est annoncé (avec ou sans maquette).

❺ Les textes rédigés donneront lieu à lecture et discussion pour défendre chaque point de vue.

Suggestions, remarques

Il faudra veiller à ce que les apprenants utilisent à bon escient les connecteurs d'opposition. Ils risquent en effet, dans leur volonté de les utiliser, de produire des textes artificiels. Il faudra reprendre les productions, préciser l'intention du locuteur pour justifier le choix de tel ou tel connecteur.

séquence 3 : *Argumenter*

pp. 45-46

• **Des solutions**

CADRE DE RÉFÉRENCE B1

Discussion informelle entre amis
Peut comparer et opposer des alternatives en discutant de ce qu'il faut faire, où il faut aller, qui désigner, qui ou quoi choisir, etc.

Objectif(s) *Production orale permettant de réemployer les différentes formes présentées et travaillées dans les activités précédentes.*

FICHE EXPRESS | ± 45 min

❶ Demander d'abord aux apprenants d'expliciter la situation proposée sur chaque photo à l'aide des légendes.
❷ Commencer par la première photo et demander à chaque apprenant de proposer une solution. Chaque réponse sera relevée (tableau, transparent…).
❸ Demander ensuite aux apprenants de classer ces arguments par degré de pertinence.
❹ Demander enfin de reprendre ces arguments en les enchaînant et en marquant les nuances éventuelles (exprimées par les marqueurs adéquats).

Suggestions, remarques

Ces différentes activités ont pour but d'une part de présenter aux apprenants les outils à leur disposition pour argumenter (du moins de façon relativement simple) puis de les amener à les utiliser à bon escient.
Nous n'en sommes qu'à la troisième séquence du manuel et la première en ce qui concerne l'argumentation (deux autres suivent dans le domaine professionnel et celui des loisirs et de la culture). Les apprenants auront l'occasion de réutiliser tous ces outils ainsi que de nouveaux par la suite. Il ne faut donc pas chercher à être exhaustif.

Pour votre information

Canicule, été 2003
La première quinzaine du mois d'août 2003, l'Europe est atteinte par une canicule. Cette canicule a été exceptionnelle par sa durée et par son intensité (de nombreux records de température ont été battus dans plusieurs villes européennes). Dans certains pays, comme la France, les conséquences sur les écosystèmes, la population, et les infrastructures vont s'avérer importantes et être à l'origine d'une crise politique.
La canicule est à l'origine de plusieurs milliers de décès, en majorité chez les populations fragiles (personnes âgées, personnes malades).
Le nombre exact de décès directement liés aux fortes chaleurs est sujet à controverses. Une étude publiée le 25 septembre fait état de 14 802 morts (période du 1er au 20 août) soit une surmortalité de 55 %, l'équivalent de deux mois de vie perdus pour l'ensemble de la population française en rapport aux décès sur une année.

Les 11 et 12 août sont particulièrement meurtriers en raison de l'absence de vent, les effets de la canicule sont encore accentués avec des températures nocturnes très élevées, le manque de ventilation engendre des pics de taux de dioxyde d'azote qui se cumulent à la pollution par l'ozone.

Alors que les services de l'État s'étaient mobilisés au mois de juillet sur la question des incendies de forêts, ceux-ci tardent à prendre conscience du drame humain que la canicule est en train de provoquer. Les premières alarmes sont lancées par les responsables des services d'urgence dans les hôpitaux qui se voient débordés. Alors que la canicule s'estompe après le 15 août, les autorités françaises sont pointées du doigt pour la lenteur de la mise en route du plan d'urgence : le plan blanc.

L'ampleur tragique des événements de l'été 2003 pose des interrogations sur la société française qui, en Europe, est la seule à avoir connu un bilan humain aussi lourd.

Marée noire

Une marée noire est une arrivée à proximité des côtes d'une importante nappe de pétrole brut ou de produits pétroliers lourds. Cette nappe peut provenir d'un navire suite à un accident ou d'une installation de forage en pleine mer.

Le 13 novembre 2002, trois ans après la catastrophe de l'*Erika*, un pétrolier bahaméen, le *Prestige*, lance un SOS au large de la Galice : il a une brèche de 50 mètres dans son flanc droit.

Le 19 novembre, il se brise en deux et coule. Bilan : des milliers de tonnes de fuel déversées sur plus de 2 000 kilomètres de côtes. En France, le préfet des Pyrénées-Atlantiques déclenche le plan Polmar-Terre, le 7 décembre. Il est très vite rejoint par les autres départements d'Aquitaine. Dès les premières heures du mois de janvier, le littoral d'Aquitaine est en effet touché par l'arrivée des premières galettes de pétrole.

Les dégâts sont considérables tant au plan écologique (effets dévastateurs sur les espèces marines et le milieu naturel) qu'au plan économique et social (pécheurs et mareyeurs sont sans travail).

Les causes sont les mêmes que pour l'*Erika* : bateau usé, simple coque, pavillon de complaisance (pour les faibles contrôles) et l'absence de réglementation internationale.

Fermeture d'usine

Suite à l'abrogation par le gouvernement Raffarin de la loi de modernisation sociale, plusieurs fermetures d'entreprises et délocalisations ont eu lieu.

Tous les secteurs industriels sont touchés.

En 2001, la direction générale du groupe Péchiney annonce brutalement la fermeture du site de production de magnésium de Marignac (Haute-Garonne), seule unité en Europe à produire ce métal et qui compte 250 salariés.

La direction s'est heurtée à une résistance acharnée des syndicats qui, pendant près d'un an, ont refusé par tous les moyens cette fermeture.

Les réactions ont été d'autant plus vives que le groupe Péchiney venait d'annoncer un bénéfice de 314 millions d'euros pour l'exercice 2000.

En juillet 2002, la fermeture de l'usine a entraîné le licenciement de 187 salariés.

• Oui, mais...

CADRE DE RÉFÉRENCE B1

Production écrite générale
Peut écrire des textes articulés simplement sur une gamme de sujets variés dans son domaine en liant une série d'éléments discrets en une séquence linéaire.

Objectif(s) *Utilisation à bon escient des connecteurs d'opposition dans des textes.*

FICHE EXPRESS ± 40 min + 20 min

❶ Demander aux apprenants de relire le tableau *Grammaire / communication* et le commenter. Chercher d'autres exemples illustrant l'emploi de ces connecteurs.
❷ Demander ensuite de rédiger un texte court reprenant les informations données.
❸ Faire une correction collective qui permettra de justifier l'emploi de tel ou tel connecteur.

Suggestions, remarques

Le choix de tel ou tel connecteur n'est pas gratuit. Il marque l'intention du locuteur et peut entraîner des changements syntaxiques. Ainsi, le choix de *mais* dans le premier texte, ne change pas l'ordre des mots dans la phrase :
J'ai recruté ce candidat. Il est jeune et dynamique mais il a peu d'expérience.
En revanche, si on choisit, *bien que* ou *même si*, on s'attend à lire :
Bien que ce candidat ait peu d'expérience, je l'ai recruté parce qu'il est jeune et dynamique ou : *J'ai recruté ce candidat même s'il a peu d'expérience. Il est jeune et dynamique.*
De même qu'*en revanche* ou *par contre* ne peuvent établir de relations qu'entre deux propositions et non entre deux adjectifs.

POINT FORMATION :

On pourra faire relever que les exemples proposés dans le tableau ne fonctionnent pas tous de la même manière. Ainsi *mais* peut exprimer l'opposition ou la restriction : *Vous pouvez le voir mais ne restez pas trop longtemps.*
Certains indicateurs vont indiquer plutôt la concession : *Bien qu'il n'ait pas travaillé, il a eu son examen.* L'opposition porte, en fait, sur l'aspect inattendu des deux parties de la phrase : logiquement, il n'aurait pas dû avoir son examen. Il est donc important, lorsque les apprenants proposent des exemples, de les faire paraphraser ce qu'ils produisent pour se centrer sur le sens, et de mettre leurs productions dans des contextes. On peut sensibiliser les apprenants à ces aspects sans insister sur la concession.
Il est par contre intéressant que le professeur sache ce qui distingue l'opposition de la concession. Ainsi, Geneviève-Dominique de Salins, dans son ouvrage *Grammaire, Pour l'enseignement / apprentissage du FLE* (Didier, 1996) explique cette différence de la façon suivante (page 220) :

« Si la relation cause / conséquence ne s'établit pas comme prévue, il est possible d'indiquer cette modification du parcours attendu en employant des connecteurs signalant la concession.

Voici, par exemple, le parcours logique attendu :

Il a bien travaillé donc il a été reçu à son examen.

Il a été reçu à son examen parce qu'il avait bien travaillé.

La concession va rompre cet ordre, en faisant coexister deux faits qui « logiquement » sont incompatibles, la présence de l'un devant habituellement empêcher l'existence de l'autre :

Quoiqu'il ait beaucoup travaillé, il a échoué à l'examen.

Bien qu'elle n'ait pas du tout travaillé, elle a été reçue à l'examen.

L'opposition va créer un ordre logique autre, en provoquant la confrontation de deux faits qui existaient en totale indépendance l'un de l'autre :

Pierre a été reçu en travaillant beaucoup, alors que Marie a été reçue sans rien faire du tout.

Oui, Marie est intelligente, tandis que Pierre est travailleur…

Certains connecteurs peuvent servir à marquer les deux opérations concession / opposition. C'est le cas de *en revanche* :

Il est de faible constitution, en revanche il travaille comme deux.

qui indique ici une concession. »

Exercice : Opposition

Corrigé

1. Roger a réussi son permis de conduire ; **pourtant**, il confond encore le clignotant et les essuie-glaces.
2. **Même si** les critiques sont mauvaises, j'ai trouvé ce film très bon.
3. Les organisateurs ont décidé de maintenir la représentation en plein air **malgré** les menaces d'orage.
4. **Tandis que / Alors que** tous les pronostics donnaient son cheval perdant, il est arrivé premier.
5. La météo ne se trompe jamais ? Elle avait annoncé du beau temps sur toute la France, **pourtant**, ici, il pleut.
6. **Même si** nous n'avons pas toujours les mêmes opinions, j'apprécie beaucoup Vanessa.
7. Romuald a entendu toute la conversation **bien qu'**il prétende être sourd comme un pot.

Exercice : Syntaxe des verbes

Corrigé

1. Je suis très intéressé **par** ce travail.
2. Marc a réussi **à** trouver un appartement.
3. J'ai choisi **de** partir en province.
4. Est-ce que tu es arrivée **à** convaincre Joël de partir en vacances avec nous ?
5. Vous allez continuer **à** travailler pour cette entreprise ?
6. Je prévois **d'**acheter un appartement dans le Midi.
7. Je suis obligé **de** prendre une décision rapide.
8. J'ai l'intention **de** changer de voiture.

Exercice : Opposition

Corrigé

	oui	non
1. Il mange comme quatre et pourtant il garde la ligne.	☒	☐
2. Malgré les nouvelles lois sur le tabac, les jeunes continuent à fumer.	☒	☐
3. Ils sont arrivés à l'heure car ils sont partis très tôt ce matin.	☐	☒
4. Cet hiver, les hôtels sont pleins et la neige est au rendez-vous.	☐	☒
5. Vous avez parfaitement réussi cet exposé, je vous félicite.	☐	☒
6. Cette année on a bien choisi notre hôtel; il est super, par contre l'année dernière, on a eu tout faux.	☒	☐
7. Fabienne aime la charcuterie alors que moi, j'ai horreur de ça.	☒	☐
8. Les Durand viennent d'acheter un grand appartement et maintenant ils vont partir en vacances.	☐	☒
9. Elle est plutôt sympathique tandis que son mari, lui, il est franchement désagréable.	☒	☐
10. Je veux bien t'aider à préparer ce dossier et on le présentera ensemble au directeur.	☐	☒

• Bulletin d'infos

Compréhension orale

• Bulletin d'infos

Ressources :
• 1 enregistrement
• 4 photos

Transcriptions :
Il est 16 h, voici notre bulletin d'informations présenté par Christelle Thierry.
Les syndicats de la SNCF ont déposé un préavis de grève pour demain. La semaine dernière, une grève de deux jours avait gravement paralysé le trafic sur toute la France. Mais les syndicats estiment que leurs revendications n'ont pas été entendues par le gouvernement. Le ministre des Transports, dans une déclaration à la télévision, a souligné que le gouvernement avait fait un effort important en acceptant de fixer l'âge de la retraite des salariés de la SNCF à 58 ans et non à 60 ans et que de nouvelles négociations étaient exclues.
Demain sera donc une journée difficile pour les usagers. La semaine dernière, aucun train de banlieue n'a circulé et quelques TGV seulement ont desservi les villes de province. Tout ceci a créé des embouteillages terribles autour de la capitale.
Le sommet du G8 va commencer après-demain à Évian. Les chefs d'État des huit pays sont attendus mercredi sur les bords du lac Léman. Des mesures de sécurité draconiennes ont été prises. Les habitants de la région ne peuvent plus se déplacer depuis ce matin. Des forces de police en nombre important ont pris position dans la région depuis une semaine.
La Croisette a retrouvé son aspect habituel, le Festival de Cannes s'est achevé hier ; le film de Van Sant, *Elephant* a remporté la Palme d'or. Selon l'avis des membres du jury et

• Bulletin d'infos

CADRE DE RÉFÉRENCE B1

Comprendre des émissions de télévision
Peut comprendre une bonne partie des programmes télévisés sur des sujets d'intérêt personnel, tels que brèves interviews, conférences et journal télévisé si le débit est relativement lent et la langue assez clairement articulée.

Objectif(s) **Compréhension des informations transmises dans le journal télévisé et reformulation de ces informations.**

FICHE EXPRESS	± 45 min

❶ Faire écouter le premier enregistrement et demander aux apprenants de repérer les informations concernant les acteurs (Qui ?), les éléments servant à marquer la chronologie des événements (*demain, la semaine dernière…*) et les actions liées à cette chronologie (Quoi ?).

❷ Faire faire une deuxième écoute pour vérifier les hypothèses, en insistant sur les marqueurs chronologiques et les temps utilisés. Noter les informations non relevées à la première écoute : la raison de ces actions (Pourquoi ?) et leurs conséquences.

❸ Demander enfin aux apprenants, au vu du classement, de choisir le titre qui résume le mieux ce qui a été dit.

❹ Procéder de la même façon avec les autres enregistrements, en insistant sur la chronologie des faits.

Suggestions, remarques

On notera que le discours dominant dans cette activité, est le discours narratif. C'est le type de discours qui sera dominant dans les autres activités de ce premier parcours tandis que le discours dominant du deuxième parcours sera le discours descriptif et explicatif et celui du troisième parcours, le discours argumentatif.

Ce type de discours se caractérise par l'utilisation des marqueurs temporels et l'importance des temps utilisés.

Comme nous considérons que l'apprenant a besoin de maîtriser les éléments permettant de situer le récit dans le temps (marqueurs temporels et temps) pour raconter ce qui lui est arrivé, ce qu'il a vu, fait, entendu, ce qu'il va faire, nous lui avons, dès le premier niveau, donné accès aux moyens linguistiques lui permettant d'exprimer son vécu qui est nécessairement inscrit dans les trois époques.

Il a, d'autre part, été mis assez rapidement en contact avec les marqueurs temporels destinés à préciser le moment d'une action par rapport à une autre.

Cette séquence constitue donc la synthèse de tout ce qui a été étudié, de ce qui est censé être acquis et devrait devenir, à ce stade, un automatisme.

des critiques, cette sélection était en comparaison avec celle des années précédentes un peu terne. Peu de films ont vraiment marqué les participants du festival. Espérons que l'année prochaine sera meilleure.
Football : Sochaux a créé la surprise hier soir en battant Marseille 3 à 1. Les Sochaliens ont très nettement dominé ce match au stade Vélodrome. Ils se sont ainsi qualifiés pour la finale qui se déroulera au stade de France dans quinze jours. Sochaux sera opposé à Monaco. Et maintenant la météo...

Pour votre information

- SNCF : Société nationale des chemins de fer français.
- Pour les questions de retraite, consultez le site suivant :
  http://www.notretemps.com

Festival de Cannes
Le Festival est un no man's land apolitique, un microcosme de ce que serait le monde si les hommes pouvaient prendre des contacts directs et parler la même langue. (Jean Cocteau)

Article premier
Le festival de Cannes a pour objet, dans un esprit d'amitié et de coopération universelle, de révéler et de mettre en valeur des œuvres de qualité en vue de servir l'évolution de l'art cinématographique et de favoriser le développement de l'industrie du film dans le monde.

Malgré les difficultés de l'époque, le festival de Cannes, première grande manifestation culturelle internationale de l'après-guerre, s'ouvre le 20 septembre 1946. Il s'agit, à l'époque, d'une rencontre de cinéma plus que d'une compétition puisque pratiquement tous les films présentés repartent avec un prix. À l'exception des années 1948 et 1950 où la manifestation n'a pas lieu faute de budget, le Festival s'est tenu tous les ans depuis sa création, d'abord en septembre, puis à partir de 1951, en mai, pour une durée moyenne de deux semaines. En 1968, le Festival est interrompu par les événements politiques.
Parallèlement à l'organisation officielle, la Semaine de la Critique, créée en 1962 et la Quinzaine des Réalisateurs créée en 1969 organisent des sélections qui portent leurs noms.

Le stade Vélodrome
Ce stade se situe à Marseille et accueille les matches de l'OM (Olympique de Marseille) depuis 1937. Il a été inauguré par une victoire en amical face aux Italiens du Torino.
Le stade Vélodrome portait alors bien son nom, puisque des compétitions cyclistes y étaient régulièrement organisées. Peu à peu, les gradins ont « grignoté » la piste cyclable qui bordurait le terrain.
À l'occasion de la Coupe du Monde 1998, le stade a été totalement rénové et a vu sa capacité portée de 42 000 à 60 000 places. Le record d'affluence (57 603 spectateurs) remonte à la réception du Paris Saint-Germain, le 8 avril 1998.
Pour tout savoir sur le football :
http://www.football365.fr/
http://www.lnf.fr/

séquence 4 : *Pratique des discours*

p. 48

• Récit de voyages

Compréhension écrite

• Récit de voyages

Ressources :
• 1 texte à ordonner
• 1 schéma

CADRE DE RÉFÉRENCE B1

Lire pour s'orienter
Peut parcourir un texte assez long pour y localiser une information recherchée et peut réunir des informations provenant de différentes parties du texte ou de textes différents afin d'accomplir une tâche spécifique.

Objectif(s) Recherche des éléments permettant de rétablir la chronologie d'une narration. Caractéristiques du texte narratif.

FICHE EXPRESS ± 50 min

❶ Faire relever, lors d'une première lecture, les indicateurs de temps (*4 heures, 5h25...*) et demander aux apprenants de faire un premier classement chronologique. (**E, B, D, F**).

❷ Rechercher les indices permettant d'insérer les trois paragraphes sans indicateurs temporels dans cette chronologie. (**G, A, C**).

❸ Demander de justifier l'ordre chronologique retenu (non seulement les indicateurs temporels mais aussi les éléments lexicaux).
Ordre chronologique : **E, B, G, D, A, C, F**.

❹ Faire une dernière lecture permettant de vérifier les hypothèses et d'élucider les points non compris.

POINT FORMATION : CARACTÉRISTIQUES DU TEXTE NARRATIF

Le texte narratif comporte une série d'éléments qui ont un rôle précis dans le déroulement de la narration.

Nous avons en général tout d'abord une situation de départ, puis un événement perturbateur, des péripéties, un dénouement et une situation finale.

Les narrateurs peuvent être de différents types.

Enfin, une des caractéristiques importantes du texte narratif est l'utilisation des temps des verbes.

Le texte qui nous est présenté possède toutes les caractéristiques de la narration :

– la situation initiale est décrite dans le paragraphe **E** ;
– « l'événement » perturbateur et les péripéties se trouvent dans les paragraphes **B, G** et **D** ;
– le dénouement est dans **A** et **C** ;
– la situation finale dans le paragraphe **F**.

Compréhension écrite •
Expression écrite •
Expression orale

• Les jeunes
en Europe

Ressources :
• 4 extraits d'une enquête
• 1 photo

p. 49

• Les jeunes en Europe

CADRE DE RÉFÉRENCE B1

Lire pour s'orienter
Peut parcourir un texte assez long pour y localiser une information recherchée et peut réunir des informations provenant de différentes parties du texte ou de textes différents afin d'accomplir une tâche spécifique.

Objectif(s) *Appropriation d'informations transmises par un texte en vue d'une production écrite et orale. Reprise des éléments de la comparaison.*

FICHE EXPRESS | ± 30 min + 30 min

❶ Procéder à une première lecture des quatre extraits.
❷ Reprendre chaque texte, faire une mise en commun des informations contenues et opérer les classements au tableau en vue de la prochaine activité.
❸ Demander de formuler les informations recueillies en reprenant certaines des expressions utilisées : *près de, de loin, une très grande majorité…*
❹ Répartir l'élaboration d'un questionnaire entre les apprenants (quatre groupes) : le travail du premier groupe portera sur les langues apprises par les jeunes, celui du deuxième sur l'utilisation des NTIC, celui du troisième sur le rôle des amis et celui du quatrième sur les loisirs.
❺ Chaque groupe posera à un des trois autres les questions élaborées autour du thème.

Suggestions, remarques

Il est possible, à partir des réponses fournies par les groupes, d'élaborer un petit texte dans lequel les informations seront reformulées et les commentaires repris selon le schéma des textes étudiés : comparatifs et superlatifs, expressions (*près de, loin de, une très grande majorité…*).
Cette activité est aussi l'occasion d'évoquer les particularités de l'oral, de l'écrit et de l'écrit oralisé (questionnaire).
Enfin, le professeur pourra répondre aux questions des apprenants à partir des informations données ci-dessous dans *Pour votre information*.

Pour votre information

Quelques données européennes
• Superficie de l'Europe des 15 : 3 191 120 km^2
• Superficie de l'Europe des 25 : 3 929 712 km^2
• Évolution : + 23,1 %

- Population des 15 : 378 millions
- Population des 25 : 453 millions
- Évolution : + 19,8 %

L'essentiel sur le futur élargissement

Réuni à Luxembourg, les 12 et 13 décembre 1997, le Conseil européen a lancé le processus d'élargissement de l'Union, selon un déroulement « par étapes, selon des rythmes propres à chaque État candidat en fonction de son degré de préparation ».

L'objectif est de « mettre les États candidats en mesure d'adhérer à l'Union et de préparer celle-ci à son élargissement dans de bonnes conditions ». De 1987 à 1996, treize pays ont déposé une demande d'entrée dans l'Union européenne : Chypre, Malte, dix pays d'Europe centrale et orientale (Bulgarie, Estonie, Hongrie, Lettonie, Lituanie, Pologne, République tchèque, Roumanie, Slovaquie, Slovénie) et la Turquie.

Chypre, la Hongrie, Malte, la Pologne, la République tchèque, la Slovaquie, la Slovénie et les trois États baltes ont adhéré le 1er mai 2004, tandis que l'Union européenne se donne pour objectif d'accueillir la Bulgarie et la Roumanie en 2007. En ce qui concerne la Turquie, si, en décembre 2004, le Conseil européen décide que ce pays satisfait aux critères politiques de Copenhague, l'Union européenne ouvrira, sans délai, des négociations avec lui.

Les critères d'adhésion

En 1993, le Conseil européen de Copenhague a institué, pour la première fois, des critères spécifiques que les pays candidats à l'adhésion à l'Union européenne doivent respecter. Ces critères sont notamment les suivants :

- **critères politiques** : une stabilité des institutions garantissant la démocratie, la primauté du droit, le respect des droits de l'homme ainsi que le respect de la protection des minorités.
- **critères économiques** : l'existence d'une économie de marché viable, et la capacité de faire face à la pression concurrentielle et aux forces du marché à l'intérieur de l'Union.
- **critères institutionnels** : au-delà de la reprise formelle des textes européens, la capacité à mettre en œuvre ses engagements européens.

Compréhension écrite

• Histoire d'@

Ressources :
- 1 texte
- 1 reproduction d'un manuscrit ancien

p. 50

• Histoire d'@

CADRE DE RÉFÉRENCE B1

Lire pour s'orienter
Peut parcourir un texte assez long pour y localiser une information recherchée et peut réunir des informations provenant de différentes parties du texte ou de textes différents afin d'accomplir une tâche spécifique.

Objectif(s)   **Compréhension fine d'un texte relativement complexe.**

FICHE EXPRESS | ± 45 min

❶ Faire faire une première lecture et demander aux apprenants de dire quelles sont les informations essentielles transmises par le texte (origine et usages du signe @, son appellation dans différentes langues, l'origine de son appellation française).

❷ Faire retrouver, à la deuxième lecture, les différents usages du signe depuis le Moyen Âge, ses différentes appellations.

Suggestions, remarques

Ce texte qui raconte l'histoire du signe @ est à la fois un texte narratif, descriptif et explicatif. La dominante est celle du texte narratif, l'intérêt du texte étant d'apprendre l'origine du signe @.
Il possède les caractéristiques de ces trois types de texte :
- pour le texte narratif, la présence des marqueurs temporels : *depuis le Moyen Âge, plus tard, dès 1885, il vient de...* ;
- pour le texte descriptif et explicatif, la présence de faits vérifiables et objectifs. En plus des paragraphes de la description, il comprend une brève introduction, qui présente le sujet et ses aspects, et une brève conclusion qui résume l'information livrée. Il n'y a pas de verbes exprimant une émotion ou un sentiment, et ils sont en majorité au présent. Il n'y a pas de pronoms personnels *je, tu, nous, vous*. Il y a prédominance de pronoms de la troisième personne : *il, ils, on*. Il y a enfin un emploi prédominant de la phrase déclarative, qui peut être affirmative ou négative.

Corrigé

	vrai	faux
1. Le caractère @ s'appelle arobase en français.	☒	☐
2. On doit dire *un* arobase.	☐	☒
3. Les Romains utilisaient déjà ce signe.	☐	☒
4. L'arobase a pour origine un mot latin.	☒	☐
5. Ce caractère a remplacé le signe de la multiplication (x) dans les écritures commerciales.	☒	☐

6. Dans beaucoup de langues, la forme
   du caractère fait penser à un animal. ☒ ☐
7. Les Finlandais trouvent que l'arobase ressemble à
   une tête de chat. ☒ ☐
8. On peut écrire *arobase* avec un *r* ou avec deux *r*. ☒ ☐
9. Ce sont les imprimeurs qui ont donné son nom
   à ce caractère aujourd'hui très répandu. ☒ ☐
10. L'origine du mot *arobase* est incertaine. ☒ ☐

**Compréhension écrite •
Expression orale**

• Test

Ressources :
• 1 test

• Test

CADRE DE RÉFÉRENCE B1

Compréhension générale de l'écrit
*Peut lire des textes factuels directs sur des sujets relatifs à son domaine
et à ses intérêts avec un niveau satisfaisant de compréhension.*

Objectif(s) *Détente et reprise du lexique des sentiments et de l'émotion.*

FICHE EXPRESS ± 45 min

❶ Expliquer d'abord les consignes et le mode d'emploi du test
(réponses aux questions, points attribués à chaque réponse, interprétation des résultats).

❷ Proposer ensuite aux apprenants de répondre aux questions individuellement en leur donnant des explications si nécessaire.

❸ Leur demander de se référer aux résultats et de réagir : accord ou désaccord.

Suggestions, remarques

Cette activité doit se faire avant tout dans un climat de détente. Il s'agit
d'une activité ludique et l'interprétation des résultats ne doit pas être
prise au pied de la lettre.
Chacun doit pouvoir s'exprimer, comme il le désire, en réutilisant le
lexique du test, en faisant les transformations nécessaires (passage du
verbe au nom, du nom au verbe).
Il est aussi possible de penser à une extension du texte et de demander
aux apprenants quels items ils ajouteraient pour tester des émotions.

Pour votre information

Les tests dans les magazines

En quelques années, les tests psychologiques – le plus souvent des tests
de personnalité – destinés au grand public sont devenus incontour-
nables. Même s'ils manifestent une prédilection à fleurir dans les magazines féminins, plus aucun média n'y échappe. Le Web constitue pour
eux un vrai paradis, ils sont partout.
Les tests reviennent en force en particulier à l'époque des vacances. La plupart des magazines proposent des tests soit d'ordre psychologique, soit littéraire, soit généraliste selon le lectorat auquel le magazine s'adresse.
Parmi les magazines français, *Psychologies* – dont chaque numéro comporte un test – a désormais son site internet (www.psychologies.com),
avec de nombreux tests psychologiques, gratuits ou payants. Pour les
réaliser, les rédacteurs rencontrent un psychologue, un psychiatre qui
les informent sur les types de comportement attendu par rapport à certaines situations.
Une centaine de thèmes sont proposés sur ce site. L'estime de soi, l'amour,
la sexualité sont les domaines les plus prisés dans ces tests grand public.
Dans des médias plus généralistes, les tests relèvent souvent de la pure
invention. Mieux vaut le savoir et ne pas les prendre pour autre chose
qu'un passe-temps.

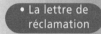

**Compréhension écrite •
Expression écrite**

• La lettre de
réclamation

Ressources :
• 1 liste comparative

**Compréhension écrite •
Expression orale**

• Tintin

Ressources :
• 5 vignettes de
bande dessinée

séquence 4 : *Pratique des discours*

p. 52

• La lettre de réclamation

CADRE DE RÉFÉRENCE B1

Interaction écrite générale
*Peut apporter de l'information sur des sujets abstraits et concrets,
contrôler l'information, poser des questions sur un problème ou l'exposer assez précisément.*

Objectif(s) **Entraînement à la rédaction d'une lettre formelle :
lettre de réclamation, selon un schéma préétabli.**

FICHE EXPRESS | ± 45 min

❶ Faire lire les deux listes dont le contenu servira à l'écriture de la lettre
de réclamation.
❷ Faire compléter la lettre, deux par deux, ou par groupes de quatre,
avec les éléments adéquats des listes.
❸ Faire une correction collective des productions.

• Tintin

CADRE DE RÉFÉRENCE B1

Lire pour s'orienter
*Peut parcourir un texte assez long pour y localiser une information
recherchée et peut réunir des informations provenant de différentes
parties du texte ou de textes différents afin d'accomplir une tâche
spécifique.*
Monologue suivi
*Peut développer une argumentation suffisamment bien pour être
compris sans difficulté la plupart du temps.*

Objectif(s) **Réemploi des temps et éléments lexicaux servant à
l'expression de la chronologie : succession d'événements,
séquences. Recherche d'arguments pour justifier un choix.**

FICHE EXPRESS | ± 30 min

❶ Répartir le groupe en sous-groupes. Chaque sous-groupe aura la
même tâche : trouver l'ordre chronologique.
❷ Demander à chaque sous-groupe de justifier le choix fait en explici-
tant le récit ; on discutera en cas de désaccord de la logique de
chaque possibilité.

Corrigé

c – b – e – a – d.

On peut faire expliciter le récit :

Tintin arrive à Shanghaï, il descend du bateau, un homme vêtu d'un manteau marron et portant un chapeau l'attend, il le suit et le reconnaît.

Tintin arrive à l'hôtel, il s'installe dans sa chambre, on frappe et on lui apporte une lettre à son nom.

Cette activité sera l'occasion de réemployer les marqueurs temporels tels que : *d'abord, ensuite, puis* ; les expressions servant à exprimer l'antériorité, la simultanéité : *avant de, pendant que*.

Pour votre information

Tintin

Personnage de bande dessinée créé par Hergé (nom formé à partir des initiales de son véritable nom : Georges Rémi) en 1929 dans un quotidien belge, Tintin rencontre encore aujourd'hui un immense succès. Au fil des albums, traduits en 30 langues, le célèbre reporter, accompagné de son chien Milou, parcourt le monde entier (va même sur la Lune) et résout des énigmes, fait arrêter des bandits avec l'aide de personnages typés et récurrents : le capitaine Haddock, le professeur Tournesol, les policiers jumeaux Dupond et Dupont.

p. 53

**Compréhension écrite •
Expression orale**

• Exposé au
présent historique

Ressources :
• 1 biographie
d'Albert Camus

• Exposé au présent historique

CADRE DE RÉFÉRENCE B1

Lire pour s'orienter
Peut parcourir un texte assez long pour y localiser une information recherchée et peut réunir des informations provenant de différentes parties du texte ou de textes différents afin d'accomplir une tâche spécifique.

Objectif(s) *Production orale sous forme d'exposé (discours narratif) avec reprise des informations pertinentes d'un texte.*

FICHE EXPRESS ± 20 min + 40 min

❶ Demander aux apprenants de lire la biographie d'Albert Camus.
❷ Proposer ensuite de constituer trois groupes qui vont préparer pendant 10 minutes l'exposé que l'un des membres de chaque groupe fera. Le premier groupe reprendra les informations dans l'ordre chronologique, le deuxième devra choisir celles qui lui paraissent les plus pertinentes, le troisième fera une synthèse sans suivre nécessairement l'ordre chronologique. Indiquer que les informations doivent être reformulées.
❸ Demander ensuite à chaque groupe de faire son exposé.
❹ Faire une évaluation collective des exposés (informations données et leur formulation).

• Albert Camus, un témoin de son temps

CADRE DE RÉFÉRENCE B1

Lire pour s'informer et discuter
Peut reconnaître le schéma argumentatif suivi pour la présentation d'un problème sans en comprendre nécessairement le détail.

**Compréhension écrite •
Expression orale**

• Albert Camus,
un témoin
de son temps

Ressources :
- extraits d'œuvres
  et citations
  d'Albert Camus
- 2 photos
- 1 affiche de film

Objectif(s) Découverte d'un écrivain qui a marqué son temps, *Camus : le romancier, le philosophe, le dramaturge.*

FICHE EXPRESS ± 45 min

Camus romancier
❶ Demander aux apprenants de lire l'extrait de *L'Étranger* et de donner, après cette première lecture, leur impression générale.
❷ Retrouver avec les apprenants, à la deuxième lecture, ce qui est à l'origine de cette impression : juxtaposition de phrases brèves, formulant des constats et dans lesquelles toute expression du sentiment est exclue.
❸ Passer ensuite à la lecture de la préface, en remarquant ce que Camus dit de son personnage : il ne joue pas le jeu, il refuse de mentir.
❹ Commenter ce passage avec les apprenants. Comment expliquer l'attitude du personnage du roman ? insensibilité ? refus de la norme, du faux-semblant, des valeurs collectives ? incapacité à exprimer ses émotions ? dédoublement ? pathologie ? lucidité ?
❺ Demander ensuite de lire l'extrait de *La Peste* en rappelant aux apprenants le contexte de la guerre et l'histoire : une ville, Oran, est ravagée par la peste et ses habitants réagissent soit avec courage, soit avec lâcheté. L'impression est-elle la même qu'après la lecture de l'extrait de *L'Étranger* ?
❻ Reprendre cet extrait avec les apprenants. Rechercher en quoi il est différent de l'extrait précédent (syntaxe, message véhiculé de solidarité).

FICHE EXPRESS ± 20 min

Camus philosophe
❶ Commenter cette phrase avec les apprenants. Quelle interprétation en donnent-ils ? Qu'est-ce qui caractérise cette créature qu'est l'homme ?

FICHE EXPRESS ± 20 min

Camus dramaturge
❶ Commenter avec les apprenants ces deux phrases extraites de *Caligula*.
❷ Relever les idées exprimées dans l'interview sur le théâtre.
❸ Commenter l'affirmation selon laquelle le théâtre est le plus haut des genres littéraires.
❹ Réfléchir avec les apprenants sur ce que peut être la tragédie moderne par rapport à la tragédie antique.

Discours de Suède

❶ Demander aux apprenants de relever l'idée principale exprimée par Camus.

❷ Demander, dans un deuxième temps, de relever les phrases qui expriment cette idée.

❸ Commenter avec les apprenants le point de vue de Camus sur l'art.

Pour votre information

Albert Camus, romancier, philosophe, dramaturge
La découverte de l'absurde

La pensée existentialiste, critique radicale de tout pouvoir politique, moral et religieux, fondée sur le sentiment désespéré du non-sens de l'existence, trouve ses racines dans les philosophies de Kierkegaard et Heidegger.

Jean-Paul Sartre a formulé les bases de la pensée existentialiste dans son essai majeur : *L'Être et le Néant* (1943).

C'est une même expérience d'étrangeté fondamentale au monde qu'Albert Camus exprime dans *L'Étranger* (1942). Camus fait de ce personnage vivant au jour le jour, sans chercher de justification à ses actes, le prototype de l'homme absurde.

Comme Sisyphe dans *Le Mythe de Sisyphe*, nous sommes condamnés à pousser sans fin un rocher devant nous. La vie vaut-elle alors d'être vécue ? Oui, car l'homme, dans son inutile effort, est plus grand que son destin puisqu'il peut se révolter contre lui. Telle est sa liberté. « Il faut imaginer Sisyphe heureux. » D'autre part, la prise de conscience de l'absurde ne débouche pas sur le nihilisme mais sur l'affirmation de la nécessaire solidarité avec les autres hommes.

À partir du moment où il a trouvé dans l'épreuve même de l'absurde les raisons de célébrer la vie, Camus se jette dans un combat déterminé contre tout ce qui asservit l'individu. En cela consiste sa révolte qui aboutit à un éloge de la solidarité. Sauver la vie, ce n'est pas seulement la sauver en soi, mais en l'autre. *La Peste* et *L'Homme révolté* illustrent la nécessité de l'engagement collectif.

Le mot « existentialiste » définit donc moins Camus que celui d'« humaniste ». Qu'importe si les questions ne trouvent pas de réponses ? L'humanisme peut s'accomplir dans l'inquiétude, fixer sur elle sa conscience, sa mesure et ses limites.

Un style au service de l'idée

Les idées ne sont rien sans leur expression. Et l'œuvre de Camus est celle d'un écrivain, non d'un philosophe. Il l'a dit lui-même. De même qu'il n'a pas voulu se cantonner à un genre, il s'est gardé de limiter son style à un seul registre. « J'ai adapté la forme au sujet, voilà tout. » En effet, selon le sujet ou le personnage, l'écriture change : neutre pour Meursault dans *L'Étranger* ; rigoureuse, objective et pourtant passionnée pour la chronique de *La Peste*.

POINT FORMATION :

Ces écrits appartenant à différents genres doivent être traités différemment. L'accent sera plutôt mis sur l'écriture dans le texte extrait d'un roman. C'est le cas de *L'Étranger* et de *La Peste*. Par contre, ce sont les affirmations de l'auteur portant à discussion qui seront privilégiées dans les textes critiques.

À ce niveau B1, il ne s'agit pas de faire de la stylistique, mais de sensibiliser à une écriture qui, de plus, est tout à fait assimilable en français langue étrangère.

• Compréhension orale

CADRE DE RÉFÉRENCE B1

Compréhension générale de l'oral
Peut comprendre une information factuelle directe sur des sujets de la vie quotidienne ou relatifs au travail en reconnaissant les messages généraux et les points de détail, à condition que l'articulation soit claire et l'accent courant.

Corrigé

	vrai	faux	information non donnée
Cette histoire s'est passée l'année dernière.	☐	☒	☐
Un professeur fêtait son anniversaire avec ses collègues.	☐	☒	☐
Le professeur devait corriger les copies du bac.	☒	☐	☐
Le professeur a oublié les copies dans un taxi.	☒	☐	☐
Le chauffeur de taxi a corrigé les copies.	☐	☐	☒
Le professeur a corrigé puis envoyé les notes au ministère.	☐	☒	☐
Le voleur de copies a réclamé 1 000 euros au professeur.	☒	☐	☐
Le professeur a refusé de payer.	☐	☒	☐
Le professeur en a parlé à ses collègues.	☐	☐	☒
Les copies ont été retrouvées dans une poubelle.	☐	☒	☐
Le professeur a enfin pu corriger les copies.	☐	☒	☐
Tous les journaux en ont parlé.	☒	☐	☐
Le ministère a demandé au professeur de démissionner.	☐	☐	☒

• Compréhension orale

Transcriptions:
– Tu as vu cette histoire incroyable qui est arrivée à un prof la semaine dernière?
– Oui, oui, c'est fou cette histoire-là! Comment ça s'est passé déjà?
– Eh bien, le prof, il rentrait chez lui en taxi. Il avait passé la soirée avec des copains pour fêter la fin de l'année.
– Ah, oui et il a oublié les copies du bac chez ses amis, j'imagine, non?
– Non, il les a oubliées dans le taxi!
– Ah, oui... et le chauffeur s'en est aperçu, et comme il y avait son nom sur l'enveloppe, il lui a téléphoné, c'est ça?
– Non, on ne sait pas, tout ce qu'on sait c'est que le prof, il a cru qu'il avait perdu ses copies, il n'a rien déclaré, et il a envoyé au ministère des notes comme s'il les avait vraiment corrigées.
– Ah, oui, je me souviens. Et c'est à ce moment-là que quelqu'un lui a téléphoné et lui a dit que s'il voulait récupérer ses copies, il fallait qu'il dépose 1000 € dans une poubelle au coin de la rue de la Paix.
– Oui, et c'est ce qu'il a fait.
– Ça y est, je me souviens de la suite; il a déposé l'argent et en rentrant chez lui, il a trouvé les copies devant sa porte!
– Et les copies, eh bien elles étaient déjà corrigées... avec des vraies notes, et le lendemain, toute l'histoire a paru dans les journaux. Alors qui a corrigé ça, mystère... Le prof a été convoqué au ministère par son inspecteur, il a sûrement passé un mauvais moment...

• Compréhension écrite

CADRE DE RÉFÉRENCE B1

Compréhension générale de l'écrit
Peut lire des textes factuels directs sur des sujets relatifs à son domaine
et à ses intérêts avec un niveau satisfaisant de compréhension.
Lire pour s'orienter
Peut parcourir un texte assez long pour y localiser une information
recherchée et peut réunir des informations provenant de différentes
parties du texte ou de textes différents afin d'accomplir une tâche
spécifique.

Corrigé

Résumé n° 3.

• Production orale (en interaction)

CADRE DE RÉFÉRENCE B1

Production orale générale
Peut assez aisément mener à bien une description directe et non
compliquée de sujets variés dans son domaine en la présentant
comme une succession linéaire de points.
Monologue suivi : décrire l'expérience
Peut raconter une histoire.
Peut raconter l'intrigue d'un livre ou d'un film et décrire ses propres
réactions.
Peut relater en détail ses expériences en décrivant ses sentiments et
ses réactions.
Peut relater les détails essentiels d'un événement fortuit tel un accident.

Corrigé

Accepter toutes les propositions vraisemblables et correctes d'un point
de vue grammatical et sémantique.

• Production écrite

CADRE DE RÉFÉRENCE B1

Interaction écrite générale
Peut écrire des lettres et des notes personnelles pour demander ou
transmettre des informations d'intérêt immédiat et faire com-
prendre les points qu'il / elle considère importants.
Correspondance
Peut écrire des lettres personnelles décrivant en détail expériences,
sentiments et événements.

Corrigé

Accepter toutes les propositions vraisemblables et correctes d'un point
de vue grammatical et sémantique.

Évaluation sommative

Cette évaluation n'est pas obligatoire, libre à vous de décider de l'utiliser ou non.
Elle permet de vérifier si le niveau des apprenants correspond bien au niveau B1 défini par le Conseil de l'Europe dans le Cadre européen commun de référence et peut répondre à une éventuelle demande institutionnelle d'évaluation chiffrée.

• Interaction orale (compréhension et expression)

CADRE DE RÉFÉRENCE B1

Interaction orale générale
Peut exploiter avec souplesse une gamme étendue de langue simple pour faire face à la plupart des situations susceptibles de se produire au cours d'un voyage. Peut aborder sans préparation une conversation sur un sujet familier, exprimer des opinions personnelles et échanger de l'information sur des sujets familiers, d'intérêt personnel ou pertinents pour la vie quotidienne (par exemple, la famille, les loisirs, le travail, les voyages et les faits divers).

La conversation est interactive : l'apprenant y est tour à tour émetteur et récepteur, locuteur et destinataire. Il va devoir faire la preuve simultanée de sa compréhension orale et de sa capacité à produire de l'oral en interaction. Ce sont ses réactions (en production), qui vont permettre de vérifier s'il a bien compris le message qui lui a été adressé.
L'évaluation de cette communication interactive va s'attacher à vérifier la cohérence entre la compréhension et la production. Elle prendra également ment en compte les stratégies que l'apprenant va mettre ou non en œuvre pour prouver ses capacités (demandes de clarification, clarification des malentendus, rétablissement de la communication).

Conversation informelle – 5 à 10 min

Cette conversation porte sur les acquis des quatre séquences du parcours 1. Les questions permettent également de vérifier le niveau de l'apprenant en fonction du *Cadre de référence*.

Tout d'abord, prenez connaissance du barème de notation, puis, après avoir accueilli l'apprenant, posez-lui quelques questions pour le mettre à l'aise : *Bonjour, asseyez-vous / assieds-toi. Comment allez-vous / vas-tu ?* etc.).
Faites-lui ensuite tirer au sort l'une des trois situations de communication suivantes (l'épreuve ne porte que sur une seule situation. Si celle qu'il a tirée au sort ne semble pas lui plaire, il peut en tirer une seconde) et procédez à la passation de l'épreuve :

Situation 1 : *Vous avez vu un film ou lu un livre qui vous a impressionné. Pouvez-vous me parler de ce film ou de ce livre et répondre à mes questions ?*

Questions pouvant être posées :
Pouvez-vous me dire d'abord qui est le réalisateur / l'auteur et quels sont les acteurs du film / les personnages du livre ?
Pouvez-vous raconter brièvement l'histoire ?
Qu'avez-vous particulièrement aimé dans ce film / livre ?

• Interaction orale (compréhension et expression)

Situation 2: *Vous venez d'inventer un moyen de transport qui va révolutionner la façon de se déplacer en ville. Pouvez-vous décrire cette invention et en expliquer le fonctionnement?*

Questions pouvant être posées:
On m'a dit que vous êtes l'auteur d'une invention extraordinaire; de quoi s'agit-il?
Comment vous est venue cette idée?
Comment ont réagi les personnes autour de vous?
Pensez-vous que cette invention est vraiment la solution idéale pour les déplacements en ville?

Situation 3: *Les gens vont de moins en moins au cinéma. Pourquoi? Comment faire pour qu'ils y aillent plus?*

Questions pouvant être posées:
Vous allez souvent au cinéma?
D'après les enquêtes, les gens vont de moins en moins au cinéma. Quelle en est la raison? Est-ce parce que les films ne sont pas de qualité?
Pourquoi les gens préfèrent-ils rester chez eux plutôt que d'aller au cinéma?
Que feriez-vous si vous étiez responsable culturel d'une ville?

Barème sur 20 points

- **Étendue du vocabulaire et degré d'élaboration des phrases**
  Possède des moyens linguistiques suffisants et un vocabulaire suffisant pour s'exprimer avec quelques hésitations sur des sujets familiers. (De 0 à 4.)
- **Correction grammaticale**
  Utilise de façon assez exacte un répertoire de structures et schémas fréquents dans des situations prévisibles. (De 0 à 4.)
- **Prononciation, prosodie**
  Se fait très bien comprendre. Les erreurs de prononciation sont peu significatives. (De 0 à 2.)
- **Aisance, fluidité**
  Peut discourir de manière aisément compréhensible même si les pauses pour chercher les mots et les phrases sont évidentes en particulier lorsque la production est plus longue. (De 0 à 3.)
- **Interaction**
  Peut engager, soutenir et clore une conversation simple sur un sujet familier, reprendre ce que quelqu'un a dit pour confirmer une compréhension mutuelle. (De 0 à 2.)
- **Articulation du discours**
  Peut relier une série d'éléments courts, simples en une suite linéaire. (De 0 à 3.)
- **Prise de risque**
  Exprime ce qu'il a l'intention de communiquer en prenant le risque de faire des erreurs de prononciation, lexicales et syntaxiques. (De 0 à 2.)

- Compréhension écrite

• Compréhension écrite

CADRE DE RÉFÉRENCE B1

Compréhension générale de l'écrit
Peut lire des textes factuels directs sur des sujets relatifs à son domaine et à ses intérêts avec un niveau satisfaisant de compréhension.

Tout est bien qui finit bien

La secrétaire d'une entreprise anglaise à Londres va avoir une augmentation de salaire grâce à ses compétences en français. Celles-ci lui ont permis de convaincre des voleurs de rendre l'attaché-case qu'ils avaient volé à son patron lors de son voyage d'affaires à Paris.

Barbara D. a décidé d'envoyer un texto sur le portable qui était resté dans l'attaché-case.

Comme elle n'avait pas pratiqué le français depuis la fin de sa scolarité, elle a utilisé un dictionnaire pour rédiger le message. Ce message était le suivant : *Chers voleurs, gardez l'argent, mais j'ai besoin de l'attaché-case, du passeport et des billets d'avion. Laissez-les s'il vous plaît à l'hôtel.*

Elle a été très étonnée de recevoir dans les dix minutes un appel des voleurs informant qu'ils déposaient dans une poubelle l'attaché-case avec son contenu excepté le portefeuille contenant 500 livres sterling et le portable.

Barbara D. a envoyé un nouveau message pour remercier les voleurs. Ils ont répondu : *Nous sommes contents que vous ayez récupéré vos affaires. Votre français est assez bon.*

Hier, le directeur, M. Harvey, a dit à Karen qu'elle méritait l'augmentation qu'elle avait demandée. Il a dit que l'attaché contenait des documents de travail importants dont la perte aurait représenté une catastrophe pour son entreprise.

AU CHOIX :

1) Dites si les informations suivantes sont vraies, fausses ou ne sont pas mentionnées dans le texte.

	vrai	faux	?
1. Barbara D. est bilingue français-anglais.	☐	☐	☐
2. Les voleurs ne lisaient pas l'anglais.	☐	☐	☐
3. Barbara D. a envoyé un message électronique aux voleurs.	☐	☐	☐
4. L'homme d'affaires avait oublié son attaché-case à l'hôtel.	☐	☐	☐
5. L'homme d'affaires a retrouvé tout le contenu de son attaché-case sauf l'argent.	☐	☐	☐
6. Les voleurs ont trouvé que le niveau de langue de Barbara était satisfaisant.	☐	☐	☐
7. Les documents qui étaient dans l'attaché-case n'avaient pas une grande valeur.	☐	☐	☐
8. Barbara a reçu une augmentation de salaire importante.	☐	☐	☐

2) Dites quelle est la phrase qui résume de la manière la plus exacte le texte.

A. Des voleurs ayant le sens de l'humour ont rendu à leur victime tout ce qu'ils lui avaient dérobé.

B. Les grandes compétences en français d'une secrétaire anglaise lui ont permis de rendre un grand service à son patron qui l'a récompensée.

C. Grâce à un portable, la secrétaire d'une entreprise anglaise a pu éviter à son patron une catastrophe.

D. Un attaché-case volé a été retrouvé grâce à l'ingéniosité d'une secrétaire qui a reçu, en récompense, une forte somme d'argent.

Corrigé

1)

		vrai	faux	?
1.	Barbara D. est bilingue français-anglais.	☐	☒	☐
2.	Les voleurs ne lisaient pas l'anglais.	☐	☐	☒
3.	Barbara D. a envoyé un message électronique aux voleurs.	☒	☐	☐
4.	L'homme d'affaires avait oublié son attaché-case à l'hôtel.	☐	☐	☒
5.	L'homme d'affaires a retrouvé tout le contenu de son attaché-case sauf l'argent.	☐	☒	☐
6.	Les voleurs ont trouvé que le niveau de langue de Barbara était satisfaisant.	☒	☐	☐
7.	Les documents qui étaient dans l'attaché-case n'avaient pas une grande valeur.	☐	☒	☐
8.	Barbara a reçu une augmentation de salaire importante.	☐	☐	☒

2) B ou **C.**

• Expression écrite

CADRE DE RÉFÉRENCE B1

Interaction écrite générale
Peut écrire des lettres et des notes personnelles pour demander ou transmettre des informations d'intérêt immédiat et faire comprendre les points qu'elle / il considère importants.
Correspondance
Peut écrire des lettres personnelles décrivant en détail expériences, sentiments et événements.

Vie professionnelle et études

**Compréhension orale •
Compréhension écrite**

• Candidature

Ressources:
- 1 enregistrement
- 1 CV avec photo

Transcriptions:
– Vous vous appelez comment?
– Catherine Rochat.
– Vous avez quel âge?
– 32 ans.
– Qu'est-ce que vous avez fait comme études?
– J'ai fait une licence de psychologie à Strasbourg et ensuite Sciences Po à Lyon, et avant j'avais fait un DEUG de droit, mais le droit… ça ne me plaisait pas beaucoup.
– Vous avez une expérience professionnelle?
– J'ai fait des petits boulots quand j'étais étudiante, j'ai été serveuse, j'ai fait de la vente par téléphone, mais mon premier poste a été chargée de communication auprès d'une entreprise de vente par correspondance. J'y suis restée un peu plus de deux ans et puis j'ai eu envie de changer. Je suis entrée dans une compagnie aérienne pour faire le même type de travail.
– Pourquoi êtes-vous intéressée par le poste que nous proposons au Mexique?
– D'abord parce que la compagnie dans laquelle je travaille a des difficultés et risque de réduire ses effectifs, et parce que j'aimerais travailler à l'étranger.

séquence 5 : *Raconter*

p. 59

• Candidature

CADRE DE RÉFÉRENCE B1

Compréhension générale de l'oral
Peut généralement suivre les points principaux d'une longue discussion se déroulant en sa présence, à condition que la langue soit standard et clairement articulée.

Objectif(s) ***Repérage d'informations dans un discours oral.***

FICHE EXPRESS | ± 45 min

❶ Faire identifier le type de texte (CV): comment est-il construit? Quelles en sont les parties? À quoi sert la photo?
❷ Compréhension globale. Faire écouter le dialogue une fois et poser les questions classiques permettant de situer les circonstances et l'objet de l'enregistrement: Qui parle? Qui sont ces personnes? Où l'entretien se déroule-t-il? De quoi est-il question?
❸ Faire ensuite reconstituer, en grand groupe, le parcours de Catherine Rochat, dans l'ordre chronologique.
❹ Faire repérer les erreurs sur le curriculum vitae:
   – l'âge de Catherine Rochat: 32 ans;
   – licence de psychologie faite à Strasbourg;
   – Sciences Po à Lyon;
   – DEUG de droit;
   – langues parlées: allemand, espagnol, un peu de russe;
   – centres d'intérêts: voyages, littérature, tir à l'arc.

Suggestions, remarques

Prolongements possibles:
1. Demander qui, dans la classe, a déjà fait « un petit boulot ». En dresser la liste.
2. Demander qui dispose d'un CV, le faire raconter.

Pour votre information

- **Sciences Po:** Institut d'études politiques (IEP). Sciences Po délivre une formation intellectuelle pluridisciplinaire, orientée vers la prise de responsabilités et le développement d'aptitudes à l'expression publique. Sciences Po Paris vient d'ailleurs d'ouvrir une école de journalisme.

– Vous parlez des langues étrangères?
– Oui, allemand et espagnol, un peu le russe.
– Quels sont vos centres d'intérêt?
– Les voyages, la littérature et le tir à l'arc.
– Bien, votre candidature me semble intéressante.

Compréhension orale • Expression écrite

• Entretien

Ressources :
• 1 enregistrement

Transcriptions :
– Bonjour, mademoiselle. Vous allez nous expliquer ce que vous avez fait et pour quelles raisons vous souhaitez entrer dans notre école.
– J'ai fait des études de langue et civilisation françaises en Corée, j'ai obtenu une licence, ensuite je suis allée en Angleterre pour faire une école de management hôtelier. Je suis restée un an en Angleterre. Pendant cette année, j'ai visité plusieurs pays d'Europe et la France en particulier. Et j'ai compris que je voulais travailler dans le domaine artistique. Je suis rentrée en Corée et je me suis inscrite à l'école des Beaux-Arts de Séoul et j'ai commencé à apprendre à peindre. Au début, j'ai surtout appris à reproduire des tableaux, à maîtriser les lignes géométriques, les couleurs et puis j'ai commencé à faire mes propres créations en travaillant surtout à partir de photographies.
Je voudrais entrer dans votre école car je souhaite me spécialiser dans la communication visuelle et travailler ensuite dans la publicité ou l'édition.

• DEUG : premier diplôme d'études supérieures, il sanctionne les deux premières années de premier cycle. Il est appelé à disparaître au profit du LMD « Licence – Master – Doctorat », système entré en vigueur depuis la rentrée 2003 pour certaines universités et qui sera généralisé en 2005. Il permet une meilleure mobilité des étudiants en Europe. Entrepris pour harmoniser les cursus universitaires européens, ce système simplifie l'organisation des études : la séquence DEUG / Licence / Maîtrise / DEA-DESS / Doctorat (en années : 2-3-4-5-8) laisse la place à un parcours Licence / Master / Doctorat (3-5-8).

• Entretien

CADRE DE RÉFÉRENCE B1

Compréhension générale de l'oral
Peut comprendre les points principaux d'une intervention sur des sujets familiers rencontrés régulièrement au travail, à l'école, pendant les loisirs, y compris des récits courts.
Peut suivre une conférence ou un exposé dans son propre domaine à condition que le sujet soit familier et la présentation directe, simple et clairement structurée.

Objectif(s) *Compréhension orale en vue d'une prise de note.*

FICHE EXPRESS | ± 30 min

❶ L'écoute de cet enregistrement étant ciblée sur une prise de notes, il est intéressant, avant de faire écouter l'enregistrement, de procéder à une discussion générale sur ce qu'est la prise de notes. (Voir le *Point formation*.)

❷ Faire lire la fiche d'entretien et faire caractériser le type d'information qui sera à rechercher lors de l'écoute de l'enregistrement (factuel).

❸ Faire écouter l'enregistrement en demandant de ne prendre en notes que ce qui est requis par la fiche.

❹ Demander au groupe les informations qui ont été notées pour le premier item (*Études*). Faire compléter la fiche.

❺ Procéder de la même façon pour les items suivants.

❻ Faire réécouter l'enregistrement pour confirmer les informations notées.

POINT FORMATION : LA PRISE DE NOTES (2/3)

Comment cette activité est-elle ressentie ?

On posera une à une les questions suivantes, et on organisera la discussion de façon à faire prendre conscience que la prise de notes est, sans que l'on s'en rende compte, au centre de beaucoup de nos activités quotidiennes.

Demander tout d'abord si les apprenants pensent que les affirmations suivantes sont « plutôt justes » ou « plutôt fausses ».

1. La technique de la prise de notes s'acquiert par la pratique, elle ne s'enseigne pas.

2. La seule utilité de la prise de notes c'est de garder une trace de ce que l'on a lu ou entendu.

3. Il vaut mieux ne pas abréger les mots en prenant des notes car on risquerait de ne plus les comprendre en les relisant.

4. Demander ensuite si les apprenants utilisent des sigles, des abréviations, des symboles, des idéogrammes, lorsqu'ils prennent des notes en langue maternelle. En dresser la liste. Demander si certains sont universels. En faire adopter certains pour la prise de notes en français.

Compréhension orale

> • Devant la machine
> à café : potins

Ressources :
- 1 enregistrement
- 1 photo

Transcriptions :
1. – Bonjour, Marco ! Ça va ?
– Bonjour, Claire ! Oui, bien et toi ?
– Ça va, ça va. Tu connais la nouvelle ?
– Non… je sens que je vais bientôt savoir…
– Ce matin, j'ai croisé Nicole, elle m'a dit que Morel allait partir…
– C'est pas possible, il est là depuis deux mois…
– Si, elle m'a assuré qu'il devait partir, ça se passe très mal avec le patron.
– En tout cas, je ne vais pas le regretter, il est désagréable !
2. – Alors, Dubois, ça va ?
– Oui, Duchemin.
– Oh, je sors d'une réunion, trois heures, pénible…
– Il paraît que ça ne va pas très bien entre le patron et Bédes.
– C'est sûr, chaque fois que Bédes a ouvert la bouche, le patron a critiqué ses propositions, je n'aurais pas voulu être à sa place.
– Ah, le vent tourne…
3. – Salut, Marine !
– Salut, quoi de neuf ?
– Je viens de voir Florence, tu sais ce qu'elle m'a dit ?
– Non…
– Eh bien, elle m'a dit que le responsable des achats sortait avec Jeanne…

---

séquence **5** : *Raconter*

pp. 60-61

• Devant la machine à café : potins

CADRE DE RÉFÉRENCE B1

Compréhension générale de l'oral
Peut comprendre les points principaux d'une intervention sur des sujets familiers rencontrés régulièrement au travail, à l'école, pendant les loisirs, y compris des récits courts.

Objectif(s) *Formalisation, par écrit, d'une compréhension globale. Reformulation, passage du discours direct oral, au discours rapporté à l'écrit.*

FICHE EXPRESS ± 30 min + 30 min

❶ À partir de la photo, faire identifier la situation de communication, en particulier, le lieu (faire expliquer le titre de l'activité : la machine à café est, dans l'entreprise, un lieu de convivialité où l'on échange des « potins »).
Faire écouter le premier enregistrement et faire noter les informations demandées. Qui parle ? Claire et Marco. De qui ? de Morel. Quelle est l'information ? Nicole a dit que Morel allait partir.
❷ Vérifier les productions et en particulier le temps des verbes du discours rapporté, obtenir un consensus.
❸ Exploiter la suite du discours : faire donner la raison pour laquelle Morel va partir. Demander si tout le monde apprécie Morel.
❹ Faire réécouter le premier enregistrement, pour vérification.
❺ Procéder de même avec l'enregistrement n° 2. Qui parle ? Dubois et Duchemin. De qui ? Du patron et de Bédes. Quelle est l'information ? Duchemin a dit que le patron avait critiqué Bédes.
❻ Même chose avec le dernier enregistrement. Qui parle ? Marine et une collègue. De qui ? Du responsable des achats et de Jeanne. Quelle est l'information ? Florence lui a dit que le responsable des achats sortait avec Jeanne.

Pour votre information

Une émission très populaire, programmée sur la chaîne M6, s'intitule *Caméra Café*. Elle met en scène des personnages quelque peu caricaturaux et propose chaque jour des sketches qui tournent autour des potins d'une entreprise, racontés ou déformés devant la machine à café. Adaptée au Québec, en Grèce, en Irlande et en Belgique flamande, la série est diffusée en Suisse, en Belgique francophone, au Luxembourg, ainsi qu'en Australie et en Yougoslavie.

Tableau de grammaire / communication : le discours rapporté

Demander aux apprenants de s'y référer pour vérifier le temps des verbes lorsqu'ils complètent la colonne *Quelle est l'information ?* ainsi que pour l'utilisation des verbes *conseiller, critiquer, approuver, expliquer, souhaiter.*

Exercice : Le discours rapporté

Corrigé

1. Je trouve que le Premier ministre agit sans aucune concertation avec les partenaires sociaux impliqués dans ce conflit.
   → **c.** M. Duval a critiqué le gouvernement.
2. Je vous demande instamment d'obtenir l'autorisation de l'Organisation des Nations unies avant d'entreprendre toute intervention.
   → **e.** M. Duval a incité un pays voisin à s'entourer de précautions dans ce conflit.
3. Votre prestation dans cette pièce de théâtre est merveilleuse, je suis vraiment fasciné par votre jeu.
   → **b.** M. Duval a félicité chaleureusement l'acteur Patrick Chandelier.
4. Vous m'avez vraiment déçu, votre comportement agressif avec vos collègues est inadmissible.
   → **d.** M. Duval a vivement réprimandé un de ses employés.
5. Mesdames et messieurs, je vais vous indiquer quelle sera la politique menée par mon gouvernement dans l'année qui vient…
   → **a.** M. Duval a exposé son programme d'actions.

Exercice : Concordance des temps

Corrigé

1. Vous avez eu du beau temps ?
   → Il m'a demandé si nous **avions eu** du beau temps.
2. Tu connais Marc ?
   → Elle m'a demandé si je **connaissais** Marc.
3. On a construit une nouvelle route.
   → Il m'a dit qu'on **avait construit** une nouvelle route.
4. Vous allez acheter une voiture ?
   → Il m'a demandé si j'**allais acheter** une voiture.
5. Tu iras chez Jacques demain ?
   → Il m'a demandé si j'**irais / irai** chez Jacques demain.
6. Vous avez rencontré Anne ?
   → Elle m'a demandé si j'**avais rencontré** Anne.
7. André a acheté une maison.
   → Oui, il m'a dit qu'il **avait acheté** une maison.
8. Tu vas aller chercher James à la gare ?
   → Je t'ai demandé si tu **allais** chercher James à la gare.

Exercice : Syntaxe des verbes

Corrigé

1. Ma mère nous a interdit **de** sortir.
2. Je vous conseille **de** prendre un avocat.
3. Elle l'a autorisé **à** rencontrer sa fille.
4. Cédric l'a invité **à** passer des vacances dans les Alpes.
5. Je vous promets **de** vous envoyer ce livre.
6. Il a refusé **de** m'aider.
7. J'ai vraiment besoin **de** prendre des vacances.
8. Je ne suis pas disposée **à** faire des compromis dans cette affaire.

• Courrier des lecteurs

Compréhension écrite •
Expression orale

• Courrier des lecteurs

Ressources :
- 1 témoignage écrit
- 1 photo

CADRE DE RÉFÉRENCE B1

Compréhension générale de l'écrit
Peut comprendre la description d'événements, de sentiments et de souhaits suffisamment bien pour entretenir une correspondance régulière avec un correspondant ami.
Production orale générale
Peut relater en détail ses expériences en décrivant ses sentiments et ses réactions.

Objectif(s) *Apprendre à raconter une (mauvaise) expérience.*

FICHE EXPRESS ± 30 min

❶ Faire lire la lettre de Lise. Faire éventuellement expliquer le vocabulaire (*je me raccrochais à ma feuille / ricanaient / ils se fichaient de moi*) et faire trouver des synonymes (*je ne faisais que lire ma feuille / ils riaient bêtement* ou *méchamment / ils se moquaient de moi*).

❷ Diviser le groupe en tandems et donner les consignes ainsi que la durée de l'activité.

❸ Demander de noter la situation dans laquelle l'un des deux s'est senti mal à l'aise.

❹ Faire prendre connaissance du tableau de grammaire *Cause / conséquence* et faire préparer le récit en exigeant la présence soit d'une juxtaposition, soit d'un connecteur.

❺ Passer dans les groupes puis faire produire quelques récits oraux.

Tableau de grammaire / communication : cause / conséquence
S'y référer pour la préparation de la lettre (point 4 ci-dessus).

• Faire un CV

Compréhension orale •
Expression écrite

• Faire un CV

Ressources :
- 1 enregistrement
- 1 photo

Transcriptions :
– Bonjour, monsieur Sauveur. J'aimerais que vous me parliez de vos études et de votre expérience professionnelle…
– Alors… après le bac, j'ai fait des études d'ingénieur à l'École Nationale de Lyon, j'ai eu mon diplôme en 1999 après cinq ans. Ensuite j'ai souhaité faire une formation complémentaire et je suis

CADRE DE RÉFÉRENCE B1

Compréhension générale de l'oral
Peut comprendre une information factuelle directe sur des sujets de la vie quotidienne ou relatifs au travail en reconnaissant les messages généraux et les points de détail, à condition que l'articulation soit claire et l'accent courant.
Production écrite générale
Peut écrire des rapports très brefs de forme standard conventionnelle qui transmettent des informations factuelles courantes.
Prendre des notes
Lors d'une conférence, peut prendre des notes suffisamment précises pour les réutiliser ultérieurement à condition que le sujet appartienne à ses centres d'intérêt et que l'exposé soit clair et bien structuré.

entré à HEC*; j'y ai passé une année…
– Vous avez une expérience de l'international ?
– Pendant mes études, j'ai fait un stage au Japon dans une université et j'avais également fait un stage à la fin de la 4e année au Brésil. Je parle anglais, j'ai fait deux séjours aux États-Unis, et j'ai un bon niveau en espagnol et en portugais…
– Japonais ?
– Un peu, mais en fait j'ai travaillé en anglais quand j'étais au Japon.
– Actuellement, qu'est-ce que vous faites ?
– Je travaille depuis deux ans chez L'Oréal à Genève mais je souhaiterais changer de poste car j'ai un travail essentiellement technique et j'aimerais avoir des activités plus commerciales…

* Hautes Études Commerciales

Objectif(s) *Compréhension détaillée et prise de notes en vue d'une réutilisation.*

FICHE EXPRESS | ± 45 min

❶ S'assurer que la consigne est bien comprise de la même façon par tout le monde.
❷ S'agissant de la rédaction d'un CV, faire trouver par le groupe le type de mots-clés et d'indices (dates et indications de durée) qui doivent être repérés et notés (études dans l'ordre chronologique, expérience professionnelle, langues parlées).
❸ Faire écouter l'enregistrement et faire noter les informations importantes. Une seule écoute.
❹ Constituer des groupes de deux. Faire produire le CV et passer dans les groupes pour vérifier la présence des informations importantes.
❺ Faire lire un des CV produits, demander au groupe de l'évaluer. Faire compléter les informations manquantes et faire corriger les erreurs par les apprenants.
❻ Procéder à une seconde écoute de vérification.

POINT FORMATION : LA PRISE DE NOTES (3/3)

L'exploitation des notes prises pendant l'écoute d'un document oral est une activité complexe. En effet, écrire prend du temps, et lors d'une seule écoute du document, si l'apprenant prend trop de temps pour rédiger ses notes, il perd le fil de la conversation ou du discours et perd, par la même occasion, des informations qui vont ensuite lui faire défaut. Si vous avez procédé à l'activité formation proposée pour *Entretien*, p. 59 :
– distribuez la liste des abréviations, symboles et idéogrammes retenus par les apprenants et demandez-leur de les utiliser ;
– insistez sur la nécessité de ne pas rédiger des phrases complètes.

Expression orale

• À vous

Ressources :
• 1 liste de points pour préparer un entretien

● À VOUS

CADRE DE RÉFÉRENCE B1

Production orale générale
Peut faire un exposé simple et direct, préparé, sur un sujet familier dans son domaine qui soit assez clair pour être suivi sans difficulté la plupart du temps et dans lequel les points importants soient expliqués avec assez de précision.

Objectif(s) *Prise de parole préparée (interaction).*

FICHE EXPRESS | ± 45 min + 30 min

❶ Indiquez clairement la consigne de temps : quelques minutes pour choisir et discuter de l'expérience qui va être racontée, quelques minutes pour noter l'idée forte des questions qui vont être posées (nécessité de rédiger les questions sous forme de phrases complètes. Lors de l'entretien, il est possible de se référer à ses notes, mais pas de lire une question rédigée). Le temps de parole sera de deux à trois minutes.

❷ Passez dans les groupes pour vérifier l'avancement de la préparation.
❸ Faire produire un entretien. Veillez à ce que l'entretien se déroule de façon dynamique.

POINT FORMATION : RELANCER LA CONVERSATION

Distribuer un tableau des petites phrases ou expressions (déclencheurs minimaux), qui permettent de relancer la parole et demander aux apprenants de ne pas hésiter à les utiliser dès qu'ils sentent que le rythme se ralentit.

EXEMPLES :

– *Ah, oui ? Vous pouvez m'en dire un peu plus ?*
– *Ah ! très intéressant ! Vous pouvez développer ?*
– *Non ? vraiment ? C'est difficile à croire !*
– *Incroyable !*
– *Et pourquoi ?*
– *Vous pourriez préciser ce point ?*
– *Si j'ai bien compris, vous souhaitez…*
– *Pensez-vous que d'autres points de votre parcours doivent être signalés ?* etc.

Exercice : Cause / conséquence

Corrigé

1. **Comme / Puisque** les prix ont baissé, la consommation a repris.
2. La situation s'est nettement améliorée, **si bien que** nous pouvons être optimistes.
3. Le cours de l'euro a baissé **résultat : / si bien que** les investissements ont repris en Europe.
4. Les difficultés économiques sont importantes. **Résultat** : il est difficile pour ce pays de payer sa dette.
5. **Comme / Puisque** le chômage a diminué, les Français consomment plus.
6. **En raison de** grèves des transports, le déficit de la SNCF a augmenté.
7. **Grâce aux** efforts des salariés, l'entreprise Axilor ne fermera pas.
8. **Comme / Puisque** nous n'obtenons pas de résultats, nous devons changer de politique.

Exercice :
Cause / conséquence

• **RUBRIQUES : Le rouge et le noir**

Objectif(s) *Acquisition des expressions idiomatiques liées aux couleurs.*

| FICHE EXPRESS | ± 20 min |

Activité 1

❶ Faire lire les expressions idiomatiques en cachant la colonne de droite, et pour chacune, demander si quelqu'un connaît la signification. Si on ne la connaît pas, peut-on la deviner ? Encourager la production d'hypothèses.

❷ Faire trouver, dans la liste, la signification.

❸ Y a-t-il des expressions de sens comparable dans la / les langue(s) des apprenants ?

Corrigé

- Une marée noire : catastrophe écologique due au naufrage d'un pétrolier près des côtes.
- Le marché noir : commerce illicite et clandestin qui se pratique en période de pénurie.
- Être la bête noire de quelqu'un : inspirer de la peur et de l'hostilité.
- Avoir des idées noires : avoir des pensées négatives.
- Une série noire : suite d'événements malheureux qui se succèdent en chaîne.
- Être sur la liste noire : figurer parmi un groupe de personnes indésirables, boycottées.
- Une caisse noire : fonds secrets (d'un parti politique, d'un organisme…).
- Une ceinture noire : qualification au judo ou au karaté.
- Une colère noire : une colère violente.
- L'humour noir : forme de dérision sur des sujets graves (la maladie, la mort…).

| FICHE EXPRESS | ± 20 min |

Activité 2

❶ Faire appliquer la première partie de la consigne pour chacun des items de la colonne de gauche. Quelle est la valeur symbolique de la couleur rouge du Petit Chaperon ? Pour la psychanalyse, le rouge est généralement lié à l'émotion, mais peu importe ce qu'en disent les apprenants, l'essentiel est qu'ils communiquent sur ce sujet, en donnant leur avis et en le comparant à celui des autres, car la symbolique des couleurs varie fortement d'une culture à l'autre.

❷ Faire appliquer la deuxième partie de la consigne.

Corrigé

- Le Petit Chaperon rouge : personnage principal d'un conte célèbre.
- Un feu rouge : signal d'arrêt impératif.
- Dérouler le tapis rouge : accueillir quelqu'un avec tous les honneurs.

**• RUBRIQUES :
Le rouge et le noir**

Ressources :
• 2 listes d'expressions
• 2 listes de définitions

- Un carton rouge : petit accessoire utilisé par un arbitre de football pour sanctionner une faute grave d'un joueur.
- Être sur la liste rouge : refuser de figurer dans l'annuaire téléphonique.
- Le drapeau rouge : symbole révolutionnaire.
- Se fâcher tout rouge : se mettre en colère.
- Tirer à boulets rouges sur quelqu'un : attaquer violemment quelqu'un (verbalement).
- Une journée rouge : jour difficile pour la circulation à cause d'une augmentation du trafic.
- Être dans le rouge : se trouver dans une situation financière difficile.

Pour votre information

Parmi les couleurs primaires (rouge, jaune, bleu), la couleur rouge est généralement perçue comme positive, douée d'énergie vitale et extrêmement puissante. Apparentée au feu, elle est aussi bien un signe d'amour que de guerre et représente aussi bien la vie que la mort.

Elle est la couleur de la planète Mars qui, d'après les astrologues, gouverne les hommes d'action. À l'instar du noir, le rouge peut être ressenti comme une couleur repoussante et importune. C'est pourquoi cette couleur possède des significations symboliques différentes et parfois même opposées.

En Chine, la jeune mariée s'habille de rouge le jour de ses noces. Mais le rouge trop dense ou tirant vers le roux se charge de valeurs négatives. Le rouge a aussi valeur de l'interdit.

p. 65

• RUBRIQUES : Expressions imagées

Objectif(s) *Mise en relation d'expressions imagées présentées en situation dans des dialogues et leur signification.*
Travail interculturel : comparaison avec la / les langue(s) des apprenants.

FICHE EXPRESS ± 30 min

❶ Faire écouter le premier dialogue et faire trouver la réponse correcte.
❷ Parvenir à un consensus et procéder de la même façon pour les neuf autres dialogues.
❸ Demander aux étudiants de proposer des expressions imagées traduites de leur langue maternelle et, le cas échéant, leur donner l'équivalent en français.

Corrigé

1. Ce n'est pas difficile.
2. Il est stupide.
3. C'est lundi et c'est difficile de reprendre le travail.
4. Il a vécu des moments difficiles.
5. C'est vrai, tu as raison.
6. Je suis venu en me promenant, par le chemin le plus long.
7. J'ai été reçu comme un prince.
8. J'ai dormi douze heures de suite.
9. Le directeur m'a fait de violents reproches.
10. Rémi est parti depuis longtemps.

**• RUBRIQUES :
Expressions imagées**

Ressources :
• 1 enregistrement
• 1 liste d'expressions

Transcriptions :

1. – Je n'arrive pas à me décider à passer le permis de conduire. J'ai peur de ne pas réussir.
   – Mais non ! Ce n'est pas la mer à boire ! Il suffit de t'y mettre et puis c'est tout.
2. – Comment tu trouves Antoine ?
   – Lui ? Il est bête comme ses pieds !
3. – Alors, ça va ?
   – Bof ! ça va comme un lundi.
4. – Tiens, j'ai rencontré Olivier, hier soir.
   – Ah, bon ? Il va bien ?
   – Oh ! il a eu des hauts et des bas, mais maintenant, ça va.
5. – Tu ne trouves pas que Xavier exagère ? Il est toujours en train de demander un service aux autres.
   – À qui le dis-tu ! Il m'a encore emprunté 100 € la semaine dernière.
6. – Tu en as mis du temps pour venir !
   – Oh ! j'ai pris le chemin des écoliers.
7. – Alors, tu as été bien reçu chez les Franquin ?
   – Oh ! là, là ! Ils ont déroulé le tapis rouge !
8. – Tu as bien dormi ?
   – J'ai fait le tour du cadran !
9. – Alors, tu as rencontré le directeur ?
   – Oui, et j'en ai pris pour mon grade…
10. – Est-ce que Rémi est encore là ?
    – Oh, il y a belle lurette qu'il est parti !

• Évolution du monde du travail

CADRE DE RÉFÉRENCE B1

Précision
Peut expliquer les points principaux d'une idée ou d'un problème avec une précision suffisante.

Objectif(s) *Compréhension de schéma synthétique donnant une information socioculturelle.*

FICHE EXPRESS | ± 40 min

❶ En grand groupe, faire répondre aux questions de compréhension globale (voir *Point formation*) et faire toujours justifier les réponses. Soumettre ces réponses au groupe et obtenir un consensus.

❷ Poser ensuite des questions plus détaillées. Lors des réponses, laisser les apprenants s'exprimer : la correction ne se fera qu'après la production. Faire corriger les erreurs par le groupe. Veiller à la correction des structures comparatives.

❸ Élucider les sigles.

Pour votre information

- **L'INSEE :** Institut national de sondage (http://www.insee.fr). Le ministère de l'Éducation et l'INSEE ont développé des accords permettant aux enseignants d'utiliser les données de l'INSEE à des fins éducatives. http://www.educnet.education.fr/insee/ : ce site propose des fiches pédagogiques sur les enquêtes dans des domaines divers : emploi, commerce, chômage, etc.

- **CDD :** Contrat à durée déterminée, par opposition à un CDI, contrat à durée indéterminée.
  Le premier type de contrat signifie un emploi plus ou moins précaire ; le second est synonyme d'une situation professionnelle plus stable.

POINT FORMATION : LE COMMENTAIRE DE SCHÉMA, DE GRAPHIQUE

Les questions de base qui apportent une information minimale permettant de faire des hypothèses sur le contenu :

– De quoi s'agit-il ? Quel est le titre ? Apporte-t-il une information suffisante sur le contenu ?

– D'où vient le document ? (INSEE). Qu'est-ce qu'un institut de sondage ? Quel est son rôle dans la société ?

Les questions plus détaillées portent sur :

– les sous-titres et l'information qu'ils apportent ;

– les indications de dates et de durée ;

– les chiffres ;

– les symboles d'accroissement et de diminution (+ et –).

Expression orale

• Évolution du monde du travail

Ressources :
• 2 schémas

Ressources :
• 1 enregistrement
• 1 compte rendu

Transcriptions :
– Alors, c'est ton premier conseil d'administration : quelle impression ?
– Je m'attendais à quelque chose de très formel, et en fait, j'ai trouvé l'ambiance relativement décontractée.
– Et ils ont pris de grandes décisions ?
– Ils ont voté le budget à l'unanimité.
– Ça, c'était prévisible.
– Et ils ont demandé s'il était possible que le plan de formation soit revu.
– Et pourquoi ?
– Ils ont trouvé qu'il était trop ambitieux. Le comptable a fait remarquer que les ventes avaient diminué et qu'il fallait être prudent.
– Et rien sur l'international ? C'est pourtant l'idée fixe du président.
– Non, rien.
– Ils ont regretté que madame Grandin n'ait pas encore présenté son projet de supplément culturel.
– Et notre rédacteur en chef, il a fait un beau discours ?
– Il a présenté l'ordre du jour et excusé les absents.
– C'est tout ?
– Oui... ah, j'oubliais ! Véronique Lemaître va à Jakarta en janvier pour représenter Bridge.

• Compte rendu

CADRE DE RÉFÉRENCE B1

Lire pour s'informer
Peut reconnaître les points significatifs d'un article de journal direct et non complexe sur un sujet familier.
Compréhension générale de l'oral
Peut, en règle générale, suivre les points principaux d'une discussion d'une certaine longueur se déroulant en sa présence à condition qu'elle ait lieu en langue standard clairement articulée.

Objectif(s) *Repérage d'informations provenant de deux sources différentes, orale et écrite.*

FICHE EXPRESS   ± 50 min

❶ Examen du document écrit. De quoi s'agit-il ? Qu'est-ce qu'un conseil d'administration ? Quel est son rôle ?

❷ Examen du poste de travail des membres présents et absents excusés. De quel type d'entreprise ces postes de travail sont-ils représentatifs ? Quels sont les postes communs à toutes les entreprises ? (président, comptable, directrice des ressources humaines, consultant, responsable qualité, directrice adjointe). Quels sont les postes spécifiques à cette entreprise ? (rédacteur en chef, journaliste, chef de fabrication, directrice du département des affaires internationales, responsable du département de politique intérieure). De quelle entreprise s'agit-il ? Un journal.

❸ Examen des conclusions de la réunion et des verbes introducteurs (*décidé, apprécié, regretté, voté, rappelé*).

❹ Quelles sont les conclusions importantes que l'on devrait logiquement retrouver dans l'enregistrement ? Bridge, très apprécié, est reconduit dans ses fonctions ; le budget est voté presque à l'unanimité (et non à l'unanimité) ; le plan de formation est critiqué ; le supplément hebdomadaire n'est pas encore publié ; c'est Melle Champagne (et non Véronique Lemaître) qui ira à Dakar à la conférence des Chefs d'États.

❺ Faire écouter l'enregistrement et demander si les informations y sont présentes et sous quelle forme.

**Compréhension orale •
Expression écrite**

• Bilan d'une société

Ressources :
• 1 enregistrement

Transcriptions :
Mesdames et messieurs, je vais faire un bilan rapide des résultats de notre société, Egovis, pour l'année écoulée.
Cette année, nous avons créé deux filiales à l'étranger pour développer nos activités dans plusieurs pays. Le nombre d'employés qui travaillent pour Egovis est passé de 11 500 à 14 300 ; nous avons donc créé plus de 2 500 emplois.
Notre chiffre d'affaires a atteint 4,5 milliards d'euros, 10 % de ce chiffre d'affaires a été consacré à la recherche et au développement de produits nouveaux, 5 % à la qualité dans la production.
Nous avions, il y a deux ans, 20 % des parts de marché dans notre secteur d'activité, nous sommes passés à 35 % au terme de cette année.

**Exercice :
La fréquence**

• Bilan d'une société

CADRE DE RÉFÉRENCE B1

Compréhension générale de l'oral
Peut suivre le plan général d'exposés courts sur des sujets familiers à condition que la langue en soit standard et clairement articulée.
Prendre des notes
Peut prendre des notes sous forme d'une liste de points clés lors d'un exposé simple à condition que le sujet soit familier, la formulation directe et la diction claire en langue courante.

Objectif(s) *Savoir réutiliser des notes prises lors d'un discours oral.*

FICHE EXPRESS | ± 30 min + 15 min

❶ Rappeler les symboles, sigles et abréviations qui ont été adoptés dans le groupe pour faciliter la prise de notes. Interdire de noter des phrases complètes.
❷ Demander ce qu'est un bilan de société et, par conséquent, faire deviner le type d'information qui sera donné à l'oral.
❸ Faire prendre connaissance des informations à noter pour compléter le bilan de façon à diriger l'écoute (nombre d'employés, créations d'emploi, chiffre d'affaires, recherche, qualité, parts de marché).
❹ Faire écouter l'enregistrement en demandant de noter les informations.
❺ Faire compléter le bilan et demander à l'un des apprenants de le présenter. Obtenir le consensus.

Tableau de grammaire / communication : la fréquence (2)
S'y référer pour réaliser l'exercice et le corriger.

Exercice : La fréquence

Corrigé

1. **Chaque fois que** je lave la voiture, il se met à pleuvoir !
2. **Chaque fois que / Toutes les fois que** Paul fait la vaisselle, il casse au moins un verre.
3. **Chaque fois que / Toutes les fois que** tu as fini de taper ton texte, il faut le sauvegarder.
4. **Chaque fois que** nous allons en Italie, nous nous arrêtons à Venise.
5. **Chaque fois que** nous nous rencontrons, nous nous disputons.
6. **Chaque fois que** je suis allé en Grèce, j'ai passé d'excellentes vacances.
7. **Chaque fois que / Toutes les fois que** j'ai prêté un livre à Denis, il ne me l'a jamais rendu.
8. **Chaque fois que / Toutes les fois que** j'ai joué au loto, j'ai perdu de l'argent.

Compréhension orale • Expression écrite

Ressources:
• 1 enregistrement

Transcriptions:
– Allô, Jacques?
– Bonjour, Jean-Paul, ça va?
– Non, pas terrible... je viens d'être licencié, c'est pour ça que je t'appelle, je voudrais que tu me conseilles.
– Qu'est-ce qui s'est passé?
– Tu sais, ça fait dix ans que je travaille chez Amior comme attaché commercial...
– Oui...
– Il y a deux ans, il y a eu un plan de réduction du personnel, vingt personnes ont été licenciées, je n'ai pas été licencié mais je me suis engagé à ne pas demander d'augmentation pendant deux ans. C'est à cette condition que je suis resté. Et là, comme les deux ans étaient passés, j'ai demandé une augmentation, comme deux collègues.
– Et alors?
– Le patron m'a dit que je m'étais engagé... j'ai insisté en lui disant que deux ans étaient passés, il m'a répondu que la situation était difficile, j'ai encore insisté et hier... j'ai reçu une lettre de licenciement.
– Écoute, je pense que ce que tu peux faire, c'est d'abord écrire à l'inspection du Travail et ensuite, tu verras ce qu'ils te répondent.
– Bon, je vais le faire... Merci, Jacques.
– Tiens moi au courant! Au revoir!
– Tchao.

Exercice:
Cause / conséquence

---

séquence 5 : *Raconter*

p. 68

• Licenciement

CADRE DE RÉFÉRENCE B1

Compréhension générale de l'oral
Peut comprendre une information factuelle directe sur des sujets de la vie quotidienne ou relatifs au travail en reconnaissant les messages généraux et les points de détail, à condition que l'articulation soit claire et l'accent courant.
Interaction écrite générale
Peut apporter de l'information sur des sujets abstraits et concrets, contrôler l'information, poser des questions sur un problème ou l'exposer assez précisément.

Objectif(s) *Savoir réutiliser des notes prises lors de l'écoute d'un discours oral pour réaliser une tâche à l'écrit.*

FICHE EXPRESS ± 40 min + 20 min

1. Rappeler les principes de la prise de notes.
2. Faire expliciter la consigne: expliquer ce qui s'est passé et demander conseil. Faire expliquer le titre de l'activité *Licenciement*. De cette façon, les apprenants auront une écoute active, après avoir fait des hypothèses sur le contenu de l'enregistrement.
3. Diviser le groupe en tandems.
4. Faire écouter l'enregistrement en demandant de noter les informations nécessaires à la réalisation de la consigne.
5. Demander aux apprenants de comparer leurs notes dans les tandems. Chacun a-t-il noté les mêmes informations? Les notes se complètent-elles?
6. Faire rédiger la lettre en rappelant les contraintes minimales du code épistolaire.
7. Passer dans les groupes pour apporter éventuellement lexique et structures nécessaires.
8. Faire lire puis écrire une des lettres produites au tableau.
9. Vérifier les verbes utilisés pour demander conseil.
10. Procéder à une correction collective.

Exercice : Cause / conséquence

Corrigé

Nous avons eu des difficultés cet hiver **si bien que** nous avons dû augmenter les cotisations de nos adhérents.
Comme cette situation dure depuis quelques mois, les comptes de notre société d'assurances sont presque négatifs.
Nous avons eu des difficultés **parce que** le nombre d'accidents a augmenté de manière très significative. Cela vient sans doute des mauvaises conditions climatiques; **en effet**, il a neigé pendant quatre mois et les températures n'ont pas dépassé 2°C pendant cette période.

Puisque nous voulons rester compétitifs et **comme** nous ne pouvons pas augmenter encore les cotisations, nous allons rechercher d'autres sources de financement.

Expression écrite

• Candidature

Ressources :
• 2 affiches publicitaires

• Candidature

Cadre de référence **B1**

Interaction écrite générale
Peut écrire des notes et lettres personnelles pour demander ou transmettre des informations d'intérêt immédiat et faire comprendre les points qu'il / elle considère importants.

Objectif(s) *Rédiger une lettre de motivation.*

FICHE EXPRESS ± 50 min

❶ Rappel du code minimal épistolaire (nom et adresse en haut à gauche, lieu et date en haut à droite, etc.). Faire avec les apprenants un plan de la lettre :
– candidature ;
– expérience ;
– motivation.
❷ Explication des consignes de durée : 10 minutes pour rédiger, quelques minutes pour se relire.
❸ Passer dans les groupes pour apporter de l'aide si nécessaire.
❹ Faire lire puis écrire au tableau une des lettres, procéder à une correction collective.

Compréhension orale

• Où s'inscrire ?

• Où s'inscrire ?

Ressources :
- 1 enregistrement
- 6 logos et photos d'universités et d'écoles

CADRE DE RÉFÉRENCE B1

Comprendre un locuteur natif
Peut suivre un discours clairement articulé et qui lui est destiné dans une conversation courante, mais devra quelquefois faire répéter certains mots ou expressions.

Objectif(s) *Compréhension orale de raisons et d'explications relatives à des projets.*

Transcriptions :

CLAUDE : – Moi, je suis passionné par tout ce qui est technique : j'ai une moto et c'est moi qui l'entretiens. Je ne vais jamais chez le garagiste. Le moteur, je l'ai déjà démonté et remonté quatre fois. Je suis le roi de la mécanique !

FABIENNE : – J'adore la littérature : je lis énormément et je me tiens au courant de l'actualité littéraire. Vous avez lu le dernier prix Goncourt ? non ? Moi, si ! Vraiment, la littérature, c'est ma vie...

VÉRONIQUE : – Moi, ce qui m'intéresse, c'est l'actualité : les événements internationaux, la politique, les résultats sportifs... Bref, je suis attentive à tout ce qui se passe dans le monde. Je lis les journaux, je regarde les informations à la télévision, j'écoute les bulletins de la radio.

SIMON : – Je ne rêve que d'aviation. Tous les ans, je vais au salon du Bourget et je suis abonné à plusieurs revues spécialisées. Dès que je pourrai, je prendrai des cours de pilotage. Et puis, je voudrais faire de ma passion mon métier...

CHANTAL : – Moi, ce que j'aime, c'est le contact avec les gens. D'ailleurs, je suis très sociable et j'adore rencontrer les autres, faire de nouvelles connaissances... Je suis jeune, mais j'ai déjà un carnet d'adresses bien fourni... Je me vois très bien faire une carrière dans la diplomatie, par exemple.

FRÉDÉRIC : – J'ai une telle passion pour l'informatique que j'aimerais bien en faire mon métier. Travailler toute la journée sur des ordinateurs, ce serait vraiment génial ! Je suis comme ça

FICHE EXPRESS | **± 45 min**

❶ Faire commenter les sigles et logos des établissements d'enseignement supérieur.

❷ Faire écouter l'ensemble des enregistrements et demander, à chaque fois, de noter le numéro du dialogue qui correspond à chaque école, université ou institut.

❸ Vérifier en grand groupe et demander si les apprenants se souviennent de ce qui les a mis sur la piste.
- Claude, passionné par la technique → IUT du Mans.
- Fabienne, la littérature, c'est sa vie → Université de Toulouse le Mirail, Lettres modernes.
- Véronique, attentive à tout ce qui se passe dans le monde → École de journalisme de Lille.
- Simon, ne rêve que d'aviation → ENAC.
- Chantal, se voit faire une carrière de diplomate → IDERIC Paris.
- Frédéric, a une passion pour l'informatique → INP Grenoble.

Suggestions, remarques

Prolongements
Quelles étaient à leur âge, ou quelles sont vos aspirations professionnelles ?

Pour votre information

- **ENSIMAG :** créée en 1960, l'ENSIMAG a été la première école d'ingénieurs à former des mathématiciens appliqués et des informaticiens. Chaque promotion accueille environ 140 élèves-ingénieurs.
  Pour en savoir plus : http://www-ensimag.imag.fr/

- **IDERIC Paris :** les formations de l'IDERIC s'adressent aux étudiants d'un niveau avancé dans les sciences humaines, juridiques, politiques et sociales, aux universitaires et professeurs des lycées, aux membres de professions internationales, aux personnels des ambassades, aux officiers supérieurs, aux membres d'organisations gouvernementales ou non gouvernementales.
  Pour en savoir plus : http://www.ideric.com/

- **IUT Le MANS :** les IUT sont des composantes spécifiques des Universités.

Ils délivrent le Diplôme Universitaire de Technologie (DUT). À L'IUT du Mans, deux licences professionnelles sont proposées : « Mécanique » et « Banque, Assurance, Finance ».

Il est composé de quatre départements d'enseignements :
- chimie ;
- génie mécanique et productique ;
- gestion des entreprises et des administrations ;
- mesures physiques.

Pour en savoir plus : http://iut.univ-lemans.fr/index.php

- **L'ENAC :** l'Enac a pour mission d'assurer la formation initiale et le perfectionnement des cadres et principaux acteurs de l'aviation civile. l'Enac propose une grande diversité d'activités, destinées à répondre aux besoins des secteurs public ou privé, en France et à l'étranger.

  Au sommaire : des formations, des stages, des diplômes spécialisés, de la recherche, des activités internationales.

  Pour en savoir plus : http://www.enac.fr/

- **L'École supérieure de journalisme de Lille :** créée en 1924, l'ESJ est une des premières écoles professionnelles de formation au journalisme en Europe.

  Les cinquante-six étudiants sélectionnés chaque année reçoivent pendant deux ans une formation « polymédia » (radio, télé, presse écrite, agence).

  L'ESJ propose également une filière « Journaliste et scientifique » qui forme au journalisme des étudiants issus du monde scientifique et technique et une filière « Journalisme et agriculture ».

  L'École n'oublie pas d'être internationale et francophone. Elle intervient régulièrement dans une trentaine de pays : Suisse, Belgique, Vietnam, Laos, Cambodge, Thaïlande, Russie, Roumanie, Bulgarie, Hongrie, Géorgie, Azerbaïdjan, Slovénie, Bosnie, Kosovo, Macédoine, Serbie, Turquie, Bénin, Nigeria, Madagascar, Chine, Algérie, Afghanistan…

  Pour en savoir plus : http://www.esj-lille.fr

- **L'Université de Toulouse-Le Mirail :** créée dès 1229, c'est au XXe siècle que l'Université des Lettres atteint son plein développement. Depuis 1984, ses effectifs ont presque doublé : de 14 000 étudiants, elle passe aujourd'hui à près de 27 000.

  Pour en savoir plus : http://www.univ-tlse2.fr/

séquence 6 : *Décrire / Expliquer*

pp. 70-71

• Maison à vendre

Cadre de référence B1

Coopération à visée fonctionnelle
Peut, en règle générale, suivre ce qui se dit et, le cas échéant, peut rapporter en partie ce qu'un interlocuteur a dit pour confirmer une compréhension mutuelle.

Objectif(s) **Compréhension d'une discussion fonctionnelle pour repérage d'informations détaillées.**

FICHE EXPRESS | ± 40 min

❶ Faire lire la petite annonce et faire éventuellement élucider le vocabulaire et les abréviations. Que signifie *vds* ? Quel synonyme de *importante* peut-on utiliser pour une maison ? Que signifie *sit, excep, apparts, hab, gdes dép, poss, px* (situation exceptionnelle, 2 appartements, habitable, grandes dépendances, possibilités, prix) ?
❷ Faire prendre connaissance des informations à repérer dans l'enregistrement.
❸ Faire écouter l'enregistrement en demandant de noter, en abrégé, les informations recherchées.
❹ Faire compléter la fiche.
❺ Vérifier les productions en grand groupe.

Pour votre information

Depuis 1996, l'indicatif de la région précède le numéro de téléphone à 8 chiffres. Il est donc facile de savoir dans quelle région de France se trouve un abonné si on connaît son numéro de téléphone.
Paris et la région Parisienne : 01.
Nord-Ouest de la France : 02.
Nord-Est de la France : 03.
Sud-Est de la France et la Corse : 04.
Tout le Sud-Ouest de la France : 05.

Corrigé

- Localisation de la maison : Rilly (numéro de téléphone commençant par 03, donc dans le Nord-Est de la France).
- Nombre de pièces : un appartement de 4 pièces, un autre de 3 pièces.
- Surface habitable : un appartement de 92 m², un autre de 65 m².
- Aménagements possibles : oui, à l'étage, environ 150 m² à aménager.
- Avantages de la situation de la maison : en plein village, avec vue sur la rivière.

Compréhension écrite •
Compréhension orale

• Maison à vendre

Ressources :
- 1 enregistrement
- 1 annonce immobilière

Transcriptions :
– Immogestion, bonjour.
– Bonjour. Je vous appelle pour la petite annonce passée dans le journal d'annonces *Banco*.
– Oui ?
– Je voudrais quelques renseignements supplémentaires au sujet d'une maison qui m'intéresserait. Il s'agit de l'annonce sous la référence 958.
– Oui, attendez, je tape la référence sur mon ordinateur… Voilà… C'est bien la maison située à Rilly ?
– Oui, c'est ça.
– Que voudriez-vous savoir ?
– Je voudrais connaître le nombre de pièces.
– Alors, il y a deux appartements… l'un de quatre pièces ; c'est celui qui est habitable immédiatement, et un autre de trois pièces mais… il est à rénover.
– Quelle est la surface habitable ?
– Attendez, je regarde… 92 m² pour le premier appartement et 65 m² pour le second, celui qui doit être restauré.
– Qu'est-ce c'est « les grandes dépendances à l'étage pour possibilités diverses » ?
– Eh bien, vous voyez, les appartements sont au rez-de-chaussée. Et comme c'est une ancienne ferme, à l'étage, il y avait une grange. C'est une surface d'environ 150 m² qui peut être aménagée.
– Pourquoi la situation est-elle exceptionnelle ?
– Parce que la maison est en plein centre du village de Rilly et qu'il y a une très belle

102

vue sur la rivière qui le traverse. Je crois qu'elle s'appelle le Lison…

Compréhension écrite •
Expression orale

• À vous

Ressources :
• 4 petites annonces

• À VOUS

CADRE DE RÉFÉRENCE **B1**

Coopération à visée fonctionnelle
Peut se débrouiller dans la plupart des situations susceptibles de se
produire en réservant un voyage auprès d'une agence ou lors d'un
voyage, par exemple en demandant à un passager où descendre
pour une destination non familière.

Objectif(s) *Réemploi des acquis des séquences précédentes.*

FICHE EXPRESS ± 40 min + 30 min

❶ Faire prendre connaissance des petites annonces et faire élucider les
abréviations et le vocabulaire. Que signifient *gd, TV, TBE, vds* (grand,
télévision, très bon état, vends) ?

❷ Expliquer qui sont Lucky Luke et Gaston Lagaffe. Qu'est-ce qu'un
tome ? Comment peut-on dire autrement *idem* ?

❸ Préciser les consignes de durée de l'activité.

❹ Faire préparer la simulation en demandant de noter des idées mais
non de rédiger des phrases complètes. Les apprenants pourront s'aider de leurs notes mais non les lire.

❺ Ne pas interrompre la simulation. Faire noter et faire corriger les
erreurs par le groupe.

Pour votre information

- **Lucky Luke :** héros d'une bande dessinée créée par André Morris (dessinateur) et René Goscinny (scénariste).
Lucky Luke est né en 1947. Avec plus de 80 aventures, le cow-boy solitaire, accompagné de son fidèle cheval Jolly Jumper, parcourt le Far-
West pour capturer les hors-la-loi et surtout les Dalton. « L'homme qui
tire plus vite que son ombre » est souvent accompagné de Rantan-
plan, le chien plus stupide que son ombre. Certaines de ses aventures
exploitent des personnages ayant existé tels que : Calamity Jame, Jesse
James, Billy the kid, Abraham Lincoln, sans oublier les frères Dalton.

- **Gaston Lagaffe :** héros créé par André Franquin en 1957. L'auteur
propose au rédacteur en chef du journal *Spirou*, un personnage qui
passe son temps à saboter le travail de la rédaction. Le but était de ne
pas en faire un personnage de bande dessinée, mais simplement un
gaffeur sans talent qui sèmerait le trouble partout dans le journal *Spirou* et dans la rédaction.

Tableau de grammaire / communication :
le pronom démonstratif

Demander aux apprenants de s'y référer pour la préparation, la production et la correction de cette activité.

103

Exercice : Les pronoms démonstratifs

Corrigé

1. J'aime beaucoup les fruits, surtout **ceux** de l'été : les pêches, les abricots, les melons…
2. Les dictionnaires sont sur le rayon du milieu, l'encyclopédie sur **celui** du haut.
3. Si vous voulez voir un bon film, allez voir **celui** qui passe actuellement au cinéma Vox.
4. Je voudrais une paire de sandales en cuir. J'aime bien **celle(s)** que vous avez en vitrine. Je peux les voir ?
5. Le train de 8 h 02 arrive à Paris à 10 h 25 mais **celui** de 8 h 32 arrive beaucoup plus tard dans la matinée parce que ce n'est pas un TGV.
6. Irène parle toujours de ses propres problèmes mais elle ne s'intéresse jamais à **ceux** des autres.
7. J'aime bien la copine de Gaël ; elle est beaucoup plus sympa que **celle** d'Olivier.
8. J'ai fait deux tartes aux pommes : **celle-ci** est pour midi et **celle-là**, nous la mangerons demain soir avec tes parents.

• Le saviez-vous ?

**Compréhension écrite •
Expression orale**

• Le saviez-vous ?

Ressources :
• 3 documents

CADRE DE RÉFÉRENCE B1

Compétence fonctionnelle : précision
Peut expliquer les points principaux d'une idée ou d'un problème avec une précision suffisante.
Peut transmettre une information simple et d'intérêt immédiat, en mettant en évidence quel point lui semble le plus important.
Peut exprimer l'essentiel de ce qu'il / elle souhaite de façon compréhensible.

Objectif(s) *Être capable de repérer des informations présentes dans différents documents et d'en faire un commentaire.*

FICHE EXPRESS | ± 30 min + 30 min

❶ Faire prendre connaissance du tableau de *Grammaire / communication* sur les pourcentages et la façon de quantifier. Faire donner des exemples concrets et vérifier les formulations.

❷ Faire lire le premier document *L'engagement des jeunes en chiffres* : un paragraphe par étudiant. Vérifier que tous maîtrisent bien la lecture des chiffres.

❸ Faire élucider le vocabulaire. Qu'est-ce qu'un *engagement citoyen* ? Comment définir le *bénévolat* ? Qui sont les *Franciliens* (habitants de la région Île-de-France) ? Comment expliquer ce qu'est un *bilan* ?

❹ Faire prendre connaissance du deuxième document *Le saviez-vous* ? Qu'est-ce qu'un *randonneur* ? et comment explique-t-on la qualité du randonneur par une illustration de sa façon de se chausser ?

❺ Faire lire les chiffres donnés.

❻ Faire prendre connaissance du dernier document et procéder de la même façon.

❼ Diviser le groupe en tandems, répartir les documents, donner 5 minutes de préparation et faire produire les commentaires.

Tableau de grammaire / communication : la quantification

Voir point 1 de la *Fiche express*.

Pour votre information

- *Valeurs mutualistes :* publication de la MGEN (Mutuelle générale de l'Éducation nationale).
- **Le Crédoc :** Centre de recherche pour l'étude et les conditions de vie. Organisme d'études et de recherche au service des acteurs de la vie économique et sociale.
  Depuis sa création, le Crédoc analyse et anticipe le comportement des individus dans leurs multiples dimensions : consommateurs, agents de l'entreprise, acteurs de la vie sociale. Il a mis en place depuis 1978 un dispositif permanent d'enquêtes sur les modes de vie, opinions et aspirations des Français et s'est spécialisé dans la construction de systèmes

d'information, les enquêtes quantitatives, les enquêtes qualitatives par entretien ou réunions de groupe et l'analyse lexicale. Depuis sa création, le Crédoc a réalisé plus de 2 500 études.
http://www.credoc.fr/ins/credoc.htm

• *Le Journal de Carrefour,* est publié par les grands hypermarchés du même nom, présents dans 90 pays et comptant, dans ces pays, plus de 9 200 magasins.
Ce mensuel aborde des questions de consommation dans leurs dimensions pratique, économique, environnementale, sociale et humanitaire.

• *Le Nouvel Observateur :* magazine hebdomadaire d'actualité générale.

• Le cartable électronique

CADRE DE RÉFÉRENCE B1

Compréhension générale de l'écrit : lire pour s'informer
Peut reconnaître les points significatifs d'un article de journal direct et non complexe sur un sujet familier.

Objectif(s) *Compréhension détaillée d'un texte informatif.*

FICHE EXPRESS ± 45 min

❶ Diviser le groupe en tandems.
❷ Faire lire silencieusement le document. Dès qu'une explication lexicale est demandée, la faire donner par quelqu'un du groupe (*tactile, ludique*).
❸ Faire compléter le questionnaire et vérifier les réponses en grand groupe en les faisant justifier par un passage du texte.

Pour votre information

Le cartable électronique ou apprendre autrement :
http://www.educnet.education.fr/secondaire/academies/limoges2.htm

Corrigé

	vrai	faux
1. Le cartable électronique est répandu dans tous les établissements scolaires.	☐	☒
2. Il ressemble à un ordinateur mais sans clavier.	☒	☐
3. Son utilisation est un peu difficile.	☐	☒
4. Le cartable électronique permet de stocker le contenu des manuels scolaires.	☒	☐
5. Le cartable électronique ne peut pas remplacer le cartable traditionnel.	☐	☒
6. Les cartables traditionnels sont généralement lourdement chargés par les élèves.	☒	☐
7. Grâce au cartable électronique, les élèves peuvent lire des textes, écouter des leçons, enregistrer et visionner des images fixes ou animées.	☒	☐
8. Les enseignants ne peuvent pas modifier les contenus du cartable électronique.	☐	☒
9. Les élèves apprécient l'utilisation du cartable électronique.	☒	☐
10. Le problème, c'est que les élèves utilisateurs du cartable électronique manquent d'attention.	☐	☒

Compréhension écrite

• Le cartable
électronique

Ressources :
• 1 texte
• 1 photo

p.74

• RUBRIQUES : Les mots du « boulot »

Objectif(s) *Acquisition d'aspects socioculturels : le vocabulaire du travail.*

FICHE EXPRESS | ± 30 min

❶ Faire lire le texte à haute voix : un paragraphe par apprenant.

❷ 1ᵉʳ paragraphe : les apprenants connaissent-ils d'autres mots en français familier pour désigner l'argent (*oseille, blé, radis, de l'artiche, de la fraîche, de la galette, du pognon, du fric, de la tune, de la maille, des ronds*, etc.), la tête (*la cafetière, la binette, la bobine, la bouille, la caboche, la poire*, etc.) ?

❸ 2ᵉ paragraphe : *aller au charbon*, expliquer cette expression qui servira à décrire l'illustration.

❹ 3ᵉ paragraphe : *travailler comme un forçat*, expliquer cette expression qui servira également à décrire l'illustration.

❺ Faire décrire et expliquer l'illustration.

Suggestions, remarques

Dans la / les langues des apprenants, existe-t-il également un vocabulaire familier ou argotique imagé pour désigner le travail ?

Pour votre information

L'argot
Un site très bien documenté sur l'apparition et l'évolution de l'argot, l'usage de l'argot en littérature, les procédés de formation de l'argot, l'argot et le jargon, les parlers « branchés » et l'argot commun : http://fr.encyclopedia.yahoo.com/articles/sy/sy_281_p0.html

• RUBRIQUES : La définition (2)

Objectif(s) *Acquérir la stratégie de détournement. Pratiquer la périphrase comme stratégie de compensation quand on ne connaît / trouve pas un mot.*

FICHE EXPRESS | ± 30 min

❶ Faire prendre connaissance des explications qui permettent d'obtenir un mot que l'on ne connaît pas et faire trouver d'autres exemples.

❷ Faire prendre connaissance de la liste des mots à trouver et faire éventuellement expliquer ce qu'ils signifient.

❸ Faire écouter le premier enregistrement et faire trouver le mot exact. Obtenir le consensus du groupe.

❹ Procéder de même pour les autres enregistrements.

❺ Demander aux apprenants de proposer des définitions sur le même modèle, demander aux autres apprenants de deviner de quoi il s'agit.

Je ne me souviens plus de ce mot qui veut dire la même chose que « soupe » mais qu'on trouve écrit sur les menus de restaurants. Par exemple, sur le menu du restaurant universitaire, c'est écrit comme ça.

Comment on appelle ce défaut des gens qui n'aiment pas dépenser leur argent, qui essaient toujours de ne pas payer ? Tu sais, Jean-François, il est un peu comme ça.

Qu'est-ce que c'est, en français, ces paroles qu'on dit à une personne quand on n'est pas content de ce qu'elle a fait ? Par exemple, l'autre jour, ce que tu m'as dit quand je suis arrivé avec une demi-heure de retard...

Ce n'est pas « une orange », ce n'est pas « un citron », c'est un autre mot : c'est un fruit jaune comme le citron mais c'est plus gros qu'une orange...

POINT FORMATION :

Cette façon de définir quelque chose quand on ne connaît pas un terme peut être proposée de façon systématique aux apprenants. En effet, il s'agit d'une stratégie qui permet de pallier des carences dans la connaissance du lexique.

Propositions de corrigé (à titre indicatif) :

a. Un reproche :
C'est une parole (**catégorisation**) qu'on dit à quelqu'un lorsqu'on n'est pas content de lui (**caractérisation**) : *Jean m'a fait des reproches quand j'ai dépensé en trois jours tout l'argent du mois.*

b. Un hebdomadaire :
C'est un journal (**catégorisation**) qui paraît une fois par semaine (**caractérisation**) : Le Nouvel Observateur *est un hebdomadaire.*

c. Le potage :
C'est un bouillon (**catégorisation**) où l'on fait cuire divers aliments coupés en morceaux (**caractérisation**) : *Hier, chez la mère de René, on a mangé un potage aux légumes.*

d. L'endurance :
C'est une qualité (**catégorisation**) qui fait qu'une personne résiste aux épreuves physiques ou morales (**caractérisation**) : *Les coureurs cyclistes du tour de France font preuve d'endurance.*

e. L'avarice :
C'est le défaut (**catégorisation**) des gens qui aiment maladivement l'argent (**caractérisation**) : *Molière, dans* L'Avare, *a magistralement mis en scène l'avarice du personnage d'Harpagon.*

f. La cigale :
C'est un insecte (**catégorisation**) qui vit dans les arbres des régions de climat méditerranéen et qui « chante » en faisant du bruit avec les ailes (**caractérisation**) : *Dans la fable* La Cigale et la Fourmi *de La Fontaine, la cigale incarne l'insouciance.*

g. Le pamplemousse :
C'est un fruit (**catégorisation**) plus gros qu'une orange, de couleur jaune citron (**caractérisation**) : *Orange, citron, pamplemousse sont des agrumes.*

• RUBRIQUES : *Le café du monde,*
Fred Blondin

CADRE DE RÉFÉRENCE B1

Compréhension générale de l'oral : comprendre des émissions de radio et des enregistrements
Peut comprendre l'information contenue dans la plupart des documents enregistrés ou radiodiffusés, dont le sujet est d'intérêt personnel et la langue standard clairement articulée.

Objectif(s) *Approche fine et analytique d'une chanson.*

| **FICHE EXPRESS** | ± 45 min |

❶ Faire écouter la chanson. Poser aux apprenants des questions de compréhension globale :
– De quel lieu parle le chanteur ?
– Comment est ce lieu ?
❷ Deuxième écoute : faire repérer, en particulier à partir du refrain, que cette chanson est une invitation.
❸ Demander aux apprenants de réagir par rapport au type de musique : comment le trouvent-ils ? À quoi la musique leur fait-elle penser ?
❹ Passer à une phase de compréhension plus détaillée. Faire repérer :
– la description du café ;
– les personnes : le chanteur s'adresse directement à celui qui l'écoute (*tu*).
❺ Donner le texte aux apprenants et leur demander ce qu'ils pensent de la chanson, s'ils connaissent un endroit comme celui-ci.

Pour votre information

Fred Blondin
Chanteur et guitariste français, né à Suresnes, dans les Hauts-de Seine, le 6 mars 1964.
Après des études courtes et quelques petits boulots, Frédéric Blondin travaille comme éducateur à la DDASS (Direction départementale des Affaires sanitaires et sociales) jusqu'en 1996.
Il commence à jouer de la guitare dès 15 ans. À partir de 1982 commencent ses années rock, avec deux groupes locaux : MégaBaff puis Glen Murdock pour lesquels il écrit les textes.
En 1989, Frédéric se baptise Blondin (en référence au personnage de Clint Eastwood dans *Le Bon, la Brute et le Truand*).
Un premier album lui vaut de passer aux Francofolies 90 et d'être nominé en 1991 aux Victoires de la Musique.
Deux autres albums suivront avant qu'une chanson signée CharlElie Couture, *Elle allume des bougies*, ne lui permette, en 1996, de quitter son emploi à la DDASS pour vivre de la musique. Grâce à ce succès, il retrouve les Francofolies en juillet 1996 avant de décrocher la première partie de la tournée d'été de Johnny Hallyday.
Nouvelle tournée des stades, avec Hallyday, jusqu'en septembre 2000. Puis retour en studio : Fred Blondin s'enferme durant deux ans et enregistre une trentaine de chansons. Parmi celles-ci, en 2002, *Dis-le moi* pour le dernier album d'Hallyday. Les autres seront à la base de *Mordre la poussière* (2003).

• RUBRIQUES :
Le café du monde

Ressources :
• l'enregistrement original de la chanson
• le texte de la chanson
• 1 photo de Fred Blondin

Transcriptions :
Au bord des rails du Paris-
[Toulouse
Planté au milieu des cailloux
C'est un endroit qui sent bon
[le blues
Sorti d'un rêve un peu fou

C'est un café bien caché
Perdu au milieu de rien
C'est une gare pour autre part
Un carrefour pour d'autres
[chemins

Même si t'es pas riche on s'en
[fiche
Prends une guitare et donne
[tout c'que t'as
Pourvu qu'on soit sur la même
[longueur d'ondes
Bienvenue au Café du Monde

C'est l'Amérique et l'Afrique
Sur un quai désaffecté
Plein de souv'nirs et de
[musiques
Un repaire pour l'amitié

C'est un café bien caché
Ouvert à tous les horizons
Les soirs d'été soleil couché
On y voit s'envoler des chansons

Même si t'es pas riche on s'en
[fiche
Prends une guitare et donne
[tout c'que t'as
Pourvu qu'on soit sur la même
[longueur d'ondes
Bienvenue au Café du Monde

Même si t'es pas riche on s'en
[fiche
Au-delà des mots on se
[comprendra
Que tu sois black ou peau
[rouge ou tête blonde
Bienvenue au Café du Monde

Même si t'es pas riche on s'en
[fiche
Même si t'es pas là on jouera
[pour toi
Et si un soir tu as l'âme qui
[vagabonde
Souviens-toi du Café du Monde

Même si t'es pas riche on s'en
[fiche
On s'ra toi et moi ça ira
On s'ra toujours sur la bonne
[longueur d'ondes
Tous les deux au Café du Monde

**Compréhension écrite •
Expression orale**

• Ce qui compte
le plus

Ressources :
• 1 graphique

séquence 6 : *Décrire / Expliquer*

p. 76

• Ce qui compte le plus

CADRE DE RÉFÉRENCE B1

Compréhension générale de l'écrit
Peut trouver et comprendre l'information pertinente dans des écrits quotidiens tels que lettres, prospectus et courts documents officiels. Peut apporter de l'information sur des sujets abstraits et concrets, contrôler l'information, poser des questions sur un problème ou l'exposer assez précisément.
Production orale générale, monologue suivi
Peut développer une argumentation suffisamment bien pour être compris sans difficulté la plupart du temps.

Objectif(s) *Réutiliser les acquis en commentaire de graphique.*

FICHE EXPRESS ± 45 min

❶ Faire prendre connaissance du document : tout d'abord le titre, puis les trois rappels qui vont permettre de faire des comparaisons (1978, 1987 et 2002). Commenter ensuite les 12 entrées.

❷ Quel élément peut-on placer sur le podium à la première place, à la deuxième, à la troisième ?

❸ En grand groupe, faire poser des questions qui amènent des comparaisons. EXEMPLE : *Pour quelle raison, les jeunes de 1978 plaçaient-ils la liberté en tête du sondage alors qu'aujourd'hui ils placent la recherche d'un travail intéressant ?*

❹ Si l'âge du groupe-classe s'y prête, procéder à un sondage dans le groupe et faire justifier les réponses.

❺ Travail interculturel : les réponses seraient-elles les mêmes dans les différents pays des apprenants et pourquoi ?

Pour votre information

• **La SOFRES :** organisme centré sur les études marketing et d'opinions.
• *Télérama :* magazine hebdomadaire proposant programmes TV, actualités et dossiers culturels, critiques de films et de livres.

Compréhension écrite

• Les langues
parlées en France

Ressources :
• 1 liste d'informations sur les langues parlées en France
• 1 liste de langues

• Les langues parlées en France

CADRE DE RÉFÉRENCE B1

Compréhension générale de l'écrit
Peut trouver et comprendre l'information pertinente dans des écrits quotidiens tels que lettres, prospectus et courts documents officiels.

Objectif(s) *Acquisition de connaissances socioculturelles.*

❶ Faire lire le premier item et faire éventuellement élucider le vocabulaire. Quels sont les indices géographiques qui peuvent permettre de faire des hypothèses sur la réponse? (**Item 1**: *ouest de la France, population bretonnante*) → réponse **f**, breton.

❷ **Item 2**: quel est l'indice important? (*une île, groupe italo-roman*) → réponse **b**, corse.

❸ **Item 3**: indices géographiques (*au sud des Pyrénées, dans le Roussillon, Catalogne*) → réponse **d**, catalan.

❹ **Item 4**: *est de la France, langue germanique* → réponse **a**, alsacien.

❺ **Item 5**: *moitié sud de la France* → réponse **c**, occitan.

❻ **Dernier item**: *langue liée à l'immigration* → réponse **e**, arabe maghrébin.

❼ Combien de langues parle-t-on dans la / les pays des apprenants?

Compréhension écrite •
Expression orale

• Le système scolaire

Ressources :
• 1 tableau sur le système
  scolaire

• Le système scolaire

CADRE DE RÉFÉRENCE B1

Compréhension générale de l'écrit
Peut trouver et comprendre l'information pertinente dans des écrits
quotidiens tels que lettres, prospectus et courts documents officiels.

Objectif(s) *Acquisition d'éléments socioculturels : domaine des*
études.

FICHE EXPRESS ± 30 min + 30 min

❶ Faire décrire aux apprenants ce qu'ils connaissent de leur système
scolaire. À quel âge commence la scolarité obligatoire et jusqu'à quel
âge va-t-elle ? Comment est organisée l'école maternelle ? l'école pri-
maire ? À quel âge apprend-t-on à lire ? À quel âge commence-t-on
l'apprentissage d'une langue étrangère ? Combien de langues peut-
on apprendre ? Quelles langues sont obligatoires ? À quel âge entre-
t-on au collège ? Quels sont les diplômes que l'on peut obtenir au
cours de sa scolarité ? Comment s'appelle l'examen de fin d'études
secondaires ? L'obtention de cet examen permet-il l'entrée dans les
études supérieures ? etc.

❷ Diviser le groupe en tandems. Faire prendre connaissance du document et demander aux apprenants de préparer plusieurs questions à
poser. EXEMPLE : *La philosophie est-elle une matière obligatoire ?*

❸ Procéder au jeu de questions / réponses.

Compréhension écrite • Expression orale

• Le calendrier scolaire

Ressources:
- 1 calendrier de vacances scolaires

• Le calendrier scolaire

CADRE DE RÉFÉRENCE B1

Compréhension générale de l'écrit
Peut trouver et comprendre l'information pertinente dans des écrits quotidiens tels que lettres, prospectus et courts documents officiels.

Objectif(s) *Acquisition de connaissances socioculturelles: domaine des études.*

FICHE EXPRESS | ± 30 min

❶ Faire prendre connaissance du document. Expliquer *Toussaint*. Faire calculer le nombre de jours de congés scolaires (13 + 16 + 17 + 26 + 62 = 134 !). Combien cela fait-il de semaines? de mois?
❷ Organiser la discussion à l'aide des questions posées.

Pour votre information

Pour les fêtes de la Toussaint, Noël et Pâques, se reporter à la page 136 du manuel.

Compréhension écrite • Expression orale

• Choisir un métier

Ressources:
- 1 liste d'activités
- 1 liste de métiers

• Choisir un métier

CADRE DE RÉFÉRENCE B1

Compréhension générale de l'écrit
Peut parcourir un texte assez long pour y localiser une information recherchée et peut réunir des informations provenant de différentes parties du texte ou de textes différents afin d'accomplir une tâche spécifique.

Objectif(s) *Savoir préparer un entretien et le mener à bien.*

FICHE EXPRESS | ± 50 min

❶ Diviser le groupe en tandems et expliquez clairement la consigne et la durée de préparation (pas plus de 10 à 15 minutes). Insister sur la nécessité de rédiger des phrases complètes. Lors de la simulation, les apprenants auront le droit de s'aider de leurs notes mais non de lire des phrases préparées.
❷ Dans chaque groupe, faire choisir les rôles: interviewer ou interviewé(e). Les apprenants doivent donc noter des idées.
❸ Exemples d'idées à noter pour l'interviewer: questions concernant la personnalité de l'interviewé(e), ses souhaits, les motivations de ses

FICHE EXPRESS *suite*

souhaits, le salaire qu'il veut gagner, le type de locaux dans lesquels il souhaite travailler, etc.

❹ Exemples d'idées à noter pour l'interviewé(e) : certains traits de sa personnalité, ce qu'il / elle refuse absolument de faire dans la vie et pourquoi, son désir ou son refus de contact avec les gens et les raisons, etc.

❺ Passer dans les groupes pour faire élucider du vocabulaire (*travailler à son compte, manier les chiffres, travailler un matériau, caissier, géomètre,* etc.) et apporter des structures manquantes.

❻ Faire procéder aux simulations d'entretiens. L'entretien ne dure pas plus de quelques minutes.

❼ Demander au groupe de noter les erreurs de type linguistique. Elles seront corrigées après la simulation et non pendant.

Compréhension écrite •
Compréhension orale

• Cours particuliers

Ressources :
- 1 enregistrement
- 1 petite annonce

Transcriptions :

1. Bonjour,
J'ai lu votre annonce et je suis intéressée par le travail que vous proposez. J'ai 26 ans et je viens d'obtenir mon master de biologie. J'ai une expérience de cours particuliers avec des élèves de sixième et cinquième, mais j'ai gardé tous mes cours de première et terminale. Je pourrais donner des cours tous les jours de 16 h à 18 h. Je suis libre à partir du 15 septembre.
Si ma candidature vous intéresse, veuillez m'envoyer un message à l'adresse suivante :
odile.obry@yahoo.fr.

2. Bonjour,
Je suis intéressé par votre annonce du 15 juillet concernant des formateurs en sciences. Je suis professeur de physique et dispose de temps libre en particulier pendant les vacances, mais je peux essayer de m'organiser pour répondre à la demande pendant l'année scolaire. Je prépare depuis cinq ans des élèves au baccalauréat avec de bons résultats. J'enseigne actuellement à Nantes mais j'attends une réponse pour un poste dans la banlieue parisienne.
Si ma candidature vous intéresse, voici mon adresse : Monsieur Robert Grignon, 5 rue des Tulipes, 44000, Nantes.

3. Bonjour,
Je vous écris pour l'annonce n° 236 de votre magazine du 15 juillet. Je suis étudiante en maths-physiques à la fac

• Cours particuliers

CADRE DE RÉFÉRENCE B1

Compréhension générale de l'écrit
Peut lire des textes factuels directs sur des sujets relatifs à son domaine et à ses intérêts avec un niveau satisfaisant de compréhension.
Compréhension générale de l'oral
Peut comprendre une information factuelle directe sur des sujets de la vie quotidienne ou relatifs au travail en reconnaissant les messages généraux et les points de détail, à condition que l'articulation soit claire et l'accent courant.

Objectif(s) *Repérage et sélection des informations pertinentes en vue d'une mise en rapport entre ce qui est écrit et ce qui est dit.*

FICHE EXPRESS | ± 45 min

❶ Demander aux apprenants de prendre connaissance du tableau comportant les informations demandées.
❷ Demander ensuite de repérer et relever les informations pertinentes dans la petite annonce : Qui ? Quoi ? Quand ? Où ?
❸ Faire écouter le premier enregistrement en demandant aux apprenants de prendre des notes (âge, diplôme, expérience d'enseignement, disponibilité horaire, dates).
❹ Faire faire le même travail avec les autres enregistrements.
❺ Mettre en commun les informations relevées pour compléter le tableau.
❻ Demander au groupe de choisir le candidat qui convient le mieux et de justifier le choix du candidat.

Suggestions, remarques

Cette activité, comme toutes les activités de démarrage, est relativement facile à mener et ne comporte pas de grandes difficultés. Le lexique est connu, la syntaxe est relativement simple. L'essentiel consiste d'une part en une mise en relation entre des informations venant d'un document écrit et des informations orales et, d'autre part, dans la formulation d'arguments à partir d'éléments factuels.

de Paris VI et je viens d'obtenir ma licence. J'ai donné des cours particuliers de maths à des élèves de seconde l'année dernière et j'ai assuré le soutien scolaire à distance d'élèves en difficulté en physique. J'ai déjà mon emploi du temps pour la prochaine année universitaire et je suis libre tous les après-midi.
Si ma candidature vous intéresse, merci de me contacter à l'adresse suivante : Maud.B@noos.fr.

4. Bonjour,
Je suis à la recherche d'un job et je suis très intéressé par votre annonce. Je suis en 3e année de droit mais je suis passionné par tout ce qui concerne la science. J'ai une expérience pédagogique parce que j'ai été moniteur de colonie de vacances pendant trois étés de suite. Si vous retenez ma candidature, vous pouvez m'envoyer une lettre à l'adresse suivante : Pascal Moreau, 25330 Cléron.

Corrigé

	Odile			Robert			Maud			Pascal		
	OUI	NON	?	OUI	NON	?	OUI	NON	?	OUI	NON	?
Diplôme	☒	☐	☐	☒	☐	☐	☒	☐	☐	☐	☒	☐
Expérience d'enseignement	☒	☐	☐	☒	☐	☐	☒	☐	☐	☐	☒	☐
Lieu	☐	☐	☒	☐	☐	☒	☒	☐	☐	☐	☒	☐
Disponibilité horaire	☐	☒	☐	☒	☐	☐	☒	☐	☐	☐	☐	☒
Matériel	☒	☐	☐	☐	☐	☒	☒	☐	☐	☐	☐	☒

C'est donc Maud qui correspond le mieux à l'offre d'emploi.

• Les 35 heures

CADRE DE RÉFÉRENCE B1

Lire pour s'orienter
Peut parcourir un texte assez long pour y localiser une information recherchée et peut réunir des informations provenant de différentes parties du texte ou de textes différents afin d'accomplir une tâche spécifique.

Objectif(s) **Repérage d'arguments dans différents textes. Classement et reformulation des arguments donnés.**

FICHE EXPRESS | ± 45 min

❶ Faire faire une première lecture pour repérer l'argument général de chaque texte.
❷ Faire un tableau que les apprenants compléteront au fur et à mesure de la découverte des textes (arguments pour, arguments contre, opinion nuancée).
❸ Demander de relire le premier texte, de repérer si l'opinion est positive, négative ou nuancée puis les arguments utilisés. Demander ensuite de les reformuler pour compléter le tableau. EXEMPLES : *Je suis beaucoup plus disponible* = plus grande disponibilité ; *Je reviens plus tôt le soir chez moi* = retour plus tôt à la maison / chez lui…
❹ Procéder de la même façon avec les autres textes.

Suggestions, remarques

Les formulations permettant d'exprimer par écrit une opinion positive, négative ou nuancée ont déjà été abordées dans la séquence 3, page 36 (*Le mal du siècle*). Nous revenons sur l'argumentation qui sera travaillée de façon approfondie dans cette séquence et celles qui suivent.
L'exploitation des textes peut être suivie, selon l'intérêt montré par les apprenants, d'une discussion sur les 35 heures. Le professeur a, ci-après, une information succincte sur la loi votée en 1999 et ses modifications en 2002. Chacun a certainement son mot à dire, une opinion à exprimer qui sera l'occasion de rechercher des arguments, de les classer.
Si ce thème intéresse les apprenants, on peut également utiliser l'ensemble du document (ou une partie) qui suit. On travaillera éventuellement sur la reformulation et sur l'explication (en demandant aux apprenants de faire des hypothèses) de termes relativement techniques.

Pour votre information

Le projet de loi sur les 35 heures adopté par l'Assemblée nationale (1999)

Les députés ont adopté le 19 octobre 1999 en première lecture, par 315 voix contre 255, le projet de seconde loi sur les 35 heures présenté par Martine Aubry, ministre de l'Emploi et de la Solidarité. Ce texte établit

---

Compréhension écrite

● Les 35 heures

Ressources :
• 6 textes

de nouvelles normes publiques en matière de durée du travail et poursuit une politique de réduction des charges sur les bas salaires.

Durée légale du travail

La nouvelle durée légale du travail sera fixée à 35 heures hebdomadaires. Elle entrera en vigueur :
– le 1er janvier 2000 dans toutes les entreprises dont l'effectif sera, à cette date, de plus de vingt salariés ;
– le 1er janvier 2002 dans les entreprises ayant un effectif inférieur ou égal à vingt salariés.

Assouplissement du temps de travail (Loi Fillon, décembre 2002) : Fixation du contingent d'heures supplémentaires

Le projet de loi modifie le contingent d'HS (pouvant être effectuées sans autorisation de l'inspection du travail), qui passe de 130 heures à 180 heures pour les entreprises n'ayant pas d'accord de modulation annuelle (dans le cas d'un accord de ce type, le contingent reste à 90 heures).

Le principe de base des lois Aubry est un principe de solidarité : en diminuant le temps de travail des salariés en place, cela oblige à une redistribution plus large. La part de chacun est un peu plus petite, mais plus de parts sont distribuées. La loi Fillon permet aux salariés en place d'élargir à nouveau leur part, ce qui est un principe plus individualiste. D'ailleurs, une frange importante des salariés voit d'un bon œil ces dispositions de la loi Fillon. L'un de leurs griefs face aux lois Aubry est d'avoir perdu le surplus de rémunération offert par les heures supplémentaires, et de leur avoir donné en contrepartie du temps libre, ce qu'ils n'avaient pas réclamé initialement.

Corrigé

	Opinion positive	Opinion négative	Opinion nuancée	Arguments utilisés
1.	☒	☐	☐	La famille
2.	☒	☐	☐	La création de deux postes
3.	☐	☐	☒	La réduction du personnel
4.	☒	☐	☐	La réorganisation des entreprises
5.	☒	☐	☐	La négociation sur la présence au travail et l'aménagement du temps de loisirs
6.	☐	☒	☐	Le salaire

● Tu es sûr ?

CADRE DE RÉFÉRENCE B1

Compréhension générale de l'oral
Peut comprendre une information factuelle directe sur des sujets de la vie quotidienne ou relatifs au travail en reconnaissant les messages généraux et les points de détail, à condition que l'articulation soit claire et l'accent courant.

Compréhension orale

● Tu es sûr ?

Ressources :
• 1 enregistrement

Transcriptions :
1. Je me demande si Jean-Paul sait qu'il y a une grève des transports demain. Ce matin, il n'était au courant de rien.
2. Je suis certain d'avoir transmis la proposition de prix au directeur commercial. La preuve : voici le dossier que je lui ai envoyé.

3. Il me semble avoir déjà vu cette femme… mais je ne me souviens plus très bien où… sans doute dans un colloque.

4. Alors selon vous, nous nous sommes déjà rencontrés ? Je crois que vous faites erreur, vous devez certainement me confondre avec quelqu'un qui me ressemble.

5. Je suis absolument sûr que Thomas va venir. Il m'a encore téléphoné hier pour me dire qu'il ferait tout son possible pour assister au conseil d'administration, qu'il tenait à y assister et que l'on pouvait compter sur lui.

6. On dirait bien que c'est la signature du comptable. Si ce n'est pas la sienne, en tout cas, elle est bien imitée.

7. En ce qui concerne l'affaire Duval, je pense que la meilleure des solutions, c'est de tout reprendre depuis le début. J'en ai parlé à Pierre, il est d'accord avec moi.

8. Je suis persuadé que si tu expliques à l'animatrice du stage les raisons de ton retard, elle comprendra. Elle a des enfants, elle aussi.

Objectif(s) *Acquisition de verbes d'opinion allant de la certitude au doute et de leur construction.*

FICHE EXPRESS | ± 45 min

❶ Demander aux apprenants de prendre connaissance du tableau de grammaire de la page 81 (*La construction des verbes d'opinion*). Bien montrer comment on va de la certitude au doute, en passant d'une construction personnelle (*Je…*) à une construction impersonnelle (*il me semble… ; on dirait…*). Ajouter à cette liste comme équivalent le plus proche de *je me demande si, je ne suis pas sûr(e), je ne suis pas sûr(e) du tout* qui se construit avec le subjonctif.

❷ Faire écouter le premier enregistrement. L'expression que la personne pourrait utiliser est : *Je ne suis pas sûre que Paul sache…*

❸ Faire écouter les autres enregistrements en demandant à chaque fois ce qui justifie le choix de l'expression qui pourrait être utilisée (pour l'enregistrement 2 : *Je suis (absolument) sûr… car la preuve…*).

Corrigé

	1.	2.	3.	4.	5.	6.	7.	8.
Je suis absolument sûr(e).	☐	☒	☐	☐	☒	☐	☐	☒
Je suis sûr(e).	☐	☐	☐	☐	☐	☐	☒	☐
Je suis presque sûr(e).	☐	☐	☐	☒	☐	☒	☐	☐
Je me demande si.	☐	☐	☐	☐	☐	☐	☐	☐
Je ne suis pas sûr(e).	☒	☐	☒	☐	☐	☐	☐	☐
Je ne suis pas sûr(e) du tout.	☐	☐	☐	☐	☐	☐	☐	☐

Expression orale

• Avenir

Ressources :
• 8 affirmations

• Avenir

CADRE DE RÉFÉRENCE B1

Discussion informelle
Peut exprimer poliment ses convictions, ses opinions, son accord, son désaccord.
Peut émettre ou solliciter un point de vue personnel ou une opinion sur des points d'intérêt général.

Objectif(s) *Réemploi des verbes d'opinion selon leur degré de certitude.*

FICHE EXPRESS | ± 40 min + 20 min

❶ Répartir le grand groupe en groupes de deux.
❷ Faire découvrir les affirmations et demander aux apprenants de réagir en utilisant les verbes acquis précédemment. Chacun donne un avis argumenté (trois arguments) et demande à son partenaire s'il est d'accord. Le partenaire devra, s'il n'est pas d'accord, donner trois arguments.
❸ Demander aux autres de réagir aux arguments donnés.

Suggestions, remarques

Il ne s'agit pas, à ce niveau, d'organiser un débat (ce sera fait dans la séquence 11, parcours 3), mais d'amener les apprenants à chercher et formuler des arguments dans un discours structuré.

Exercice : Adverbes

Exercice : Adverbes

Corrigé

1. Comme personne n'a été satisfait par cet accord, pour moi, il n'y a **absolument** aucun doute, il faudra tout recommencer à l'automne.
2. Vous vous êtes trompé dans l'addition, mais c'est **peut-être** moi qui compte mal.
3. Je suis **absolument** sûr que c'est monsieur Lenoir qui est à la table des conférenciers, là, à côté de la présidente.
4. Je ne comprends pas comment il a pu être augmenté, étant donné son manque de professionnalisme et de ponctualité. Il doit **certainement** connaître le patron.
5. S'il n'est pas encore là, c'est qu'il a **sans doute / certainement** eu un empêchement de dernière heure, c'est quelqu'un de sérieux qui est toujours ponctuel.
6. Il n'aurait pas des problèmes d'audition **par hasard** ? Il n'a rien entendu.
7. Il n'est **certainement / absolument / sûrement / sans doute** pour rien dans cette histoire, il a simplement suivi les ordres qu'on lui a donnés.
8. Moi, si tu veux mon avis, tel que je le connais, il a **sans doute / certainement** fait la fête hier et n'a pas pu se réveiller ce matin.

Compréhension écrite •
Expression écrite

• Livre ou ordi ?

Ressources :
• 1 article de presse

• Livre ou ordi ?

CADRE DE RÉFÉRENCE B1

Interaction écrite générale
Peut écrire des notes et lettres personnelles pour demander ou transmettre des informations d'intérêt immédiat et faire comprendre les points qu'il / elle considère importants.

Objectif(s) *Réactions à des informations parues dans un article de presse : expression de l'opinion accompagnée d'arguments.*

FICHE EXPRESS | ± 40 min + 20 min

❶ Demander d'abord aux apprenants de repérer l'auteur du texte (*Thomas, 12 ans*).

❷ Leur demander ensuite de lire le texte pour en dégager les deux affirmations de Thomas (l'ordinateur plutôt que la télé, le cédérom plutôt que le livre).

❸ Demander une deuxième lecture pour rechercher les arguments qui accompagnent ces deux affirmations.

❹ Aider les apprenants à amorcer la rédaction de la lettre qu'ils vont envoyer au magazine, soit pour renforcer les arguments de Thomas soit pour les réfuter. Reprendre les deux affirmations et chaque argument donné qui sera renforcé ou discuté en utilisant les expressions du tableau.

EXEMPLE (pour renforcer) : *J'approuve totalement ce que dit Thomas à propos des jeux qui font plus réfléchir que la télé. Moi aussi, quand j'étais jeune… Mes partenaires de jeu sont devenus mes amis…*

EXEMPLE (pour réfuter) : *Je ne suis absolument pas d'accord avec Thomas : quand on commence jeune à utiliser des ordinateurs on en devient vite les esclaves… La télé est une ouverture sur le monde… Il est toujours possible de choisir ses émissions…*

Suggestions, remarques

L'essentiel, dans cette activité, est d'aider l'apprenant à structurer son texte en classant les arguments et en utilisant, à bon escient, les expressions servant à approuver, nuancer ou réfuter l'opinion donnée.

Pour votre information

Les Français et la télévision
Les téléviseurs sont restés allumés en moyenne 5 h 14 par jour dans les foyers en 1999. La durée moyenne d'écoute par personne de 4 ans et plus était de 3 h 09. Les femmes sont plus consommatrices que les hommes : 27 minutes de plus par jour. Les Britanniques, les Italiens et les Espagnols sont ceux qui regardent le plus la télévision (3 h 20 par jour en moyenne).

Les Français et l'informatique
La France essaie de rattraper son retard sur les autres pays.
Plus de 42 % des foyers étaient équipés d'ordinateurs en 2003. 28 % sont connectés à domicile et 40 % déclarent utiliser Internet.

Source : ministère de la Recherche.

• L'espace privé dans les bureaux

CADRE DE RÉFÉRENCE B1

Monologue suivi
Peut développer une argumentation suffisamment bien pour être compris sans difficulté la plupart du temps.

Objectif(s) *Réemploi des verbes d'opinion et entraînement à l'utilisation d'arguments.*

FICHE EXPRESS | ± 45 min

❶ Dire tout d'abord aux apprenants de consulter le tableau *Grammaire / communication*. On peut demander, à cette occasion, quelle est la stratégie qui donne le plus de force aux arguments.

❷ Diviser le groupe en trois. Le premier groupe recherchera tous les avantages de l'organisation de l'espace dans la première photo et les inconvénients de l'organisation dans la deuxième photo. Le deuxième groupe fera l'inverse. Le troisième groupe évaluera les productions des uns et des autres.

❸ Chaque groupe cherchera ensuite à trouver la meilleure stratégie pour rendre ses arguments encore plus convaincants et les exposera devant les autres. Le troisième groupe prendra des notes des productions et restituera ce qui a été dit. Il décidera qui est le plus convaincant et pour quelles raisons.

Suggestions, remarques

Il est aussi possible de mettre en commun tous les arguments pouvant appuyer tel ou tel point de vue. Une fois la liste des arguments relevés au tableau, former les deux groupes qui les utiliseront. Leur travail consistera à hiérarchiser, classer, trouver les arguments principaux et secondaires et les illustrer pour leur donner plus de force.

Pour votre information

Aménagement de l'espace dans une entreprise

Les postes de travail flexibles et les bureaux paysagers, ou la combinaison des deux possibilités semblent représenter l'avenir. De telles solutions impliquent une recherche spécifique en matière d'acoustique de l'environnement des bureaux.

Les recherches montrent que les collaborateurs répartissent leur temps de manière égale entre communication, concentration et administration. On applique ce dernier terme à toutes les différentes tâches exécutées entre des périodes de communication et de concentration.

La communication consiste principalement à entendre et être entendu. La compréhension de la parole est fondamentale, que ce soit pour les conversations informelles au bureau ou pour les réunions plus formelles qui réunissent plusieurs personnes dans une salle de conférence.

La réflexion, en particulier, nécessite un bon environnement acoustique. Les recherches montrent que le bruit influe sur la formation des

---

Expression orale

• L'espace privé dans les bureaux

Ressources :
• 2 photos

Compréhension orale

• Travail en équipe ou individuel ?

Ressources :
• 1 enregistrement

Transcriptions :
1. Nous avons confié des responsabilités à quelqu'un qui avait l'habitude de travailler en groupe et nous avons laissé cette personne toute seule pour voir comment elle se débrouillait. En fait, elle a très vite paniqué. C'est d'ailleurs normal, c'est comme si on donnait rendez-vous à quelqu'un sans lui dire ni

l'heure, ni le lieu du rendez-vous !

2. Le travail en équipe est beaucoup plus stimulant et efficace que le travail individuel. C'est d'ailleurs ce qui ressort des études récentes sur la question. 60 % des salariés interrogés disent préférer le travail en équipe, 30 %, le travail individuel et 10 % n'ont pas de préférence. Ce que les études ne disent pas c'est la façon dont ces équipes sont formées.

3. Je connais quelqu'un qui a déprimé dès qu'elle a été obligée de travailler seule. Pendant dix ans, elle avait fait partie d'une équipe de chercheurs qui était devenue comme sa famille. Ils passaient toutes leurs vacances ensemble, les enfants étaient dans la même école et tout le monde semblait très bien s'entendre. Et puis, elle a été mutée dans un autre service dans lequel on lui a confié des activités qu'elle devait faire toute seule. Du jour au lendemain, elle a échoué dans tout ce qu'elle faisait, elle ne se sentait plus capable de prendre des responsabilités et finalement, elle a tellement déprimé qu'on a dû la réintégrer dans l'équipe.

4. Je viens de lire un article dans un magazine spécialisé, *Science et ressources humaines*, tu connais ? Ils ont suivi pendant un an une personne qui alternait chaque mois travail en équipe et travail individuel et ils ont noté de façon précise ses performances. Eh bien, le résultat c'est que, en fonction du type de tâche, la personne était beaucoup plus performante toute seule. Tu crois que c'est pareil pour tout le monde, ou que ça dépend du type de personnalité ?

5. Mon métier fait que je suis obligé de travailler parfois seul et parfois en équipe. Je préfère travailler seul quand il s'agit de tâches qui demandent une grande concentration sur un sujet précis que je connais bien. En revanche, s'il s'agit de trouver des idées concernant un thème plus général, il n'y a rien de tel que le travail en équipe. Ça permet de confronter des idées à partir d'expériences diverses. C'est très enrichissant.

concepts, la vitesse de lecture et la mémoire. La réflexion est actuellement la fonction majeure dans les bureaux : analyser, créer des relations et être créatif. Cela confirme l'importance d'un bon environnement acoustique, les bruits dérangeants étant réduits au minimum.

L'attention qu'exige une tâche en cours ne doit pas être détournée par les conversations à l'autre bout de la pièce ou dans la pièce contiguë.

• Travail en équipe ou individuel ?

CADRE DE RÉFÉRENCE B1

Compréhension générale de l'oral
Peut comprendre une information factuelle directe sur des sujets de la vie quotidienne ou relatifs au travail en reconnaissant les messages généraux et les points de détail, à condition que l'articulation soit claire et l'accent courant.
Comprendre en tant qu'auditeur
Peut suivre une conférence ou un exposé dans son propre domaine à condition que le sujet soit familier et la présentation directe, simple et clairement structurée.

Objectif(s) *Repérage des différentes stratégies utilisées pour donner plus de force à un argument.*

FICHE EXPRESS | ± 50 min

❶ Situer le problème avec les apprenants : avantages et inconvénients du travail en équipe ou du travail individuel.

❷ Faire écouter le premier enregistrement et s'assurer de la compréhension de l'information en demandant de la reformuler. EXEMPLE : *Dans une entreprise, on a demandé à quelqu'un de régler toute seule des problèmes qu'elle avait l'habitude de régler en groupe.*

❸ Faire une deuxième écoute pour repérer la stratégie utilisée pour convaincre.

❹ Procéder de la même façon avec les autres enregistrements. Pour les enregistrements d'une certaine longueur, faire repérer, à la première audition, l'information essentielle et donner les explications lexicales nécessaires.

Corrigé

	Enr.
Elle donne des chiffres comme preuve de ce qu'elle dit.	2
Elle donne un exemple.	3
Elle se réfère à son expérience personnelle.	5
Elle fait une comparaison.	1
Elle se réfère à la science.	4

Suggestions, remarques

Les enregistrements sont, pour certains, plus longs que ceux que les apprenants ont l'habitude d'écouter. Il en sera ainsi jusqu'à la fin du manuel. Les apprenants doivent prendre l'habitude d'écouter et comprendre l'essentiel des informations ainsi que le détail, par exemple, dans une conférence ou un exposé.

• RUBRIQUES : Le savoir-vivre

CADRE DE RÉFÉRENCE B1

Compréhension générale de l'écrit
Peut lire des textes factuels directs sur des sujets relatifs à son domaine et à ses intérêts avec un niveau satisfaisant de compréhension.
Compréhension générale de l'oral
Peut comprendre une information factuelle directe sur des sujets de la vie quotidienne ou relatifs au travail.

Objectif(s) *Sensibilisation aux comportements des Français, exposition à certaines règles et comparaison avec la culture de l'apprenant.*

FICHE EXPRESS ± 45 min

❶ Demander à chaque apprenant de répondre individuellement.
❷ Reprendre avec tous les apprenants les dix affirmations en demandant à ceux-ci de justifier leur réponse. Chaque affirmation peut avoir son prolongement. EXEMPLES : les en-têtes de lettres (*Madame, Mademoiselle, Monsieur*) ; donner des exemples d'expressions très familières; proposer les formules de fin de lettre.

Suggestions, remarques

Demander aux apprenants comment cela se passe dans leur culture, dans quel(le) domaine / situation ils doivent utiliser des codes précis.

Corrigé

	oui	non
1. On écrit l'adresse sur une enveloppe de cette manière: *Monsieur et Madame Philippe Duval.*	☒	☐
2. On peut utiliser des expressions très familières dans des conversations professionnelles.	☐	☒
3. Vous écrivez à une administration, votre lettre commence par : *Cher Monsieur.*	☐	☒
4. À quelqu'un qui vous remercie, vous répondez : *Je vous en prie.*	☒	☐
5. Vous saluez votre voisine de palier en lui disant : *Bonjour, madame Lenoir.*	☒	☐
6. Vous terminez votre lettre au directeur en le priant d'agréer l'assurance de votre considération.	☐	☒
7. On peut garder les mains dans les poches pendant une conversation professionnelle avec son directeur.	☐	☒
8. Une femme doit se lever quand on lui présente quelqu'un.	☐	☒
9. Dans un restaurant de luxe, on donne à la femme une carte sans les prix.	☒	☐
10. Dans un lieu public, un homme ouvre la porte et s'efface pour laisser la femme entrer.	☐	☒

Dans le domaine culturel, nous traitons, comme dans les *Studio 100* niveaux 1 et 2 et les trois niveaux du *Studio 60*, du comportement des Français bien plus que de la culture considérée comme faisant partie d'un patrimoine. Les apprenants pourront s'informer sur le patrimoine culturel de la France dans de nombreux ouvrages qui y sont consacrés. Nous considérons qu'un ouvrage d'apprentissage du français doit présenter des faits culturels à la fois contemporains et liés à la langue. C'est le cas de cette activité et d'autres activités de la partie *Rubriques*.

Pour votre information

Quelques règles à respecter dans la correspondance
- Dans les en-têtes, la majuscule est de rigueur :
Monsieur le Directeur, Madame la Présidente, Monsieur le Recteur, Monsieur le Ministre.
- Dans les formules de politesse :
Je vous prie d'agréer, Monsieur le Directeur / Monsieur le Recteur / Monsieur l'Inspecteur / Monsieur le Ministre…, l'expression…
Je vous prie d'agréer, Madame la Présidente / Madame l'Inspectrice générale / Madame la Directrice…, l'expression…
- niveau hiérarchique supérieur :
  – *l'expression de mes sentiments respectueux / dévoués ;*
  – *l'expression de mes respectueux hommages* (d'un homme à une femme).
- niveau hiérarchique égal ou inférieur :
  – *l'expression de ma considération distinguée ;*
  – *l'expression de mes sentiments les meilleurs.*

• RUBRIQUES : Expressions idiomatiques

CADRE DE RÉFÉRENCE B1

Compréhension générale de l'écrit
Peut comprendre des textes courts et simples sur des sujets concrets courants avec une fréquence élevée de langue quotidienne ou relative au travail.

Objectif(s) *Acquisition de quelques expressions idiomatiques.*

FICHE EXPRESS | ± 30 min

❶ Avant de lire les expressions et de rechercher leur signification, faire écouter les enregistrements et demander aux apprenants de faire des hypothèses sur le sens des expressions idiomatiques. Le contexte facilite cette compréhension. EXEMPLE : *j'ai fait une erreur* facilite la compréhension de l'expression *je me suis fait remonter les bretelles.*
❷ Confirmer les hypothèses en faisant l'activité demandée de recherche de signification.
❸ Rechercher les équivalents dans la langue maternelle de l'apprenant.

• RUBRIQUES :
Expressions idiomatiques

Ressources :
- 1 enregistrement
- 6 expressions idiomatiques et leur signification

Transcriptions :
1. J'ai fait une erreur, je me suis fait remonter les bretelles par le patron.
2. Léa ? Il ne faut rien lui demander de particulier, elle ne fait que son travail, elle a un poil dans la main !
3. Nous nous connaissons depuis longtemps, je pense que le mieux dans cette négociation c'est de jouer cartes sur table.
4. Marie m'a vraiment énervée, j'ai fini par lui dire ses quatre vérités !
5. Quand je vois Marcel, je prends mes jambes à mon cou, il est trop bavard !
6. On ne peut pas laisser les choses se dégrader avec le nouveau, je vais lui mettre les points sur les i !

Les expressions idiomatiques :
le gage d'une bonne connaissance de la langue

Le fait de connaître les expressions idiomatiques d'une langue est une preuve d'un certain degré de connaissance de cette langue, à condition bien entendu que ces expressions soient utilisées à bon escient, d'une part en fonction du contexte et, d'autre part, en tenant compte du registre de langue.

Il serait par exemple inconvenant lors d'une discussion d'ordre professionnel d'utiliser l'expression *il s'est fait remonter les bretelles* pour signifier qu'un collègue s'est fait réprimander par son supérieur hiérarchique.

Nous avons présenté ces expressions dès le début de *Studio 60* ou *100*, considérant que ces expressions sont imagées et souvent drôles, donc faciles à retenir et qu'elles traduisent bien des comportements, ainsi que la façon dont une culture interprète la réalité.

L'intérêt est bien entendu de rechercher, dans la langue maternelle de l'apprenant, les expressions ayant le même sens et de comparer avec l'expression française. Cette comparaison est hautement instructive et peut donner lieu à commentaires.

Pour votre information

Voici quelques sites intéressants parmi les nombreux sites sur les expressions imagées :

http://www.bonjourdefrance.com/index/quizzexpressidiom.htm
http://www.ite.ie/proverbs/listes/cuisine.htm
http://www.french-lessons.com/gallicismes0.html

• RUBRIQUES :
Mignonne, allons voir si la rose...

CADRE DE RÉFÉRENCE B1

Lire pour s'orienter
Peut parcourir un texte assez long pour y localiser une information recherchée et peut réunir des informations provenant de différentes parties du texte ou de textes différents afin d'accomplir une tâche spécifique.
Lire pour s'informer et discuter
Peut reconnaître le schéma argumentatif suivi pour la présentation d'un problème sans en comprendre nécessairement le détail.

Objectif(s) Sensibilisation à une forme d'humour dans un écrit littéraire. Réflexion sur la ponctuation.

FICHE EXPRESS ± 50 min

❶ S'assurer tout d'abord que tout le monde comprend ce qu'est *le point-virgule* !
❷ Demander de faire une première lecture pour dire si l'auteur est pour ou contre le point-virgule.
❸ Faire rechercher les arguments appuyant la thèse de l'auteur : le point-virgule ne sert à rien (on peut toujours le remplacer par un point ou par des points de suspension).
❹ Expliquer l'allusion à Balzac et, en particulier, le sens de la phrase finale : *À quels sommets n'eût pas accédé Balzac s'il...*

Corrigé

	oui	non
1. Balzac a inventé le point-virgule.	☐	☒
2. Le point-virgule donne plus de force à la pensée de l'auteur.	☐	☒
3. Le point est bien plus utile que le point-virgule.	☒	☐
4. Dans une phrase, le point fait des miracles !	☒	☐
5. Les points de suspension expriment le flou de la pensée.	☒	☐
6. Après un point, on trouve toujours une majuscule.	☒	☐
7. L'auteur adore le point-virgule.	☐	☒
8. Honoré de Balzac utilisait beaucoup le point-virgule.	☒	☐

Pour votre information

François Cavanna
Dessinateur humoristique et écrivain français
Né à Nogent-sur-Marne, en 1923, d'un père italien, François Cavanna passe son enfance au sein de la communauté immigrée italienne ; la chaleur qu'il y trouve, il nous la dévoile dans *Les Ritals* (1978). Dès 16 ans, il multiplie les petits emplois ; trieur de lettres aux PTT, vendeur de fruits

• RUBRIQUES :
Mignonne, allons voir si la rose...

Ressources :
• 1 extrait d'un livre de Cavanna
• 1 reproduction de la couverture du livre

et légumes, apprenti maçon. C'est en 1945 qu'il débute sa carrière journalistique, participant même au journal *Libération* en tant que dessinateur. Il fonde par la suite *Hara-Kiri* (« un journal bête et méchant ») devenu depuis *Charlie Hebdo* et devient ainsi découvreur de talents qui marquent aujourd'hui le paysage humoristique français : Cabu, Gébé, Wolinski… Depuis 1985, Cavanna se consacre à l'écriture autobiographique : *Les Ritals* concernant son enfance, *Les Russkofs* évoquant ses souvenirs de guerre en Russie (prix Interallié en 1979). Il s'essaie également aux romans, aux essais, aux livres d'humour. Cet homme avantgardiste a su inspirer nombre d'artistes.

Règles de ponctuation

La ponctuation, c'est l'ensemble des signes qu'on retrouve partout dans un texte pour séparer les phrases et leurs différentes parties. On ne la place pas au gré de sa fantaisie, mais bien en suivant certaines règles de base.

La ponctuation sert à rendre le texte plus compréhensible pour le lecteur en lui indiquant où s'arrêter lorsqu'il parcourt le texte, où faire des pauses, où prendre une intonation joyeuse, triste ou inquiète. C'est donc un moyen de plus que l'on possède, quand on écrit, pour clarifier sa pensée et transmettre ses émotions.

Le point (.)
- marque la fin d'une phrase : *Je rédige un mémoire avec soin*
- est toujours suivi par une majuscule lorsqu'il termine une phrase
- est utilisé également dans des abréviations où il remplace presque toujours une voyelle qui ne comprend pas la dernière lettre du mot : *adj.*

Le point d'interrogation (?)
- termine toute phrase interrogative : *Penses-tu que je terminerai ce mémoire un jour ?*
- lorsque l'interrogation est indirecte, le point d'interrogation est absent : *Je me demande si je terminerai ce mémoire un jour.*

Le point d'exclamation (!)
- exprime un sentiment (la joie, la surprise, la tristesse, la douleur, la crainte, l'émerveillement, la colère, l'ordre mais aussi l'injure, la prière, l'acclamation, le cri) : *J'en ai assez de rédiger ce mémoire !*
- termine une phrase emphatique par exclamation : *Elle ne veut pas imprimer correctement, cette imprimante !*
- est suivi d'une majuscule uniquement quand il termine une phrase
- souligne une interjection : *Ah ! quel bonheur de terminer !*

Les points de suspension (...)
- se placent à l'intérieur ou à la fin d'une phrase pour marquer l'hésitation, l'incertitude, créer une interruption, une attente ou un suspense : *Rédiger un mémoire demande du travail, du soin... et du courage.*
- ils sont suivis d'une majuscule seulement quand ils terminent une phrase.

Les deux-points (:)
Les deux points annoncent une explication, une énumération : *Mon texte est constitué de deux parties : un gros chapitre théorique et une présentation de la recherche pratique,* une citation ou le début d'un discours direct.

Le point-virgule (;)
- sépare les éléments d'une phrase où figurent déjà des virgules.
- sépare des propositions indépendantes ou juxtaposées lorsqu'on veut poursuivre, préciser une idée exprimée dans la première partie de la phrase : *J'ai obtenu un magnifique résultat pour mon mémoire ; nous pourrons en tirer une belle publication.*
- n'est jamais suivi d'une majuscule.

La virgule (,)
- sépare des groupes de même fonction (énumération) sauf en cas d'utilisation unique des marqueurs de coordination *et, ou, ni* : *L'étudiant qui rédige un mémoire lit, vérifie, relit avec soin tout ce qu'il écrit.*
- est utilisé après une indication de temps, de lieu, de manière, de condition placée au début de la phrase, sauf lorsque cette indication est très courte : *Au début de la rédaction, on se sent souvent un peu perdu.*
- isole tout groupe sur lequel on veut insister.
- sert de parenthèse pour donner une explication : *La rédaction, qui reste souvent un exercice difficile, permet de mettre en valeur le travail de recherche effectué.*
- n'est jamais suivie d'une majuscule.

Les guillemets (« »)
- sont utilisés pour encadrer un dialogue, une citation : *Parfois, j'ai envie de crier : « Au secours ! »*
- sont utilisés pour isoler un mot un peu curieux, qu'on veut mettre en évidence, qui appartient à la langue populaire, est emprunté à une langue étrangère ou est employé dans un sens inhabituel : *Ce mémoire me « tue ».*

Les parenthèses (())
- sont employées pour intercaler dans la phrase quelques indications accessoires (mot, expression ou phrase entière) : *Les soucis engendrés par la rédaction d'un mémoire (excès de travail, fatigue, découragement...) sont souvent effacés par un résultat satisfaisant.*
- peuvent être remplacées par des virgules ou des tirets.

La barre oblique (/)
- pour remplacer la préposition *par* dans l'écriture des mesures : *60 km/h.*
- pour remplacer parfois le trait d'union : *la ligne Paris / Bruxelles.*

**Compréhension écrite •
Expression orale**

• J'ai bien fait ?

Ressources :
- 5 canevas
- 1 dessin

• J'ai bien fait ?

CADRE DE RÉFÉRENCE B1

Interaction orale générale
*Peut aborder sans préparation une conversation sur un sujet fami-
lier, exprimer des opinions personnelles et échanger de l'information sur des sujets familiers, d'intérêt personnel ou pertinents pour
la vie quotidienne.*
Discussion informelle
*Peut exprimer poliment ses convictions, ses opinions, son accord, son
désaccord.*
Peut commenter le point de vue d'autrui.

Objectif(s) **Entraînement à l'utilisation d'arguments lors d'un jeu
de rôle sur un sujet polémique.**

FICHE EXPRESS   ± 40 min + 20 min

❶ Répartir le groupe en dix groupes de deux personnes (si possible).
Chaque situation sera jouée par deux groupes. Dans chaque groupe
de deux personnes, l'un défendra un point de vue et l'interlocuteur,
le point de vue adverse. Laisser 10 minutes de préparation.

❷ Pour chaque situation les deux groupes jouent chacun leur tour les
scènes. Les autres prennent des notes et commentent, après chaque
passage, les arguments des uns et des autres, proposent d'autres
arguments pour l'un ou l'autre des interlocuteurs, etc.

POINT FORMATION :
GÉRER UNE ACTIVITÉ DE PRODUCTION ORALE : LES JEUX DE RÔLE

Plusieurs activités proposées dans *Studio* peuvent donner lieu à des
simulations ou des jeux de rôles.

À quel moment mettre en œuvre une activité de production orale ?
Une activité de production orale peut s'appuyer sur un dessin, mais vous
pouvez également élargir la situation, afin que les élèves reprennent
dans un échange plus long l'objectif de communication traité, et utilisent les outils linguistiques d'une façon plus spontanée.

Comment l'organiser ?
Vous expliquerez la consigne de travail : les élèves doivent préparer une
conversation entre deux personnes, par exemple, l'une fait des
reproches à l'autre : une mère à sa fille parce qu'elle n'a pas assez travaillé à l'école, une femme à son mari parce qu'il n'a pas fait ce qu'il
devait pour l'aider dans les tâches ménagères, etc.
Vous demanderez aux élèves d'imaginer d'autres situations et de se
mettre d'accord sur l'échange mais sans écrire. Vous leur donnez un
temps de préparation de 5 à 10 minutes par groupes de deux.

Chaque groupe joue la situation devant le groupe-classe. Pendant ce temps, les autres ont pour consigne de vérifier si les productions sont cohérentes par rapport à la situation, s'il y a des éléments à corriger. Vous procéderez ensuite à une correction collective.

Que faire durant sa réalisation ?

Pendant que les élèves travaillent par petits groupes, vous répondrez à leurs demandes s'il est nécessaire de clarifier la situation ou s'ils ont besoin d'un lexique particulier.

Lorsque chaque groupe propose sa simulation, vous noterez ce qui vous semble non cohérent par rapport à la situation, les erreurs qui gênent la compréhension et les erreurs liées à l'objectif de communication.

Comment l'exploiter pour développer l'apprentissage ?

Ce type d'activité permet aux élèves de centrer leur attention sur les productions des autres, de développer une « intercorrection » et d'avoir une attitude de réflexion sur les productions possibles dans une situation donnée. Cela permet également de travailler sur la cohérence d'une conversation avec une ouverture et une fermeture de l'échange. Les élèves peuvent laisser libre cours à leur imagination durant ce type d'activité.

Comment travailler la correction ?

Si vous en avez la possibilité, il peut être utile d'enregistrer les productions des élèves, vous pouvez donc corriger immédiatement en faisant réécouter ce qui vous apparaît comme problématique ou corriger d'une façon différée, ce qui peut être moins fastidieux, en regroupant les difficultés communes ou individuelles et en renvoyant à des exercices.

Exercice : Mais bien sûr...

Exercice :
Mais bien sûr...

1. Effectivement, c'est bien ce que j'avais compris, je ne me suis donc pas trompé.
   → **d)** En effet, c'est bien ce qu'il me semblait, j'avais donc raison.
2. À ta place, j'aurais dit exactement la même chose que toi.
   → **e)** Je suis entièrement d'accord avec ce que tu viens de dire, je n'aurais pas dit autre chose.
3. Vous avez bien fait de lui dire qu'elle exagère ! C'est la troisième fois cette semaine qu'elle arrive en retard !
   → **b)** J'approuve totalement ce que vous lui avez dit, ses retards sont vraiment inadmissibles.
4. Quand vous m'avez dit qu'on pouvait lui faire confiance, je ne vous ai pas cru et pourtant vous aviez raison...
   → **c)** Vous avez eu tout à fait raison de dire qu'on pouvait compter sur lui, je réalise maintenant que c'est vraiment quelqu'un de bien.
5. Comme tu l'as si bien dit à Loana, elle a encore beaucoup de progrès à faire...
   → **a)** J'aurais réagi de la même façon que toi à son propos, elle doit vraiment faire ses preuves.

• Je suis pour ! Je suis contre !

CADRE DE RÉFÉRENCE B1

Interaction orale générale
Peut aborder sans préparation une conversation sur un sujet familier, exprimer des opinions personnelles et échanger de l'information sur des sujets familiers, d'intérêt personnel ou pertinents pour la vie quotidienne.
Discussion informelle
Peut exprimer poliment ses convictions, ses opinions, son accord, son désaccord.
Peut commenter le point de vue d'autrui.
Peut émettre ou solliciter un point de vue personnel ou une opinion sur des points d'intérêt général.

Compréhension écrite •
Expression orale

• Je suis pour !
  Je suis contre !

Ressources :
• 8 propositions
• 1 dessin

Objectif(s) *Recherche d'arguments pertinents pour défendre un point de vue.*

FICHE EXPRESS | **± 45 min + 15 min**

❶ Laisser aux apprenants le temps de prendre connaissance des propositions. Une partie du groupe (groupe A) défendra la position prise vis-à-vis de chaque proposition et l'autre partie (groupe B) la réfutera. Commencer en demandant à un apprenant du groupe A de défendre la première proposition. Un apprenant du groupe B lui répondra en la réfutant. Continuer avec les autres propositions. Chaque proposition sera ainsi défendue et réfutée.

❷ Demander à ceux qui n'interviennent pas d'évaluer les productions et de décider de la force de conviction des uns et des autres.

Exercice :
Syntaxe des verbes

Exercice : Syntaxe des verbes

Corrigé

1. Je m'intéresse beaucoup **à** l'astronomie.
2. J'ai horreur qu'on me prenne **pour** un imbécile !
3. Nos projets de vacances dépendront **de** nos possibilités financières.
4. On considère généralement Victor Hugo **comme** un des plus grands écrivains français.
5. François ne peut pas s'habituer **à** la vie en ville : il a passé toute sa jeunesse à la campagne.
6. Croyez-moi, le patron est très intéressé **par** votre projet.
7. Jean-Jacques se met tout de suite en colère si on s'oppose **à** lui.
8. Les manifestants protestent **contre** l'allongement de la durée du travail.

**Compréhension écrite •
Expression orale**

• Choisir son stage

Ressources :
• 1 texte
• 1 photo

• Choisir son stage

CADRE DE RÉFÉRENCE **B1**

Lire pour s'orienter
Peut parcourir un texte assez long pour y localiser une information recherchée et peut réunir des informations provenant de différentes parties du texte ou de textes différents afin d'accomplir une tâche spécifique.
Monologue suivi
Peut développer une argumentation suffisamment bien pour être compris sans difficulté la plupart du temps.
Discussion informelle
Peut exprimer poliment ses convictions, ses opinions, son accord, son désaccord.
Peut commenter le point de vue d'autrui.
Peut émettre ou solliciter un point de vue personnel ou une opinion sur des points d'intérêt général.

Objectif(s) *Sélection des arguments qui semblent les plus pertinents dans un texte et justification du choix fait permettant le réemploi des formes étudiées.*

FICHE EXPRESS | ± 45 min

❶ Demander aux apprenants de prendre connaissance du texte.
❷ Demander ensuite de choisir les points qui leur paraissent les plus déterminants pour le choix d'un stage professionnel.
❸ Demander enfin à chacun de défendre ses choix en argumentant (deux arguments au maximum).
❹ Proposer enfin à ceux qui ont eu une expérience de stage professionnel dans le cadre de leurs études ce qu'ils ont plus particulièrement apprécié.

Suggestions, remarques

Un prolongement de cette activité peut être de proposer aux apprenants, ex. : envoyer un courrier (électronique) à l'entreprise demandant des précisions sur la durée du stage, le coût, les modalités d'inscription.

p. 89

• Francophones : ils aiment leur travail !

Compréhension orale • Expression orale

• Francophones : ils aiment leur travail !

Ressources :
- 1 enregistrement
- 1 carte de la francophonie

Transcriptions :
Serge Borg
– Vous vous appelez comment ?
– Je m'appelle Serge Borg.
– Vous êtes originaire d'où ?
– Je suis marseillais, à la fois de naissance et de culture, j'ai grandi à Marseille et j'ai fait mes études à Marseille et c'est ma région de prédilection.
– Qu'est-ce que vous faites comme travail ?
– Alors, je travaille pour le compte du ministère des Affaires étrangères et je suis au Centre culturel français de Turin en Italie et j'ai aussi la direction des cours de cet établissement.
– Qu'est-ce qui vous a amené à faire ce métier ?
– Des découvertes progressives, d'abord une certaine propension à aimer les langues et les cultures, quand on est né à Marseille, c'est quelque chose qui est... que nous avons dans le sang, c'est-à-dire que nous voyons arriver les bateaux, et ils débarquent, et puis ils vont d'un côté et de l'autre, nous sommes un peu la porte de l'Orient, de l'Occident, et très vite et très tôt, on s'intéresse comme ça à l'autre et aux autres et dans mes études de lettres, j'ai favorisé, suite à une expérience en Italie, une spécialisation en français langue étrangère, d'abord en maîtrise, puis en DEA et puis au-delà, en doctorat.
J'ai été amené donc à avoir des responsabilités aussi bien au Portugal qu'au Brésil et maintenant en Italie et c'est quelque chose qui me passionne.
– Est-ce que la francophonie représente quelque chose pour vous ?

CADRE DE RÉFÉRENCE B1

Compréhension générale de l'oral
Peut comprendre une information factuelle directe sur des sujets de la vie quotidienne ou relatifs au travail en reconnaissant les messages généraux et les points de détail, à condition que l'articulation soit claire et l'accent courant.
Comprendre une interaction entre locuteurs natifs
Peut généralement suivre les points principaux d'une longue discussion se déroulant en sa présence, à condition que la langue soit standard et clairement articulée.

Objectif(s) *Compréhension des explications et des points de vue donnés par trois interlocuteurs sur la francophonie. Sensibilisation aux marques de l'oral dans un document « authentique ».*

FICHE EXPRESS ± 30 min

❶ Organiser trois groupes (A, B, C). Les trois groupes devront être attentifs aux informations transmises dans les trois interviews.

❷ Avant de faire entendre les trois enregistrements, le professeur répartira le travail entre les groupes, chaque groupe étant chargé du recueil des informations d'une interview.

❸ Faire entendre une partie du premier enregistrement, sans pause, une première fois en demandant au groupe A de relever les informations concernant l'origine, le lieu d'habitation, la profession, les raisons du choix de la profession. Demander aux apprenants s'ils perçoivent l'accent de cet interlocuteur et des deux autres.

❹ Faire entendre la suite (à partir de la question sur la francophonie) et demander de relever ce que l'interviewé dit sur la francophonie. Le professeur devra sans doute expliquer certains mots.

❺ Procéder de la même façon avec les deux autres enregistrements et les groupes B et C.

❻ Demander ensuite à chaque groupe de reformuler les informations entendues. Les autres groupes complètent les informations.

Suggestions, remarques

Cette activité est une occasion d'entraîner les apprenants à l'écoute de documents assez longs et relativement abstraits (pour la partie francophonie).

Ils peuvent être abordés sur trois niveaux : l'information factuelle sur le parcours de l'interviewé, le concept de francophonie selon les interviewés, les marques de l'oral.

Dans un premier temps, il est important de donner des outils pour dégager les informations essentielles de la masse d'information entendue et aller vers une compréhension fine. C'est un principe que nous avons appliqué dès le niveau 1 de *Studio*, du moins pour les informations essentielles.

– Tout à fait, ça représente quelque chose d'essentiel dans la mesure où les colorations à la fois régionales et nationales peuvent s'exprimer dans un espace qui se veut de plus en plus cohérent. C'est aussi une alternative à la mondialisation telle qu'elle est définie actuellement. Je pense que c'est une bonne chose.

Alain Voulemo

– Vous vous appelez comment ?

– Je m'appelle Alain Voulemo, je suis camerounais.

– Vous êtes originaire d'où ?

– Je suis de Douala, ville côtière du Cameroun, capitale économique en même temps.

– Qu'est-ce que vous faites comme travail ?

– J'enseigne dans un Institut supérieur et en même temps dans une Alliance Française comme professeur de français langue étrangère.

– Qu'est-ce qui vous a amené à faire ce métier ?

– C'est une passion née du besoin formel de l'enseignement du français dans mon milieu puisque le Cameroun est un pays essentiellement bilingue et je m'étais rendu compte qu'il y avait une grande frange de la population, surtout d'obédience anglophone, qui vivait dans le besoin formel de l'apprentissage de la langue française et c'est un public suffisamment exigeant dont les besoins sont techniques, c'està-dire l'enseignement du français aux anglophones et puis, puisque j'aime des défis, j'ai choisi de relever celui-là, enseigner le français aux anglophones.

– Est-ce que la francophonie représente quelque chose pour vous ?

– Pour moi, ça a une double dimension, d'abord un espace linguistique, culturel où des nations, des peuples je voulais dire, se retrouvent et partagent en commun un patrimoine, la langue française, mais au-delà du concept culturel, qui se veut être un bouillon dans lequel les gens ont un même et véritable sentiment, le sentiment de la famille francophone. Il y a aussi la dimension idéologique et politique qui fait que, derrière l'espace linguistique, des politiques aussi devraient se confronter mais aussi s'accepter, essayer de se remodeler, essayer de se comprendre, essayer de se bâtir sur la base d'un concept qui, à l'origine, est linguistique.

Jean-Pierre Bérubé

– Vous vous appelez comment ?

– Mon nom est Jean-Pierre Bérubé.

– Vous êtes originaire d'où ?

– Je suis québécois. J'ai été fabriqué sur l'île d'Orléans, accouché à Québec et élevé en

Par exemple, dans le premier entretien, Serge Borg dit : *Je suis marseillais, à la fois de naissance et de culture* (information principale) expliquée par *j'ai grandi à Marseille et j'ai fait mes études à Marseille* (explication pour une information plus fine).

Au départ, il est donc important de savoir quelles informations l'on recherche, d'où le tableau avec les informations demandées.

Le deuxième temps concerne la francophonie : nous sommes passés du factuel à un domaine plus abstrait. Il faut, là aussi, repérer les mots-clés. Par exemple, toujours dans l'interview de Serge Borg, les mots *cohérent, mondialisation*.

Enfin, nous sommes dans le registre de l'oral, avec une syntaxe qui lui est propre ; nous le constatons dans ce premier entretien avec les phrases *c'est quelque chose qui est... c'est-à-dire que... et ils débarquent, et puis ils vont d'un côté et de l'autre...* (le *ils* étant les gens qui débarquent des bateaux)

Ces documents sont l'occasion de sensibiliser à un oral plus « authentique ». En fonction de l'intérêt montré par le groupe, il est possible de revenir sur les enregistrements, de les reprendre un à un et de faire un travail plus approfondi sur ces différentes marques de l'oral en demandant aux apprenants de les relever systématiquement.

On relèvera, dans l'interview d'Alain Voulemo :

– une expression imagée : *un bouillon* ;

– les répétitions : *besoin formel*.

Pour Jean-Pierre Bérubé, on fera remarquer les particularités de l'accent québécois.

Gaspésie, dans une petite ville qui s'appelle Mathan, à 600 km à l'est de Montréal, maintenant, j'habite du côté de Montréal.

– Qu'est-ce que vous faites comme travail ?

– Alors, je suis un artisan de la chanson, je suis un faiseur de chansons depuis très... depuis très longtemps, un auteur-compositeur-interprète aussi, donc j'écris les textes et les musiques de mes chansons, puis je les chante, à travers la planète, quoi ! un peu partout... donc, je suis... chez nous, on disait dans le temps « chansonnier », celui qui écrivait ses chansons, tu vois, comme Félix Leclerc, Georges Brassens, des chansonniers quoi ! Le chansonnier, c'est surtout avec la guitare, tu vois, le pied sur une chaise avec une guitare. Alors donc, on peut dire je suis un troubadour des temps modernes, qui voyage un peu partout comme ça...

– Qu'est-ce qui vous a amené à faire ce métier ?

– Moi, j'ai toujours fait ça, disons, depuis les quinze dernières années, j'ai quand même ralenti la carrière parce que bon, j'étais toujours parti en tournée à droite, à gauche... Et même y'a eu une époque avant les salles, il fallait faire des bars.

– Est-ce que la francophonie représente quelque chose pour vous ?

– Oui, la francophonie, c'est quand même quelque chose d'important... c'est toujours important d'en parler, d'ailleurs parce que justement, moi, je me rappelle une fois, c'était la première fois d'ailleurs que j'allais chanter et travailler aussi, animer un atelier pédagogique avec l'utilisation de la chanson en classe de langue, et c'était donc au Yémen. En même temps, ils ont découvert un accent différent, ils ont trouvé ça formidable... ben, les profs qui étaient là, aussi. Ils m'ont dit : « les élèves sont super contents, parce qu'ils viennent de découvrir qu'il y a d'autres accents par rapport à la langue donc, et ça les a rassurés... Tout à coup, il peut découvrir un Belge, il peut découvrir un Québécois qui parle français avec un autre accent et tout, donc, ça va le rassurer.

C'est pour ça que, francophonie, c'est important de continuer d'en parler parce que..., elle existe partout, mais le premier, je serais peut-être pas capable de vous dire partout, partout dans le monde où on parle un peu français...

• L'euro

Compréhension écrite

• L'euro

Ressources:
• 1 texte
• 1 photo

CADRE DE RÉFÉRENCE B1

Lire pour s'orienter
Peut parcourir un texte assez long pour y localiser une information recherchée et peut réunir des informations provenant de différentes parties du texte ou de textes différents afin d'accomplir une tâche spécifique.

Objectif(s) **Entraînement à la lecture et la compréhension globale de textes assez longs.**

FICHE EXPRESS ± 30 min + 30 min

❶ Rechercher d'abord le thème traité dans le texte et l'année de sa publication.

❷ Aborder ensuite ce texte en commentant avec les apprenants les sous-titres : *Une année d'euros et alors ?* signifie qu'il s'agit d'un bilan sur l'introduction de l'euro, *Un attachement durable au franc* concerne les Français qui regrettent le franc…

❸ Donner quelques minutes pour la découverte de la partie *Une année d'euros et alors ?* et les réponses aux questions 1 à 4.

❹ Demander aux apprenants de justifier les réponses données à chaque question par les informations données dans le texte.

❺ Procéder de la même façon avec les autres parties.

❻ Passer ensuite au tableau de la page 91 et reprendre les unes après les autres les informations du texte et ce que le lecteur doit comprendre.

Corrigé

	vrai	faux
1. Le passage des différentes monnaies européennes à l'euro s'est globalement bien passé.	☒	☐
2. Les Européens se sont très facilement habitués à leur nouvelle monnaie.	☐	☒
3. Les Français regrettent leur franc.	☒	☐
4. Un euro vaut environ 6,50 francs.	☒	☐
5. Les Français ont immédiatement rejeté la nouvelle monnaie.	☐	☒
6. Certains commerçants prévoient de toujours maintenir le double affichage des prix en euros et en francs.	☒	☐
7. Il est prouvé que le passage à l'euro a entraîné une augmentation générale des prix.	☒	☐
8. Autre effet: le passage à l'euro a des conséquences linguistiques.	☒	☐

Suggestions, remarques

Le tableau de la page 91 est une mine pour tout enseignant cherchant à sensibiliser à l'écriture d'un texte, à dépasser la simple compréhension du factuel. Ce premier stade est cependant nécessaire et le travail aura été fait en répondant aux questions *vrai / faux*.

La réflexion sur les termes utilisés, les tournures choisies, les articulations des paragraphes permet, elle, de cerner l'intention de l'auteur, de découvrir une tonalité générale.

C'est le plaisir du texte, procuré par la découverte de sens cachés.

• Les dangers du téléphone portable

Compréhension écrite

• Les dangers du téléphone portable

Ressources :
• 1 texte à reconstituer
• 1 photo

CADRE DE RÉFÉRENCE B1

Lire pour s'orienter
Peut parcourir un texte assez long pour y localiser une information recherchée et peut réunir des informations provenant de différentes parties du texte ou de textes différents afin d'accomplir une tâche spécifique.

Objectif(s) Reconstitution d'un texte en repérant les éléments syntaxiques ou lexicaux servant la démonstration.

FICHE EXPRESS ± 45 min + 30 min

❶ Demander aux apprenants de lire le texte dans son ensemble.
❷ Leur demander ensuite de dégager la thèse de l'auteur : les portables sont dangereux, exemples de dangers.
❸ Demander aux apprenants de relever les éléments appuyant la démonstration : *le téléphone portable fait partie de notre univers quotidien, son usage est sujet à polémique, risques des portables sur notre santé, les stations émettent des ondes dangereuses pour la santé, autre danger : les cancers, il y a des dangers moins visibles qui touchent au comportement des usagers, on peut donc parler des conséquences négatives…*
❹ Remettre les paragraphes dans l'ordre logique. Le premier paragraphe est donné, **C**, le dernier, **G**, est repérable par la signature (*L.B.*). Des groupements par thèmes peuvent être opérés dans un premier temps (**H – A – D** : risques des portables sur la santé, **B – I – G** : abus du téléphone dans les situations de la vie quotidienne). Il reste donc à insérer **F.**
❺ Demander aux apprenants de proposer l'ordre des paragraphes (**C – F – H – A – D – E – B – I – G**).
❻ Demander de justifier la proposition.

Suggestions, remarques

Justification de l'ordre choisi :
• Pour **F**, *ils* reprend *ces appareils* du **C**.
• **H** se justifie par rapport au **F** précédent par le *cependant* qui relativise les fonctions diversifiées énumérées dans **F**.
• **A** fait suite à l'information annoncée dans **H** à propos des risques pour la santé et annonce qu'il y aura une autre information grâce à *d'abord*.
• **D** reprend l'idée des stations du **A** par les termes *ces installations* ; d'autre part, la tournure *si les experts affirment … risque, on a pourtant…* répond à la phrase du **A** *on peut craindre…*
• **E** fait suite au couple (**A** / **D**) qui annonçait un premier danger. Il s'agit d'un *autre danger*.

- **B** développe la deuxième idée du paragraphe **H**, qui est que le portable est aussi un risque *pour l'équilibre de la vie sociale* et fait suite à **E** en commençant par *il y a également des dangers moins visibles* qui font référence aux dangers plus visibles précédents.
- **I** est une illustration du **B**.
- Le *donc* de **G** sera celui de la conclusion.

On peut constater que différents éléments concourent à la reconstitution et assurent la cohérence du texte. On retiendra en particulier les reprises par les pronoms personnels, les adjectifs démonstratifs et possessifs, les reprises lexicales, etc., les connecteurs logiques *d'abord, cependant, donc…*

Une fois le texte remis dans l'ordre, on peut demander aux apprenants d'en dégager le plan.

Le tableau de la page 93 indique les moyens utilisés pour éviter les répétitions en reprenant un nom ou une phrase.

Exercice : Reprises

Corrigé

Monsieur Duchaussin est maire d'une petite commune ; il s'est présenté l'année dernière aux élections municipales d'un village de l'Est de la France un peu particulier, les Granges.

Cette commune compte en effet vingt et un habitants ; plus de la moitié de ces habitants est âgée de moins de seize ans. Les autorités du département voulaient regrouper cette commune avec le village voisin qui abrite deux cents habitants, mais tout le village des Granges s'est mobilisé. Ses habitants souhaitent faire rouvrir l'école ; elle est fermée depuis plus de trente ans. Ils ont manifesté plusieurs fois. La presse a beaucoup parlé de cet événement.

Le maire du village espère que cette mobilisation permettra de faire revivre sa petite commune.

• D'où vient cette information ?

CADRE DE RÉFÉRENCE B1

> **Compréhension générale de l'oral**
> *Peut comprendre une information factuelle directe sur des sujets de la vie quotidienne ou relatifs au travail en reconnaissant les messages généraux et les points de détail, à condition que l'articulation soit claire et l'accent courant.*

Objectif(s) **Compréhension fine de documents oraux.**

FICHE EXPRESS ± 45 min

❶ Faire écouter une première fois chaque enregistrement. Pour chaque enregistrement, les apprenants proposent une réponse.

❷ Demander de justifier le choix de la réponse en notant au tableau les termes ayant guidé tel ou tel choix (les modaux, les expressions : *d'après, selon…*). Faire repérer la source de l'information et les classer dans *Information sûre* et *Information non sûre*.

❸ Rechercher un consensus dans les réponses et faire un récapitulatif des réponses données en fonction des termes utilisés dans chaque enregistrement. Vérifier l'exactitude des réponses.

Suggestions, remarques

Compréhension du document oral

Il est possible d'amener les apprenants à se mettre d'accord sur le caractère plus ou moins sûr de l'information en précisant la signification des temps utilisés (futur ou conditionnel), les verbes utilisés (modaux ou autres), des termes utilisés (*selon, tous les…*).

Corrigé

Enr.	Source de l'information	Information sûre	Information non sûre
1.	Le magazine *À vous*	☐	☒
2.	Un proche du Président	☒	☐
3.	Un sondage Harris	☒	☐
4.	Des rumeurs insistantes	☐	☒
5.	Tous les journalistes de la presse économique	☒	☐
6.	Source officieuse	☐	☒
7.	Les experts	☒	☐
8.	Moscou, AFP.	☒	☐

Compréhension orale

• D'où vient cette information ?

Ressources :
• 1 enregistrement

Transcriptions :
1. D'après le magazine *À vous*, l'acteur Paul Marin devrait être nommé prochainement directeur de l'Opéra de Paris.
2. Selon un proche du Président, il se représentera aux prochaines élections présidentielles pour un quatrième mandat.
3. D'après un sondage Harris, 52 % des Français sont satisfaits de l'action du Premier ministre en matière de sécurité routière.
4. Des rumeurs insistantes font état d'un possible remaniement ministériel, qui toucherait en particulier le ministre de l'Intérieur et le ministre de l'Éducation.
5. Tous les journalistes de la presse économique le disent, la reprise économique ne devrait pas être loin ; on peut prévoir une augmentation quasi certaine de la croissance de 3 % pour l'année prochaine.
6. Nous avons appris de source officieuse que le Président a rencontré hier le chef de l'opposition pour évoquer le problème du chômage.
7. Selon les experts, notre climat a subi de profondes modifications qui vont s'amplifier dans les années à venir.
8. Moscou. AFP. Un accident d'avion s'est produit hier dans la nuit sur l'aéroport de Moscou. Les causes de l'accident ne sont pas encore connues.

**Compréhension écrite •
Expression orale**

• La rumeur
et Internet

Ressources :
• 2 textes sur la rumeur
dans la presse
électronique ou *off line*

• La rumeur et Internet

CADRE DE RÉFÉRENCE B1

Lire pour s'informer et discuter
Peut reconnaître les points significatifs d'un article de journal.
Lire pour s'orienter
Peut parcourir un texte assez long pour y localiser une information recherchée et peut réunir des informations provenant de différentes parties du texte ou de textes différents afin d'accomplir une tâche spécifique.

Objectif(s) *Compréhension fine d'un document écrit.*

FICHE EXPRESS ± 40 min

❶ Demander de lire l'introduction aux textes 1 et 2 sur la définition de la rumeur et vérifier sa bonne compréhension. Demander éventuellement aux apprenants de donner des exemples de rumeur qui amuse et de rumeur dangereuse.
❷ Faire lire ensuite le texte 1 : *Les journaux en ligne* en aidant, si nécessaire, les apprenants qui auraient des problèmes de lexique. Demander de reformuler l'idée principale de ce texte : les journaux citent les rumeurs lancées sur Internet en indiquant qu'elles ne sont pas vérifiées (d'où l'emploi très fréquent du conditionnel : voir l'activité précédente).
❸ Répondre aux questions concernant le texte 1.
❹ Même démarche avec le texte 2.
❺ Répondre aux questions sur ce texte.
❻ La lecture des deux textes sera suivie d'une discussion sur la presse, et plus précisément sur celle qui colporte des rumeurs.

Suggestions, remarques

La discussion qui suivra la découverte des textes se fera à partir du vécu des apprenants et de leur expérience de lecteur de leur presse.
On peut se dire aussi que, si cette presse qui se nourrit de rumeurs est florissante, c'est qu'elle a de nombreux lecteurs. On peut se demander pourquoi les gens sont si friands de ce type de presse.

**Compréhension écrite •
Expression orale**

• Le jeu de la rumeur

Ressources :
• 4 extraits présentant une
information de façon
différente

• Le jeu de la rumeur

CADRE DE RÉFÉRENCE B1

Lire pour s'orienter
Peut parcourir un texte assez long pour y localiser une information recherchée et peut réunir des informations provenant de différentes parties du texte ou de textes différents afin d'accomplir une tâche spécifique.

Objectif(s) *Réflexion à partir de l'évolution d'un texte, passant de l'information à la rumeur. Sensibilisation à l'aspect linguistique.*

❶ Demander aux apprenants de retrouver l'évolution de l'information en relevant les indices marquant cette évolution.

❷ Proposer aux apprenants de se répartir en plusieurs groupes. Chaque groupe imagine un fait et le fait évoluer de l'information la plus sûre à la moins sûre. Correction collective.

Suggestions, remarques

Classement en **3 – 2 – 4 – 1**.

Cette activité incitera peut-être les apprenants à lire les articles de presse d'un autre œil. Ils pourront être attentifs aux faits de langue. Elle peut les rendre d'autant plus critiques vis-à-vis de manipulations d'informations par la presse ou d'autres organes.

Compréhension écrite

• Georges Simenon

Ressources :
• 1 texte informatif sur Simenon
• 2 extraits de romans
• 6 documents iconographiques

• Georges Simenon

CADRE DE RÉFÉRENCE B1

Lire pour s'orienter
Peut parcourir un texte assez long pour y localiser une information recherchée et peut réunir des informations provenant de différentes parties du texte ou de textes différents afin d'accomplir une tâche spécifique.

Objectif(s) *Découverte d'un romancier, sensibilisation à son écriture.*

FICHE EXPRESS | ± 30 min + 30 min

Page 96

❶ Demander aux apprenants s'ils ont lu des romans de Simenon ou vu des films tirés de ses romans et ce qu'ils en pensent.

❷ Demander ensuite de lire le texte de la page 96 et de retrouver le thème de chaque paragraphe.

❸ Demander enfin de résumer ce texte à partir des idées dégagées.

Page 97

❶ Demander au groupe de lire les deux textes. Demander ensuite lequel des deux ils ont le plus aimé et pour quelles raisons.

❷ Demander à ceux qui ont préféré le premier texte de se regrouper, de le relire et de l'illustrer ou d'imaginer le film à partir des informations données.

❸ Demander à ceux qui ont préféré le texte extrait de *L'Affaire Saint-Fiacre* de procéder de même.

❹ Chaque groupe présentera son travail de façon argumentée.

❺ Lire et commenter le premier texte avec les apprenants. Essayer de montrer comment les deux textes de Simenon illustrent le jugement de Vialatte sur l'écriture de cet auteur, son art, son amour, son souci du « décor ».

Faire observer comment Simenon rend l'atmosphère de l'hiver dans le premier texte et le passage sans transition de la ville à la campagne : [*Il gelait [...] les autos roulaient lentement, à cause du verglas et les radiateurs exhalaient de la vapeur [...] c'était le carrefour [avec ses] rues animées, c'était déjà [...] des champs blancs de gel. (Les Fiançailles de M. Hire)*]

Faire relever, dans le deuxième texte :

– les notations expressives du froid hivernal (*[...] Leur froissement sec indiquait qu'il avait gelé pendant la nuit. [...] le froid, les yeux qui picotaient, le bout des doigts gelés [...]*) ;

– les oppositions obscurité / lumière ; froid / chaleur (*Il y avait d'autres ombres qui convergeaient vers la porte vaguement lumineuse de l'église. [...] le froid [...] une bouffée de chaleur [...]*)

Pour votre information

Georges Simenon (1903-1989)

« Simenon est de la même famille que Maupassant (dont l'œuvre tout entière fut écrite en une dizaine d'années), un écrivain apparemment simple, raconteur d'histoires. Mais dont le lecteur peut indéfiniment découvrir et reprendre les livres, sûr, dès qu'il en a commencé un, de ne pouvoir s'empêcher d'aller jusqu'au bout. »

Extrait du *Magazine littéraire*, février 2003 : « Sur les traces de Simenon ».

Les fiançailles de Monsieur Hire (1930)

Étrange personnage que ce M. Hire, solitaire et sans profession stable, d'origine étrangère, qui déjà par deux fois a eu maille à partir avec la police. Le voisinage n'aime guère sa façon d'espionner la jeune Alice et de la suivre, même quand elle sort avec son ami… Aussi, le jour où l'on découvre une femme assassinée sur un terrain vague de Villejuif, il a toutes les caractéristiques du suspect idéal. La police le prend en filature, et les pas de M. Hire vont bel et bien nous conduire à la vérité. Une vérité à la fois sordide et tragique dont il sera la première victime.

L'Affaire Saint-Fiacre (1932)

[Cette enquête du commissaire Maigret] fut écrite en 1932 à Antibes et publiée aussitôt. L'enquête se déroule entre les 2 et 4 novembre à l'église de Saint-Fiacre, près de Moulins, dans l'Allier. Elle est d'emblée émouvante et teintée de nostalgie car elle permet à Maigret de retourner sur les lieux de son enfance, son père ayant été le régisseur du château. La comtesse de Saint-Fiacre ayant succombé pendant la messe à une crise cardiaque due à une émotion violente, le commissaire en vient à soupçonner tout le monde autour de la morte, son fils Maurice qui mène grand train à Paris, son secrétaire et amant Jean Métayer, le curé, le médecin sans oublier le régisseur et son fils. Ce sont ces deux derniers qui se démasqueront d'eux-mêmes au cours d'un dîner organisé tout exprès : ils rachetaient en sous-main les domaines que Mme de Saint-Fiacre s'apprêtait à vendre. Une enquête fine et subtile, sans la moindre violence pour préserver la poésie des souvenirs de Maigret, à laquelle Jean Delannoy a rendu justice dans une bonne adaptation avec Jean Gabin.

Lire, mai 2003.

Pour en savoir plus sur Georges Simenon :
http://www.toutsimenon.com/

• Compréhension orale

CADRE DE RÉFÉRENCE B1

Compréhension générale de l'oral
Peut comprendre une information factuelle directe sur des sujets de la vie quotidienne ou relatifs au travail en reconnaissant les messages généraux et les points de détail, à condition que l'articulation soit claire et l'accent courant.

Corrigé

	vrai	faux	?
1. Corinne vient de réussir son baccalauréat.	☐	☒	☐
2. Elle a une idée précise de ce qu'elle n'aimerait pas faire plus tard.	☒	☐	☐
3. Elle cherche un métier où on gagne beaucoup d'argent.	☐	☐	☒
4. Elle est tentée par l'enseignement.	☐	☒	☐
5. Elle est tentée par un métier où on est au contact du public.	☒	☐	☐
6. Elle voit beaucoup de films en vidéo.	☐	☒	☐
7. Elle est douée en informatique.	☐	☐	☒
8. Elle est attirée par l'information et la communication.	☒	☐	☐
9. Elle est passionnée par la politique internationale.	☐	☒	☐
10. C'est une grande voyageuse.	☐	☒	☐
11. Elle a un esprit inventif et imaginatif.	☐	☐	☒
12. À la fin de l'entretien, elle ne sait toujours pas ce qu'elle aimerait faire.	☐	☒	☐

• Compréhension écrite

CADRE DE RÉFÉRENCE B1

Compréhension générale de l'écrit
Peut lire des textes factuels directs sur des sujets relatifs à son domaine et à ses intérêts avec un niveau satisfaisant de compréhension.
Lire pour s'orienter
Peut parcourir un texte assez long pour y localiser une information recherchée et peut réunir des informations provenant de différentes parties du texte ou de textes différents afin d'accomplir une tâche spécifique.

Corrigé

1. L'informaticien
Raisons pour lesquelles le travail est stressant:
– la pression;
– l'obligation de trouver une solution rapidement aux problèmes;

• Compréhension orale

Transcriptions:
– Bonjour, mademoiselle. Asseyez-vous. Vous voulez une aide pour vous orienter vers un métier, c'est ça? Eh bien, nous allons parler un peu et essayer de trouver un métier qui vous plaît. Vous vous appelez comment?
– Corinne Champion.
– Quel âge avez-vous?
– 18 ans.
– Vous êtes en quelle classe?
– En terminale.
– Vous avez une petite idée de ce que vous aimeriez faire plus tard?
– Non, pas vraiment... Je sais plutôt ce que je n'aimerais pas faire.
– Ah oui? Et qu'est-ce que vous n'aimeriez pas faire?
– Je n'aimerais pas rester assise dans un bureau toute la journée, sans voir personne. J'aimerais bien être en contact avec les gens et aussi avec les enfants.
– Hum, oui, oui, je vois... Professeur des écoles, ça vous tenterait?
– Peut-être, mais les études sont longues, et j'aimerais bien travailler vite, pour gagner rapidement ma vie.
– N'exagérons rien, cinq années d'études, ce n'est pas si long!
– Oh, si! Mais je n'aime pas trop l'enseignement, j'aimerais bien avoir un métier moderne.
– Hum, je vois... Qu'est-ce que vous appelez un métier moderne?
– Je ne sais pas, pas un métier comme tout le monde, un métier qui me donne l'occasion de voyager à l'étranger.
– Vous avez une activité en dehors des activités scolaires?
– Oui, je fais de la vidéo. Je suis inscrite dans un cours d'informatique. J'aime bien

écrire des idées de reportages et ensuite, je fais des petits films.
– Vous lisez des magazines, des journaux ?
– Des magazines ? Oui, j'aime tout ce qui concerne les habitudes de vie dans les pays étrangers. Je m'intéresse aussi un peu à la politique internationale.
– Oui, oui... Très intéressant ! Vous avez déjà voyagé ?
– Oui et non ; je suis allée en vacances en Grèce avec mes parents et je pense partir au Japon l'été prochain avec des amis.
– Dans tout ce que vous venez de me dire, vous n'avez pas une préférence ?
– Ben, non justement ; c'est bien ça, mon problème.
– Eh bien, nous allons voir, mais je pense qu'un métier dans le journalisme pourrait vous convenir. Qu'en pensez-vous ?
– Journaliste ? Oui, pourquoi pas ?

- • Compréhension écrite

- • Production orale (en interaction)

- • Production écrite

– la durée de travail : 10 heures par jour ;
– le fait de se réveiller à 3 heures du matin et d'aller au bureau ;
– le travail une fois par mois ;
– le samedi et le dimanche.
Solution : il a appris à dire non.

2. L'infirmière
Raisons pour lesquelles le travail est stressant :
– travail aux services des urgences ;
– peur de commettre une faute professionnelle ;
– jugement des autres ;
– travail de nuit.
Solutions : 3 à 4 jours de congé à la montagne, randonnées.

3. Le vendeur de grand magasin
Raisons pour lesquelles le travail est stressant :
– exigence de résultats et d'efficacité ;
– impatience des clients ;
– heures supplémentaires ;
– difficulté de concilier vie professionnelle et vie familiale ;
– retour du travail à minuit.
Solution : soutien du compagnon.

4. La responsable commerciale
Raisons pour lesquelles le travail est stressant : voyages fréquents et fatigants à cause du décalage horaire.
Solution : tranquillisants pour dormir.

• Production orale (en interaction)

CADRE DE RÉFÉRENCE B1

Production orale générale
Peut assez aisément mener à bien une description directe et non compliquée de sujets variés dans son domaine en la présentant comme une succession linéaire de points.
Interaction orale générale
Peut communiquer avec une certaine assurance sur des sujets familiers habituels ou non en relation avec ses intérêts et son domaine professionnel.
Peut aborder sans préparation une conversation sur un sujet familier, exprimer des opinions personnelles et échanger de l'information sur des sujets familiers, d'intérêt personnel ou pertinents pour la vie quotidienne.

Corrigé

Accepter toutes les propositions vraisemblables et correctes d'un point de vue grammatical et sémantique.

• Production écrite

CADRE DE RÉFÉRENCE B1

Production écrite générale
Peut écrire des rapports très brefs de forme standard conventionnelle qui transmettent des informations factuelles courantes et justifient des actions.

Corrigé

Accepter toutes les propositions vraisemblables et correctes d'un point de vue grammatical et sémantique.

146

Évaluation sommative

Cette évaluation n'est pas obligatoire, libre à vous de décider de l'utiliser ou non.
Elle permet de vérifier si le niveau des apprenants correspond bien au niveau B1 défini par le Conseil de l'Europe dans le Cadre européen commun de référence pour les langues et peut répondre à une éventuelle demande institutionnelle d'évaluation chiffrée.

• Interaction orale (compréhension et expression)

• Interaction orale (compréhension et expression)

CADRE DE RÉFÉRENCE B1

Production orale générale
Peut assez aisément mener à bien une description directe et non compliquée de sujets variés dans son domaine en la présentant comme une succession linéaire de points.
Interaction orale générale
Peut communiquer avec une certaine assurance sur des sujets familiers habituels ou non en relation avec ses intérêts et son domaine professionnel.
Peut aborder sans préparation une conversation sur un sujet familier, exprimer des opinions personnelles et échanger de l'information sur des sujets familiers, d'intérêt personnel ou pertinents pour la vie quotidienne.
Discussion informelle
Peut comparer et opposer des alternatives en discutant de ce qu'il faut faire, où il faut aller, qui désigner, qui ou quoi choisir…
Discussion formelle
Peut prendre part à une discussion formelle courante sur un sujet familier conduite dans un langage standard qui suppose l'échange d'informations factuelles.

La conversation est interactive : l'apprenant y est tour à tour émetteur et récepteur, locuteur et destinataire. Il va devoir faire la preuve simultanée de sa compréhension orale et de sa capacité à produire de l'oral en interaction. Ce sont ses réactions (en production), qui vont permettre de vérifier s'il a bien compris le message qui lui a été adressé.
L'évaluation de cette communication interactive va s'attacher à vérifier la cohérence entre la compréhension et la production. Elle prendra également en compte les stratégies que l'apprenant va mettre ou non en œuvre pour prouver ses capacités (demandes de clarification, clarification des malentendus, rétablissement de la communication).

Conversation informelle – 5 à 10 min
Cette conversation porte sur les acquis des quatre séquences du parcours 2 dont l'objectif général est la pratique des types de discours dans le domaine de la vie professionnelle et des études.
Les questions permettent également de vérifier le niveau de l'apprenant en fonction du *Cadre de référence*.

Tout d'abord, prenez connaissance du barème de notation, puis, après avoir accueilli l'apprenant, posez-lui quelques questions pour le mettre à l'aise : *Bonjour, asseyez-vous / assieds-toi. Comment allez-vous / vas-tu ?* etc.

Faites-lui ensuite tirer au sort l'une des trois situations de communication suivantes (l'épreuve ne porte que sur une seule situation. Si celle qu'il a tirée au sort ne semble pas lui plaire, il peut en tirer une seconde) et procédez à la passation de l'épreuve :

Situation 1 :
Vous aviez envoyé votre CV et votre lettre de motivation pour un emploi. Vous venez d'apprendre que votre candidature a été retenue. Vous téléphonez au responsable du recrutement pour avoir des précisions sur : la date de début du travail, les documents à remplir...

Questions pouvant être posées :
Bonjour, à qui désirez-vous parler ? Quand pouvez-vous commencer ? Quelle est votre situation actuelle ? On vous a parlé de votre salaire ? On vous a précisé votre emploi du temps ? On vous a dit que nous allions déménager ? Vous avez une voiture ?

Situation 2 :
Choisissez parmi les points suivants celui ou ceux qui vous semblent les plus importants pour améliorer la vie quotidienne. Expliquez votre choix en répondant aux questions que votre interlocuteur vous posera.

Thèmes proposés :
- économie et emploi
- formation
- environnement
- transports
- culture

Questions pouvant être posées :
Vous pensez qu'améliorer / développer ... est important ? Pouvez-vous expliquer ce que cela veut dire pour vous ? Et après ce point, quel est pour vous le point le plus important ? Pourquoi ?

Situation 3 :
Pouvez-vous décrire votre métier ou parler du métier que vous aimeriez faire en expliquant pourquoi vous l'avez choisi ?

Questions pouvant être posées :
Quel est votre métier ? Pouvez-vous en parler en détail (lieu de travail, rapport avec les collègues, nombre d'heures, intérêt, avenir) ? Vous pensez faire le même métier toute votre vie ?
Quel métier aimeriez-vous exercer ? En quoi consiste-t-il ? Quelles études faites-vous pour vous y préparer ? Pourquoi ce métier ?

Barème sur 10 points
- **Phonétique (sur 2 points)**
  Aucun point : la prononciation gène la compréhension.
  1 point : prononciation imparfaite mais qui ne gène pas la compréhension.
  2 points : bonne prononciation.
- **Spontanéité dans l'interaction et compréhension (sur 3 points)**
  Aucun point : ne comprend pas les questions.
  1 point : hésite et fait des réponses partielles.
  2 points : quelques hésitations mais répond en totalité à la question.
  3 points : aucune hésitation.
- **Articulation (sur 1 point)**
  Aucun point : pas ou peu d'articulateurs.
  1 point : articulateurs et connecteurs utilisés à bon escient.

- **Clarification (sur 2 points)**
  1 point : est incapable de dire qu'il / elle ne suit pas ce qui se dit.
  2 points : peut indiquer qu'il / elle ne suit pas, demander de répéter et rectifier.
- **Lexique et morphosyntaxe (sur 2 points)**
  Aucun point : structures non maîtrisées et lexique non acquis.
  1 point : structures en cours d'acquisition et quelques erreurs lexicales.
  2 points : structures maîtrisées et aucune erreur de lexique.

• Compréhension écrite / Expression orale

CADRE DE RÉFÉRENCE B1

Lire pour s'orienter
Peut parcourir un texte assez long pour y localiser une information recherchée et peut réunir des informations provenant de différentes parties du texte ou de textes différents afin d'accomplir une tâche spécifique.

Consignes : Lisez les conseils pour rédiger une lettre de motivation. La lettre suit-elle les conseils ? Justifiez votre réponse.

Conseils pour bien se préparer

Plus personnelle que votre CV, la lettre de motivation est le premier contact avec le futur employeur et cette première impression est souvent la bonne. Il faut donc soigner la présentation et la construction du texte de votre lettre.
Le contenu est à adapter selon le poste, l'entreprise et le type de candidature : spontanée ou en réponse à une offre d'emploi.
Voici les caractéristiques d'une lettre de motivation :
- Votre prénom, votre nom et vos coordonnées : en haut à gauche ; en vis-à-vis : la date.
- L'objet du courrier : candidature spontanée, réponse à une offre d'emploi, et la référence.
- La lettre doit être nominative quand c'est possible, sinon : *Madame / Monsieur le Directeur des Ressources Humaines*
- Un premier paragraphe pour argumenter votre intérêt pour cette entreprise, montrer ce qui vous motive à vouloir collaborer à cette entreprise.
- Un second paragraphe pour mettre en avant un ou deux éléments de votre CV, tout particulièrement ceux qui sont adaptés à ce recrutement, ceux qui vont donner envie au recruteur de lire votre CV.
- Une conclusion qui débouche sur un futur rendez-vous et une formule de politesse.

La lettre de motivation

Serge Juillet
4, rue des Tulipes
62200 Boulogne sur Mer

Boulogne sur Mer, le 3 septembre 20..

Madame le Directeur des Ressources Humaines,

J'ai lu avec grand intérêt l'offre d'emploi que vous avez fait paraître dans le *Journal des entreprises* n° 28 du 5 octobre. Cette offre est pour moi inespérée dans la mesure où toutes les études que j'ai entreprises ne visaient qu'à un seul but : exercer la profession pour laquelle je pose ma candidature.
De plus, ce serait un honneur pour moi de travailler dans une entreprise qui a su relever les grands défis de la mondialisation et de faire partie d'une équipe qui a su faire preuve d'une grande efficacité.
Comme vous pouvez le constater, mon expérience professionnelle m'a amené à être en relation avec des partenaires de langue et de culture professionnelle différentes. De cette expérience, j'ai gardé l'habitude de l'écoute et du respect de la différence pour mieux adapter mes réponses. Je saurai en faire profiter votre entreprise si vous retenez ma candidature, ce que je souhaite.
En attendant une réponse de votre part, veuillez agréer l'expression de mes sentiments dévoués.

Serge Juillet

• Expression écrite

CADRE DE RÉFÉRENCE B1

Écriture créative
Peut écrire sur une gamme étendue de sujets familiers dans le cadre de son domaine d'intérêt.

Vous aviez envoyé votre CV et votre lettre de motivation pour un emploi. Vous venez d'apprendre que votre candidature a été retenue. Vous écrivez au responsable de l'entreprise qui va vous employer pour accuser réception de la lettre d'embauche, savoir quand vous commencez, quelle personne contacter pour les questions administratives, etc.

Barème (sur 5 points)
- La consigne est respectée et le destinataire du message est pris en compte (un professionnel).
- La lettre est compréhensible.
- Le registre de langue est respecté (registre formel).
- Les structures utilisées et l'orthographe sont maîtrisées.
- Le lexique est acquis et correspond au destinataire.

Vie culturelle et loisirs

séquence 9 : *Raconter*

> *p. 101*

• Le bon film

• Le bon film

Ressources :
* 5 résumés de films
* 3 affiches de films
* 1 enregistrement

Transcriptions :

1. – Qu'est-ce qu'il y a ce soir à la télé ?
– Un film, pas vraiment récent, je l'ai déjà vu…
– C'est quoi ?
– Ah, je ne retrouve pas le titre… Ça se passe dans une entreprise, c'est une sorte de conflit de génération, mais c'est bien fait, intéressant.
– C'est drôle ?
– Non, pas vraiment.

2. – Tu as vu le film dont tout le monde parle ?
– Lequel ?
– Oh, tu sais, c'est un héros de BD, je ne trouve plus son nom… C'est un film d'aventures, avec des poursuites. Je voulais emmener mon neveu le voir.
– Ah, oui, je vois ! Ça doit être bien pour un môme de dix ans, c'est une BD que j'ai lue quand j'étais petite.

3. – Je viens de voir un film qui m'a beaucoup plu ; c'est l'histoire d'un couple, tu ne vois pas de quoi je veux parler ?
– Tu sais des films avec des histoires de couples, c'est plutôt courant !
– Oui, mais c'est un couple bizarre, c'est des acteurs connus… Ah, je ne retrouve pas leur nom ni le titre ! Ils gagnent leur vie d'une façon assez étrange…
– Ah, oui, ça y est ! C'est…

CADRE DE RÉFÉRENCE B1

Compréhension générale de l'oral
Peut comprendre une information factuelle directe sur des sujets de la vie quotidienne.
Compréhension générale de l'écrit
Peut lire des textes factuels directs sur des sujets relatifs à son domaine et à ses intérêts avec un niveau satisfaisant de compréhension.
Interaction orale générale
Peut communiquer avec une certaine assurance sur des sujets familiers habituels ou non en relation avec ses intérêts et son domaine professionnel.
Compétence discursive : cohérence et cohésion
Peut relier une série d'événements courts, simples et distincts en un discours qui s'enchaîne.

Objectif(s)
Repérage des informations essentielles constituant un récit.

FICHE EXPRESS | ± 45 min

❶ Faire écouter le premier enregistrement en demandant aux apprenants de repérer les personnages (Qui ?), le lieu (Où ?), le public auquel est destinée l'œuvre (Pour qui ?), l'action (Quoi ?), le genre (comédie, drame).

❷ Relever les informations recueillies.

❸ Procéder de même avec les deuxième et troisième enregistrements.

❹ Se reporter aux résumés et retrouver les textes correspondant aux enregistrements à l'aide des éléments relevés (**enr. 1:** *Ressources humaines*; **enr. 2:** *Michel Vailllant*; **enr. 3:** *Rien ne va plus*). Noter ce qui est commun aux trois résumés (Qui et quoi ?).

❺ Reprendre chaque résumé pour observer la façon dont les informations sont formulées (pour le premier enregistrement, la première phrase contient l'information sur l'action (Quoi ?), le détail sur le personnage (Qui ?) et la raison du conflit (conservatisme de l'entreprise).

Suggestions, remarques

Un prolongement de l'activité peut être envisagé en demandant aux apprenants de choisir un film que la majorité d'entre eux aurait vu.

Demander aux apprenants, constitués en sous-groupes, de parler de ce film de la façon la plus concise en donnant les informations essentielles selon le schéma : Qui ? Pour qui ? Quoi ? Quand ?

Les différents textes produits par les groupes donneront lieu à analyse et comparaison.

Il ne s'agit pas à ce stade (fin B1 du *Cadre européen*) d'être capable de produire un résumé, mais de pouvoir faire un choix dans les informations que l'on a afin de produire un discours cohérent.

• Chronologie : le cas de Manu Chao

Compréhension écrite

• Chronologie : le cas de Manu Chao

Ressources :
- 1 biographie à réordonner
- 1 photo

CADRE DE RÉFÉRENCE B1

Lire pour s'orienter
Peut parcourir un texte assez long pour y localiser une information recherchée et peut réunir des informations provenant de différentes parties du texte ou de textes différents afin d'accomplir une tâche spécifique.

Objectif(s) *Reprise d'éléments servant à montrer les étapes de la chronologie.*

FICHE EXPRESS ± 45 min

❶ Procéder à une première lecture en donnant les explications lexicales nécessaires. Faire les premières hypothèses sur la chronologie.

❷ Procéder à une deuxième lecture en demandant de repérer les éléments permettant de situer les événements dans le temps (en particulier l'indication des années).

❸ Relever tous ces éléments et les classer en fonction des informations du tableau de la page 103.

❹ Procéder à une dernière lecture des parties du texte dans l'ordre reconstitué (3 – 5 – 1 – 7 – 2 – 6 – 4) et relever les verbes utilisés : *le groupe s'est créé, il a sorti le disque…, il a créé son premier groupe…, il est reparti en tournée.*

Suggestions, remarques

Il est possible de procéder de façon différente : commencer par découvrir le tableau de la page 103 et demander de repérer les différents éléments donnés en exemple dans le texte à reconstituer.
Faire écouter des chansons de Manu Chao, extraites de son album *Clandestino*.

POINT FORMATION :

Les éléments permettant de situer dans le temps ont été présentés dès les premières heures d'enseignement. Ils se sont complexifiés pour permettre une production exprimant les nuances.
Nous sommes passés de l'apprentissage des expressions de temps (heure, situation par rapport au passé et au futur), à celui des éléments permettant de parler d'un événement passé (*depuis, il y a, ça fait*). Les mots permettant d'évoquer un moment par rapport au moment où l'on parle ou à un autre moment dans le passé ou le futur (*hier, après-demain, la veille, la semaine suivante*) ont ensuite été présentés.
Les expressions de cette séquence permettent d'aller plus loin et de situer dans une chronologie de façon précise ou imprécise.
Ces différentes étapes peuvent être rappelées et certains des éléments acquis précédemment peuvent faire partie des textes à produire.

Compréhension écrite •
Expression écrite

• Alain Bashung

Ressources :
• 1 biographie
• 1 photo

• Alain Bashung

CADRE DE RÉFÉRENCE B1

Traiter un texte
Peut paraphraser simplement de courts passages écrits en utilisant le plan du texte avec les transformations lexicales nécessaires.

Objectif(s) *Production d'un récit à partir d'un canevas avec transformation morphosyntaxique.*

FICHE EXPRESS ± 50 min + 10 min

❶ Répartir les apprenants en groupes de quatre et leur demander d'observer le tableau de la page 103 et de relire le texte.
❷ Demander à chaque groupe de rédiger une biographie.
❸ Procéder à une correction collective en relevant les éléments utilisés pour marquer la chronologie.

Suggestions, remarques

Cette activité et la précédente sont l'occasion pour l'apprenant de s'entraîner à l'élaboration d'un texte qui prenne en compte les éléments qui en assurent sa cohérence. Le support à partir duquel est élaboré le récit consiste en dates marquant les différentes étapes d'une carrière d'un artiste. Ce support peut être autre (prise de notes lors d'un récit d'événements, grandes dates de l'histoire de la construction de l'Europe, etc.), le principe reste le même.

Pour votre information

L'Olympia
28, boulevard des Capucines - 75009 Paris
Né de la passion d'un homme, Bruno Coquatrix, le mythique music-hall parisien fête son demi-siècle en 2004.
Depuis 50 ans, passer à l'Olympia est pour un artiste le sacre d'une carrière. Stars légendaires ou débutants oubliés, tous ont écrit l'histoire de ce lieu célèbre autant pour sa salle que pour son fronton de lettres rouges.
Piaf, Brel, Brassens, tous les grands chanteurs français sont passés sur la scène du boulevard des Capucines.
Les Beatles, Ike et Tina Turner, James Brown, Janis Joplin, Otis Redding ou Frank Sinatra, tous et tant d'autres encore, ont aussi écrit l'histoire de la salle parisienne. En 1995 et 2003, les Rolling Stones, amoureux de l'Olympia, ont mis un point d'honneur à faire escale dans ce lieu qu'ils ont connu dès 1964.

Serge Gainsbourg (1928-1991)
Dans Gainsbourg, il y a tout. La poésie, l'humour, la provocation, le désespoir, l'amour, le sexe, l'alcool… Gainsbourg, c'est nous tous. Sans faux-nez, beau et laid à la fois. Et puis, il y a le jazz, la java… naise, le reggae, le rock, le funk… *Du Poinçonneur des Lilas* à *Love on the Beat*, il a tout compris. Personnalité singulière de la culture française, Serge Gainsbourg fut bien plus qu'un chanteur. Musicien, compositeur, poète, écrivain, acteur, réalisateur, peintre, « l'homme à la tête de chou » fut avant tout un immense mélodiste et un auteur de génie qui savait manier la langue française avec un talent très personnel.

Brassens (1921-1981)

L'œuvre de Brassens (près de cent cinquante chansons) a été l'objet de nombreux commentaires. L'anarchisme domine (*Hécatombe, Le pluriel*) avec le regret du passé, de l'époque de François Villon (*Le Moyennâgeux*), l'amitié (*Au bois de mon cœur, Les copains d'abord*). Athée, il n'arrive pas à se débarrasser du problème de la mort qu'il chante avec une ironie ou un brin de poésie masquant ses inquiétudes (*Le Testament, Les funérailles d'antan*). Il met aussi en musique des auteurs « reconnus » : Villon (*La ballade des dames du temps jadis*), Hugo (*Gastibelza*), Francis Jammes (*La Prière*), Aragon (*Il n'y a pas d'amour heureux*), etc.

Ses musiques ont la réputation de se ressembler toutes, d'être monotones. Qu'on ne s'y trompe pas : sous les accords sobres de sa guitare se cachent tous les genres : java (*Le Bistrot*), blues (*Au bois de mon cœur*), et même rock 'n' roll (*Les copains d'abord*). Sa voix n'est pas spécialement « belle » mais sa façon de lâcher les mots, très proche de celle des chanteurs de blues, est difficilement imitable. Le personnage a longtemps retenu l'attention : le verbe cru (voir par exemple *La ronde des jurons, Le bulletin de santé*), l'air bougon, il se créa très vite l'image d'un ours mal léché, d'autant qu'il se refusa toujours à révéler le moindre élément de sa vie privée.

Plus que son influence sur la jeune chanson (Pierre Perret et bien d'autres), plus que les hommages qu'on lui rend (prix de Poésie de l'Académie française 1967, *À Brassens*, chanson de Jean Ferrat, etc.), c'est l'image d'un homme simple et sincère qui s'impose et qui restera.

Les Victoires de la Musique (en février de chaque année, pour la musique de variétés)

C'est la référence incontournable de la vie musicale française. Au-delà du palmarès qui permet d'avoir une vision des événements musicaux qui ont marqué l'année, les Victoires jouent un rôle unique de révélateur de jeunes artistes.

Les Victoires de la Musique 2004

Mickey 3D et Kyo sont les grands gagnants. Un grand écart, donc puisque les premiers défendent un message politique (éthique, écologie, ruralité) et les seconds… rien, et se déclarent trop heureux pour être des rockeurs.

En ce qui concerne le palmarès officiel, le voici :

• Le groupe ou l'artiste révélation de l'année : Kyo.
• Le groupe ou l'artiste révélation scène de l'année : Kyo.
• L'album révélation de l'année : *Le chemin* (Kyo).
• Le groupe ou l'artiste interprète masculin de l'année : Calogero.
• Le groupe ou l'artiste interprète féminine de l'année : Carla Bruni.
• L'album de chansons / variétés de l'année : *Les risques du métier*, Bénabar.
• L'album pop / rock de l'année : *Tu ne vas pas mourir de rire*, Mickey 3D.
• L'album rap / hip-hop de l'année : *Brut de femme*, Diam's.
• L'album reggae / ragga / world de l'année : *Voz d'amor*, Cesaria Evora.
• L'album de musiques électroniques / techno / dance de l'année : Émilie Simon.
• La chanson originale de l'année : *Respire*, Mickey 3D.
• Le spectacle musical / la tournée / le concert de l'année : Pascal Obispo (*Fan*).
• Le vidéo-clip de l'année : *Respire*, Mickey 3D (réalisateurs : Jérôme Combe / Stéphane Hamache / André Bessy).
• L'album de musique originale de cinéma ou de télévision de l'année : *Goodbye Lenin*.

Osez Joséphine (1991)

L'album *Osez Joséphine*, enregistré entre Bruxelles et Memphis, remporte trois Victoires de la Musique dont « artiste de l'année » et « chanson de l'année ». Avec *Madame rêve*, *Volutes* et *Osez Joséphine*, ce disque, vendu à plus de 350 000 exemplaires, permet à Bashung de retrouver le succès commercial qui l'avait un peu quitté ces dernières années.

Exercice :
Les indicateurs
de temps

Exercice : Les indicateurs de temps

Corrigé

La correction collective doit donner lieu à une explication sur le choix des expressions utilisées.

1. Je l'ai rencontré **au début des années quatre-vingt-dix**, en 1991 je crois.
2. Quand j'étais étudiante, j'habitais à Paris, **à cette époque-là**, je n'avais vraiment pas beaucoup d'argent, mais j'étais heureuse.
3. J'irai voir Jacques **avant** l'été, sans doute en juin.
4. **Pendant** les vacances, je vais louer une maison en Grèce.
5. J'ai rencontré David en 1998, un an **après**, nous nous sommes mariés.
6. La loi sur la décentralisation a été votée **en 1985**, je pense.
7. Au début de mars, je suis allée en Turquie, et une semaine **plus tard**, je suis partie en Espagne.
8. J'ai passé cinq ans à Athènes, **durant ces années**, j'ai beaucoup travaillé.
9. Tout a changé à **la fin des années quatre-vingt-dix**, j'ai commencé à avoir des difficultés au travail, les choses se sont compliquées et en 2001, j'ai été licencié.
10. C'est toujours très difficile de reprendre le travail **après** les vacances.

• Polars

CADRE DE RÉFÉRENCE B1

Lire pour s'orienter
Peut parcourir un texte assez long pour y localiser une information recherchée et peut réunir des informations provenant de différentes parties du texte ou de textes différents afin d'accomplir une tâche spécifique.

Objectif(s) **Sensibilisation à l'utilisation du passé simple en rapport avec l'imparfait dans le récit.**

FICHE EXPRESS | ± 45 min + 30 min

❶ Demander aux apprenants de lire le premier texte et de repérer, lors de sa lecture, les personnages (Qui ?), le lieu où se déroulent les événements (Où ?), le moment pendant lequel ils se déroulent (Quand ?) et ce qui se passe (Quoi ?).
❷ Relever les différents indices.
❸ Procéder de la même façon avec les autres textes.
❹ Reprendre les textes pour relever ce qui est de l'ordre de la description et ce qui est de l'ordre de l'action.
❺ Demander aux apprenants de tirer les conclusions sur le choix du passé simple et de l'imparfait.

Suggestions, remarques

Corrigé

Descriptions	Actions
1. La gare était vide	Il regarda Tibère
2. Il était 8 heures du matin	Il compta dans sa tête
3. Il s'était allongé	
Elle avait 43 ans	

	1.	2.	3.
Qui ? :	Néron	Tibère	La femme attendue
Où ? :	la gare de Rome		
Quand ? :	8 heures du matin		
Quoi ? :	Ils attendent une femme, Laura		

Une fois l'étude linguistique faite et l'attention attirée sur la structuration des récits, demander aux apprenants les points communs et différences entre les trois textes.

Points communs : les trois textes créent une ambiance à la Simenon (mise en place d'un climat, évocations, descriptions).

Différences : le premier donne une part importante aux dialogues, le deuxième est avant tout descriptif (lieu et personnage) et le troisième est une sorte de dialogue intérieur.

Noter enfin que l'on ne demande pas à l'apprenant de produire des textes avec réutilisation du passé simple mais de reconnaître ce temps essentiellement utilisé dans des textes littéraires ou historiques.

Compréhension écrite

• Polars

Ressources :
- 3 extraits de romans policiers
- 1 photo

L'objectif de cette activité est d'arriver à sensibiliser à un style. Ce qui est le propre de toute œuvre littéraire et qui distingue un auteur : son écriture.

La procédure proposée dans cette activité permet d'observer, par étapes, la façon choisie par l'auteur de construire l'univers de son roman : présentation des personnages, description des lieux, déroulement de l'action et agencement de ces différents éléments (descriptions et actions).

Ce type d'approche donnera aux apprenants les outils pour apprécier un texte, en particulier son écriture et dépasser le stade de la découverte de l'information transmise (Quoi ?) pour apprécier la façon dont elle est transmise (Comment ?).

Pour votre information

Fred Vargas (1957)

Fred Vargas a gardé son prénom : Frédérique et a pris le nom du personnage d'Ava Gardner dans *La comtesse aux pieds nus*. Elle est une étoile montante de la littérature policière. Archéologue et spécialiste du Moyen Âge, ce n'est peut-être pas tout à fait un hasard si certains de ces personnages sont des historiens : un préhistorien, un médiéviste et un spécialiste de 14-18.

Fred Vargas a également écrit le scénario et les dialogues d'une bande dessinée : *Les quatre fleuves*.

Quelques titres : *Ceux qui vont mourir te saluent ; L'homme aux cercles bleus ; Un peu plus loin sur la droite ; Sans feu ni lieu ; Pars vite et reviens tard.*

Patrick Cauvin / Claude Klotz : une double signature

Il signe ses livres de deux noms depuis trente ans. Il a commencé par écrire des polars sous son vrai nom, Claude Klotz puis a eu envie d'écrire des romans populaires.

Son éditeur lui a conseillé de signer d'un autre nom pour que les lecteurs ne soient pas surpris du changement de style.

Il a écrit une cinquantaine de livres. Il paraît que les femmes préfèrent Cauvin et les hommes Klotz et il fait quatre fois plus de vente sous le nom de Cauvin.

Quelques titres de Patrick Cauvin : *Pythagore je t'adore ; Werther, ce soir ; Villa vanille ; E = mc² mon amour ; Le théâtre des chaises longues.*
Quelques titres de Claude Klotz : *Iaroslav ; Jungle ; Sbang sbang.*

Jean-Claude Izzo (1945-2000)

Il a publié son premier polar à 50 ans et le succès a été foudroyant. Paru en 1995, *Total Khéops* s'est vendu à 140 000 exemplaires. La suite, *Chourmo*, a dépassé le cap des 100 000. Le dernier, *Solea*, a fait 40 000 la première semaine. Dans cet engouement s'entremêlent désirs de Sud, redécouverte de Marseille, et envies d'histoires simples qui collent à une réalité pas belle : la violence, le chômage, le racisme, la corruption. Avec ses mots de tous les jours, ses bouffées de menthe et de basilic, ses envolées sur « la saloperie » du monde, Jean-Claude Izzo a su attirer des lecteurs qui n'avaient jamais ouvert une Série noire. Car tout ce qui est écrit est vrai ou tiré de la vie réelle. Il découpe, il colle, il garde le moindre document qui lui passe sous la main : journaux, livres, rapports de l'O.N.U... Et il assemble. Avec sa patte à lui, qui griffe quand il le faut (la Mafia, Le Front national, les élus locaux véreux, la police aux ordres, la presse achetée...).

Exercice : Passé simple ou imparfait ?

Corrigé

L'inspecteur Schkrout **s'arrêta**, un homme le **suivait**, il **alluma** sa pipe en surveillant l'individu qui **portait** un chapeau noir.

Schkrout **pensa** que cette silhouette ne lui **était** pas inconnue.

Il **retrouva** Daguin au café de la Poste. Ils **prirent** la voiture de Daguin pour se rendre dans le village voisin et commencer l'enquête. Le voyage **fut** court et se **passa** en silence. Lorsqu'ils **arrivèrent**, un gendarme les **attendait** devant la mairie…

• RUBRIQUES : Trois hommes dans un salon

CADRE DE RÉFÉRENCE B1

Lire pour s'orienter
Peut parcourir un texte assez long pour y localiser une information recherchée et peut réunir des informations provenant de différentes parties du texte ou de textes différents afin d'accomplir une tâche spécifique.

Objectif(s) *(Re)découverte de chanteurs faisant partie du patrimoine de la chanson française. Réflexion sur la chanson à texte.*

Compréhension écrite

• **RUBRIQUES :**
Trois hommes
dans un salon

Ressources :
• 1 entretien avec Georges Brassens, Jacques Brel, Léo Ferré
• 3 photos
• 1 dessin

FICHE EXPRESS ± 50 min

Activité 1 :

❶ Demander aux apprenants s'ils connaissent ces chanteurs, celui qu'ils préfèrent. Leur faire écouter des chansons de Brel, Brassens et Ferré.

❷ Faire lire l'ensemble du texte. Qui intervient le plus ? Répondre aux questions de la page 107.

❸ Commenter les réponses données par les chanteurs. Qu'en pensent les apprenants ?

❹ Réécouter les chansons de façon plus détaillée. Donner l'occasion de faire entendre de jeunes chanteurs contemporains tels que Bénabar, Sansévérino, Delerm.

Activité 2 :

❶ Demander aux apprenants de lire les questions et de les adapter au contexte local.

❷ Monter des jeux de rôle (un des apprenants joue le rôle du chanteur ou de la chanteuse).

Suggestions, remarques

Cette activité est l'occasion, comme pour toute approche d'événement culturel ou d'œuvre littéraire, de présenter les événements ou œuvres de langue maternelle des apprenants. Cette activité constituera ainsi une répétition de ce que les apprenants seront sans doute amenés à faire lors de rencontres avec des francophones.

Pour votre information

Georges Brassens
Voir biographie page 150 de ce guide.

Jacques Brel (1929-1978)
Le plus français des chanteurs belges (ou le plus belge des chanteurs français ?) naît à Bruxelles le 8 avril 1929.
Il abandonne sa scolarité après le collège et écrit, compose et chante des chansons d'inspiration « catholique de gauche ». Son œuvre évoluera pour devenir farouchement anticonformiste (*Les Bourgeois*, 1961), obsédée par la mort (*La Mort*, 1958) et sentimentale (*Ne me quitte pas*, 1959).

Aux Trois Baudets, un cabaret parisien, où débutent alors Brassens, Béart, Mouloudji, Aznavour, Devos, Brel fait la rencontre de Jacques Canetti qui le lance en lui permettant d'enregistrer en février 1954 son premier album.

Il commence quelques tournées et l'étincelle a lieu en 1957, quand en mars, sort un album comprenant le superbe titre *Quand on n'a que l'amour*, qui recevra le prix Charles Cros et se vendra très bien.

En 1967, à New York, il découvre l'*Homme de la Mancha* et, séduit par ce spectacle, veut absolument en faire une adaptation française. Ce lourd projet aboutira en octobre 1968 et sera joué 150 fois en tout.

Le cinéma entre dans sa vie ; le bateau, l'avion, l'envie d'être ailleurs, c'est un Brel différent qui passe le cap des années 1970. Pas lassé, mais riche de tant de succès, et fidèle à ses convictions, Brel s'éloigne de la chanson et touche à toutes ses passions. Le cinéma jusqu'à la réalisation de deux films.

Mais Brel est malade. Les premiers signes de son cancer apparaissent fin 1974. Il succombe le 9 octobre 1978.

Léo Ferré (1916-1993)

Léo Ferré est surtout connu du public pour ses chansons au style réaliste et populaire, *Paris Canaille, Jolie Môme, C'est extra, Avec le temps* qui ont été de grands succès ou d'inspiration libertaire (*Les Anarchistes*). Il a, par ailleurs, mis en musique de nombreux poètes dont il a ainsi largement diffusé les œuvres : Rutebeuf, Villon, Baudelaire, Verlaine, Rimbaud, Apollinaire ou Aragon, qui ont été ainsi révélés à un grand nombre de gens. Léo Ferré est également un musicien talentueux : il a pratiqué, dans ses chansons, une gamme impressionnante de genres et de rythmes, de la manière populaire aux compositions les plus élaborées. Les formules musicales qu'il a utilisées confirment cet éclectisme : accompagnement au piano, dont il joue lui-même, formation de « variétés », groupe rock des Zoos, grands orchestres symphoniques, la palette est des plus étendues. Il a également composé de la musique « classique », un oratorio inspiré par *La Chanson du Mal Aimé* d'Apollinaire, plusieurs opéras, dont *La Vie d'artiste* et *L'Opéra du pauvre*. Il faut ajouter les orchestrations de ses musiques et la direction d'orchestre : il a fréquemment chanté en public en dirigeant de grands ensembles orchestraux et assurait, à l'occasion, la direction de l'orchestre symphonique de Milan qu'il avait choisi, à partir de 1976, pour l'accompagner lors de l'enregistrement de ses disques.

pp. 108-109

Tableau de grammaire / communication : la formation des mots

Objectif(s) *Acquisition lexicale.*

FICHE EXPRESS ± 45 min + 45 min

❶ Observer les exemples donnés de dérivation et de famille de mots page 108.

❷ Passer ensuite à l'exercice de la page 108 qui pourra être fait individuellement. Une fois les mots regroupés par famille, demander de les contextualiser.

❸ Faire une correction collective en vous aidant d'un dictionnaire.

Exercice : Les familles de mots

Corrigé

Souple : souplesse / assouplir / souplement.
Cœur : écœurer / courage / concorde / cordialement / accorder.
Sentir : sentiment / ressentir / sentimental / pressentir.
Dent : dentelle / dentition / dentaire / dentifrice / dentiste.
Montrer : démontrer / démonstratif / monstre / monstrueux.
Courir : courrier / courant / secourir / couramment / accourir.

Exercice : Préfixes

Corrigé

1. Photocopier un livre pour le vendre, c'est un procédé complètement **il**légal !
2. Tu ne dois pas te faire surprendre par cette grosse dépense : tu devrais faire un budget **pré**visionnel.
3. Je suis désolé, votre machine à laver est d'un modèle trop ancien : elle est **ir**réparable.
4. Pour payer un loyer moins cher, les étudiants prennent souvent un **co**locataire et partagent un appartement.
5. Marlène ne se conduit jamais comme tout le monde ; elle est vraiment **anti**conformiste.
6. Nous avons décidé de **pro**longer nos vacances de quelques jours.
7. Patrick et Serge skient très bien. L'année prochaine, ils pourront participer à des **com**pétitions sportives.
8. Zut j'ai oublié ma valise. Je dois **re**tourner chez moi.
9. Mon médecin m'a adressé à l'un de ses **con**frères, spécialiste des articulations.
10. Ce que j'admire le plus chez tante Marthe, c'est sa patience **in**finie.

Exercice : Suffixes

Corrigé

1. Frédérique habite une chamb**rette** minuscule sous les toits.
2. Mes grands-parents sont mariés depuis soixante-deux ans mais ils éprouvent encore une grande tend**resse** l'un pour l'autre.
3. J'ai été réveillé cette nuit par des fêt**ards** qui criaient dans la rue.
4. Je trouve que le conducteur a commis une faute grave, une faute inadmiss**ible**.
5. Passer quinze jours en camping en Ardèche, c'est un projet de vacances tout à fait séduisant et réalis**able**.
6. Pendant trois jours, la circul**ation** est interdite au centre-ville.
7. Un petit garçon est tombé dans la rivière mais il a été secouru par un sauvet**eur** courageux qui n'a pas hésité à plonger.
8. Je vais m'acheter une machine à laver : le lav**age** est un esclav**age** !

**Compréhension écrite •
Expression orale**

Ressources :
- 6 descriptifs de festivals
- 6 photos, affiche, logo

• Les festivals

CADRE DE RÉFÉRENCE B1

Lire pour s'orienter
Peut parcourir un texte assez long pour y localiser une information recherchée et peut réunir des informations provenant de différentes parties du texte ou de textes différents afin d'accomplir une tâche spécifique.
Compétence discursive : souplesse
Peut exploiter avec souplesse une gamme étendue de langue simple afin d'exprimer l'essentiel de ce qu'il / elle veut dire.
Conversation simple en face à face sur des sujets simples ou personnels.
Compétence discursive : cohérence et cohésion
Peut relier une série d'événements courts, simples et distincts en un discours qui s'enchaîne.

Objectif(s) **Découverte des festivals en France et dans les pays francophones. Recherche d'informations sur Internet si les supports le permettent.**

FICHE EXPRESS | ± 50 min + 30 min

Activité 1 :
❶ Donner les textes à lire en donnant les explications lexicales ou culturelles (lieu des festivals). Regrouper les apprenants par affinités selon les festivals préférés.
❷ Demander aux apprenants d'expliquer les raisons de leur choix.
❸ Passer en revue les festivals organisés localement avec leur spécificité. Chacun ou chaque sous-groupe présente un événement culturel organisé par sa région, sa ville ou son institution.

Activité 2 :
❶ Organiser le groupe pour faire le travail demandé, sans oublier, outre le programme, l'affiche que les apprenants devront imaginer pour leur festival.

Exercice :
Durée / fréquence

p. 112

Exercice : Durée / fréquence

Corrigé

1. On ne peut pas compter sur Mario. Il est **toujours** en retard
2. Je ne vois **plus** Jeanne. Elle a déménagé. Avant, on déjeunait ensemble une fois par semaine.
3. J'ai **encore** oublié mes clés, c'est la deuxième fois cette semaine.
4. Je vais **toujours** faire le marché le mardi, c'est une vieille habitude.
5. Continuez à prendre ces médicaments. Vous n'êtes pas **encore** guéri.
6. Ce mois-ci, j'ai eu beaucoup de dépenses, je n'ai **plus** d'argent.
7. J'ai vraiment été traumatisé par ces images… **Plus jamais** ça !
8. Je n'ai **pas encore** travaillé, je viens de terminer mes études.
9. Je ne suis **jamais** allé au Canada, je ne connais pas ce pays.

À la fin de cette séquence centrée sur la narration, les apprenants seront donc capables :
– de repérer les éléments-clés d'un récit ;
– d'élaborer un texte selon un ordre chronologique ;
– de structurer un récit en fonction des informations essentielles à transmettre.

Nous espérons que la présentation d'extraits de polars leur aura donné l'envie d'en lire, en particulier ceux des auteurs présentés dans la séquence et d'écouter et réécouter les chanteurs tels que Manu Chao, Bashung, Brel ou Ferré et bien sûr, Brassens.

Compréhension orale

• Arts

Ressources :
• 4 documents
  iconographiques
• 1 enregistrement

Transcriptions :

1. – C'est vraiment magnifique !
– Oui, c'est typiquement le style de la Renaissance. Tu vois, cette magnifique symétrie ? Et puis, la décoration est exubérante : regarde toutes ces tourelles, ces cheminées, ces toits d'ardoises ! Et toutes ces fenêtres ! C'est un changement radical par rapport aux constructions austères du Moyen Âge.

2. – Ça t'a plu ?
– Oui, c'est pas mal. J'aime bien l'ambiance du début : la « drôle de guerre », l'épisode de la débâcle. Je trouve que l'affolement général, la panique, tout ça, c'est bien rendu. Et puis les personnages sont tout à fait crédibles. En fait, c'est toute la société de cette époque qui est donnée à voir avec les personnages : du ministre au voyou. C'est... c'est comme un raccourci de la société de ce moment-là de l'Histoire.

3. Pour moi, c'est une magistrale leçon de beauté ! C'est aussi un paradoxe : le personnage est immobile, mais tout suggère le mouvement. Et puis, le drapé du vêtement est magnifiquement exprimé, avec les plis verticaux de la tunique et le mouvement ondulé des manches. Regarde aussi la façon dont est rendue la chevelure, la finesse des traits du visage, les détails anatomiques de la musculature des bras, des pieds. Il se dégage de cette œuvre une impression de force retenue et d'équilibre. C'est magnifique !

4. Ce que je trouve intéressant dans cette œuvre, c'est le trai-

• Arts

CADRE DE RÉFÉRENCE B1

Comprendre un locuteur natif
Peut suivre un discours clairement articulé mais devra faire répéter quelques mots ou expressions.
Compétence discursive : souplesse
Peut exploiter avec souplesse une gamme étendue de langue simple afin d'exprimer l'essentiel de ce qu'il / elle veut dire.

Objectif(s) **Compréhension détaillée d'un document oral mettant l'accent sur la description.**

FICHE EXPRESS | ± 45 min

❶ Identifier chaque document iconographique : peinture, sculpture, affiche de film, photo de château. Commentaires éventuels.

❷ Faire écouter le premier enregistrement et retrouver le document correspondant (le château). Faire relever les indices qui ont permis de faire ce choix : lexique de l'architecture (*Renaissance, symétrie, décoration, tourelles*) ainsi que les éléments d'appréciation (*magnifique symétrie, décoration exubérante, constructions austères*).

❸ Faire écouter le deuxième enregistrement. Par défaut, c'est l'affiche du film de Rappeneau *Bon voyage*. Noter le lexique utilisé pour l'appréciation : *c'est bien rendu, personnages crédibles, c'est pas mal, j'aime bien, c'est la société qui est donnée à voir.*

❹ Faire écouter le troisième enregistrement qui correspond à la statue. Faire relever les indices qui ont permis de faire ce choix : le lexique utilisé est adapté au sujet présenté et sert à cette description très détaillée. Relever aussi les éléments d'appréciation : *magistrale leçon de beauté, le drapé…*

❺ Faire écouter le dernier enregistrement. Même procédé que précédemment.

Suggestions, remarques

Il faut veiller à ne pas transformer le cours en un apprentissage du lexique propre à chaque art. L'intérêt de cette activité est d'observer à la fois la structure d'un texte descriptif et la syntaxe propre à ce type de texte en prenant en compte des éléments appréciatifs.

tement moderne d'un thème académique, d'un cliché. Il y a là les représentations symboliques attendues : la plume de l'écrivain, le rouleau de papier, deux objets dont la blancheur attire immédiatement le regard. Les personnages appa- raissent raides et figés, en particulier le personnage féminin, dans une attitude solennelle, la main levée. Le décor est lui aussi déroutant. Bref, c'est une alliance de convention et d'audace qui me plaît beaucoup !

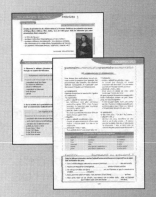

• La Joconde

Compréhension orale • Expression orale

• La Joconde

Ressources :
• 1 reproduction du tableau
• 1 enregistrement

Transcriptions :
Ce tableau, exposé au musée du Louvre, est certainement l'un des plus célèbres de la peinture universelle. Il est l'œuvre d'un artiste de génie, Léonard de Vinci (1452-1519), un homme aux multiples talents, à la fois peintre, savant, ingénieur, architecte, poète et musicien. Léonard de Vinci représente tout à fait le génie de la Renaissance. Né près de Florence, en Italie, le peintre s'installera, à la fin de sa vie, en France sur la demande du roi François Ier.
Le titre complet de ce célèbre tableau est *Portrait de Mona Lisa*, dite La Joconde, mais il est plus connu sous le simple nom de *La Joconde*. Léonard de Vinci a peint cette œuvre entre 1503 et 1506. Elle représente probablement la jeune épouse, âgée d'environ vingt ans, de Francesco Giocondo, un riche et puissant habitant de la ville de Florence. La jeune femme est représentée de trois quarts, assise dans un fauteuil. Ses bras reposent sur les accoudoirs du fauteuil et elle croise ses mains devant elle. Le personnage se détache au premier plan sur un arrière-plan constitué d'un paysage champêtre où l'on devine une route et les arches d'un pont dans un décor boisé.
De l'ensemble du tableau émane une impression de calme, mais aussi de mystère : l'étrange sourire de La Joconde a fait couler beaucoup d'encre…

CADRE DE RÉFÉRENCE B1

Comprendre un locuteur natif
Peut suivre un discours clairement articulé mais devra faire répéter quelques mots ou expressions.
Production orale générale
Peut assez aisément mener à bien une description directe et non compliquée de sujets variés dans son domaine en la présentant comme une succession linéaire de points.
Interaction orale générale
Peut communiquer avec une certaine assurance sur des sujets familiers habituels ou non en relation avec ses intérêts et son domaine professionnel.

Objectif(s) *Compréhension orale d'un document avec repérage d'éléments pouvant être repris dans une production orale guidée.*

FICHE EXPRESS | ± 50 min

❶ Faire écouter une première fois l'enregistrement et repérer les informations portant : sur le peintre (première partie) puis sur l'œuvre du peintre (deuxième partie).

❷ Faire une deuxième écoute pour repérer la façon dont les informations sont présentées : *le titre du tableau est…, il est exposé… Il est l'œuvre de… C'est un artiste de génie…, né près de… Il a peint cette œuvre… Elle représente…*

❸ Répartir le groupe en sous-groupes selon les affinités (amateurs de films, de romans, de peinture ou de sculpture) pour l'élaboration d'une présentation avec les éléments indiqués dans le livre.

❹ Éventuellement, ces présentations peuvent être rédigées et corrigées collectivement.

POINT FORMATION :

Le texte à produire est à la fois un texte donnant lieu à une description et à une narration (récit d'une vie).
Ce dernier a déjà été travaillé dans la séquence précédente (biographie de Manu Chao, Bashung).
Quelques éléments pourront être repris : *à cette époque, dans les années…*
Pour ce qui est de la partie descriptive, il est possible de partir du lexique des apprenants enrichis de celui de l'activité précédente (en particulier la première activité).
Il ne s'agit pas de transformer les apprenants en critiques d'art mais de leur donner un minimum d'outils pour parler de ce qu'ils ont vu ou lu et l'exprimer par écrit.
Les documents oraux sont là pour apporter le lexique nécessaire à l'accomplissement de la tâche, le lexique jouant dans tout texte descriptif un rôle important.

• Habitudes
culturelles
des Français

Ressources:
• 2 tableaux de
  pourcentages
• 1 enregistrement

Transcriptions:
Ce tableau nous montre que les Français de 15 ans et plus sont de plus en plus nombreux à regarder la télévision tous les jours. Ainsi, ils étaient 65 % en 1973 et sont, aujourd'hui, près de 80 %. Cette augmentation de la fréquence d'usage correspond à une généralisation de l'équipement en matière de télévision: aujourd'hui, plus de 95 % des foyers possèdent au moins un téléviseur alors qu'ils étaient « seulement » 86 % en 1973. La télévision est présente dans la presque totalité des foyers français. Seuls 9 % de ces foyers résistent encore à son envahissement quasi général. De même, on constate que le temps passé devant la télévision a considérablement augmenté puisque la durée moyenne de présence devant la télévision et d'écoute est passée, en trente ans, de 16 à 22 heures par semaine. Là encore, l'augmentation est considérable et montre que la télévision est le loisir préféré des Français, toutes catégories sociales confondues.

• Habitudes culturelles des Français

CADRE DE RÉFÉRENCE **B1**

Compréhension générale de l'oral
Peut comprendre une information factuelle directe sur des sujets de la vie quotidienne en reconnaissant les messages généraux et les points de détail, à condition que l'articulation soit claire et l'accent courant.
Interaction écrite générale
Peut apporter de l'information sur des sujets abstraits et concrets, contrôler l'information, poser des questions sur un problème ou l'exposer assez précisément.

Objectif(s) *Entraînement au discours de type explicatif. Reprise des comparatifs et superlatifs, éléments nécessaires quand on donne des explications.*

FICHE EXPRESS | ± 50 min + 30 min

Premier tableau :
❶ Demander aux apprenants de prendre connaissance des informations données dans le premier tableau.
❷ Procéder, dans un deuxième temps, à une observation de ce tableau en utilisant les comparatifs et superlatifs connus des apprenants. S'aider du tableau de la page 115. Il s'agit à ce stade de repérer, sans commentaire, les données.
❸ Écouter l'enregistrement en demandant de relever les informations données et la façon de le faire : *ce tableau nous montre... de plus en plus nombreux... plus de 95 % de foyers...* Faire noter l'ordre dans lequel elles sont données.
❹ Procéder à une nouvelle écoute pour relever les commentaires ou explications qui accompagnent les faits : *cette augmentation correspond à... on constate que le temps passé devant la télévision a considérablement augmenté...*
  Deuxième tableau :
❶ Demander aux apprenants d'observer le tableau. Le commenter avec eux.
❷ Demander ensuite de rédiger individuellement un texte qui sera un relevé des données accompagné d'un commentaire à la manière du document oral.

Suggestions, remarques

Les apprenants seront fréquemment exposés à ce type de supports (magazines spécialisés ou non).
La lecture d'un tableau tel que celui présenté dans cette page n'est pas toujours aisée. Une phase de découverte des données est donc nécessaire. Elle permet de classer et hiérarchiser les données en vue du commentaire.

Exercice : Comparatif ou superlatif ?

Corrigé

1. Dans la Bibliothèque vaticane se trouvent **les plus précieux** des manuscrits
2. Pauline est beaucoup **plus intelligente** qu'elle le laisse paraître.
3. On dit que le chien est le **le meilleur** ami de l'homme et que le cheval est sa **plus noble** conquête.
4. Nous avons du soleil ce matin, c'est pourquoi il fait **moins froid** qu'hier.
5. Bien qu'ils aient un an d'écart, mes neveux ont la même taille : Alex est **aussi grand** que Frédéric alors qu'il est **le plus jeune** des deux.

Exercice :
Comparatif
ou superlatif ?

• RUBRIQUES : Le jeu des portraits

CADRE DE RÉFÉRENCE B1

Lire pour s'orienter
Peut parcourir un texte assez long pour y localiser une information recherchée et peut réunir des informations provenant de différentes parties du texte ou de textes différents afin d'accomplir une tâche spécifique.

Objectif(s) *Recherche d'informations factuelles dans des textes tirés d'œuvres littéraires.*

FICHE EXPRESS | ± 50 min

❶ Faire d'abord lire individuellement le premier texte et demander à quel personnage la description correspond.
❷ Pour vérifier les hypothèses, reprendre chaque texte en s'arrêtant après chaque information donnée pour vérifier si elle permet de différencier ou non les personnes illustrées.
❸ Demander de décrire le personnage concerné avec les termes retenus qui lui correspondent.
❹ Procéder de la même façon avec les autres textes.

Suggestions, remarques

Ces textes permettent, sous une forme ludique (on n'a la solution qu'à la dernière phrase, dans certains cas), de reprendre et compléter le lexique du corps et des vêtements, ainsi que celui qui est associé à l'appréciation.
Ils donneront lieu à une production orale lors de l'explication du choix donnée par l'apprenant.
La familiarisation avec ce lexique et sa maîtrise donneront au lecteur les outils pour comprendre les détails et apprécier les nuances qui peuvent être introduites dans un texte descriptif à ce niveau. Il faut souligner que la description (personne ou objet) se rencontre dans tous les domaines et dans tout type de texte, quelle que soit sa visée.

Pour votre information

Les Locataires, Thierry Gandillot
Genre : roman policier.
L'immeuble où vous louez votre appartement change de propriétaire. Un colosse surgit alors sur votre palier et cherche à vous faire décamper par tous les moyens. Après quelques jours, l'individu menaçant en sait assez long sur chaque locataire pour le mettre à la rue… Que se passe-t-il derrière la porte du voisin ? De quoi est-il capable quand on le pousse dans ses retranchements ? Face à « l'expulseur », certains vont s'effondrer, d'autres résister âprement. Un thriller à rebondissements mais aussi une irrésistible satire.

• RUBRIQUES :
Le jeu des portraits

Compréhension écrite

Ressources :
• 4 portraits littéraires
• 12 portraits

Corrigé

1. a : cheveux blonds ondulés, peau mate légèrement hâlée, cravate Ralph Lauren.
2. b : mocassins bouts carrés, veste vanille.
3. a : cheveux coupés au carré à la Louise Brooks, yeux verts.
4. a : cheveux en avant du front, diamant dans l'oreille.

• Le portrait

**Expression écrite •
Compréhension orale •
Expression orale**

• Le portrait

Ressources :
- 1 enregistrement
- 1 fiche sur le vocabulaire du portrait
- 1 portrait-robot

Transcriptions :
– Alors, nous allons essayer de faire le portrait de votre voleur, madame Duchemin. Attendez, j'ouvre mon ordinateur... voilà, je suis prêt. Alors, commençons par les cheveux : bruns, blonds...
– Bruns, frisés, pas très longs... jusqu'aux oreilles.
– Comme ça ?
– Un peu plus courts... oui voilà, parfait !
– Le front ?
– Plutôt grand, un peu moins... plus large... oui, c'est pas mal !
– Les yeux ?
– Petits, bleus, plus pâles... oui, mais les sourcils plus arqués... voilà, c'est bien !
– Le nez ?
– Assez gros, on le voit tout de suite... oui, un peu moins, c'est mieux.
– La bouche ?
– Grande, des lèvres fines... oui, encore un peu... le menton, je n'ai pas fait attention.
– Qu'est-ce que vous pensez du résultat, madame Duchemin ?
– C'est presque ça... le visage un peu plus allongé peut-être... oui, là, c'est très ressemblant !

CADRE DE RÉFÉRENCE B1

Interaction écrite générale
Peut apporter de l'information sur des sujets abstraits et concrets, contrôler l'information, poser des questions sur un problème ou l'exposer assez précisément.
Compréhension générale de l'oral
Peut comprendre une information factuelle directe sur des sujets de la vie quotidienne ou relatifs au travail en reconnaissant les messages généraux et les points de détail, à condition que l'articulation soit claire et l'accent courant.
Production orale générale
Peut assez aisément mener à bien une description directe et non compliquée de sujets variés dans son domaine en la présentant comme une succession linéaire de points.

Objectif(s) *Acquisition du lexique, même métaphorique, portant sur le corps. Production d'un texte utilisant ce lexique avec l'entourage sémantique adéquat.*

FICHE EXPRESS | ± 50 min

Activité 1 :
❶ Répartir les apprenants en sous-groupes et leur demander de prendre connaissance de l'ensemble des termes proposés en leur donnant les explications nécessaires (*un œil de velours, les cheveux ébouriffés...*).
❷ Chaque sous-groupe produit un texte à la manière de ceux des pages précédentes.
❸ Procéder à une correction collective. Un dessin sera fait à partir de chaque portrait.
Activité 2 :
❶ Faire écouter l'enregistrement. Grouper les apprenants par deux pour faire élaborer un portrait-robot (expliquer ce qu'est un portrait-robot).

Suggestions, remarques

Le prolongement possible est le jeu du portrait. Un ou plusieurs apprenants sortent de la classe pendant que les autres choisissent un personnage connu que les autres devront découvrir en posant des questions. Autre prolongement : faites le portrait de votre ami(e) le / la plus cher / chère ou de votre pire ennemi(e).
L'essentiel est de s'entraîner à comprendre les expressions utilisées pour la description.

Compréhension écrite

• Coca-cola

Ressources :
• 1 texte
• 1 affiche publicitaire

• Coca-cola

CADRE DE RÉFÉRENCE B1

Lire pour s'orienter
Peut parcourir un texte assez long pour y localiser une information recherchée et peut réunir des informations provenant de différentes parties du texte ou de textes différents afin d'accomplir une tâche spécifique.
Lire pour s'informer et discuter
Peut reconnaître les points significatifs d'un article de journal.

Objectif(s)   **Compréhension d'informations essentielles et secondaires dans un texte long.**

FICHE EXPRESS | ± 45 min + 45 min

❶ Proposer aux apprenants de lire les questions posées sur le texte. Ces questions correspondent aux informations pertinentes du texte.
❷ Passer ensuite à la lecture individuelle du texte. Les apprenants repèrent les informations qui leur permettront de répondre aux questions.
❸ Répondre enfin collectivement aux questions en justifiant chaque réponse par des exemples du texte.

Suggestions, remarques

La lecture préalable des questions permet une approche moins linéaire et pointilliste ou axée sur le lexique.
C'est une façon de proposer une procédure pour l'approche de tout texte long qui permet de repérer les informations pertinentes.

Corrigé

	vrai	faux
1. C'est un pharmacien qui a inventé le coca-cola.	⊠	☐
2. Des études pharmacologiques ont prouvé que le coca-cola est un remède souverain contre les troubles intestinaux.	☐	⊠
3. Dans certains pays, un des avantages du coca-cola c'est qu'il est exempt de microbes dangereux.	⊠	☐
4. À l'origine, le coca-cola contenait de la cocaïne.	⊠	☐
5. Il y a plus de caféine dans le coca que dans le café.	☐	⊠
6. La composition du coca-cola est connue partout.	☐	⊠

Exercice :
L'apposition

Tableau de grammaire / communication : l'apposition

Suggestions, remarques

Possibilité de commencer par l'exercice de la page 121. Les apprenants manipulent les phrases pour arriver à un texte regroupant les informations. Comparaison avec le texte produit avec les appositions.

Exercice : L'apposition

Propositions de corrigé

1. Merveilleux instrument de liberté individuelle, symbole de la démocratisation du progrès technique, l'automobile est aussi la première cause de mortalité chez les 18-25 ans.
2. Voisin de la seiche, doté de huit bras et de deux tentacules, le calmar appartient à la famille des mollusques.
3. Fléau de la vie citadine, souvent à l'origine d'un stress pénible, le bruit doit être combattu par tous les moyens.
4. D'abord conquérant du monde méditerranéen, revenu en vainqueur à Rome, Jules César a fondé un empire qui va durer quatre siècles.
5. Fidèle compagnon de l'homme, ami des enfants, le chien réclame soins et affection.
6. Très pratique, dotée de nombreuses fonctions, cette calculatrice séduira petits et grands.
7. Délicieux, fabriqué sans graisse végétale, avec du vrai cacao, ce chocolat fait les délices des gourmands.
8. Passionné par l'informatique, fanatique des jeux vidéo, je souhaiterais acquérir un ordinateur pas trop cher.
9. Consommateur exigeant, attentif à la qualité des produits, je fais partie d'une association de défense des consommateurs.
10. Compact et désormais d'un prix accessible, l'appareil photo numérique tend de plus en plus à remplacer les appareils photos traditionnels.

Compréhension écrite •
Expression écrite

• La pollution

Ressources :
• 1 liste d'informations et explications servant à rédiger un texte.
• 1 photo

• La pollution

CADRE DE RÉFÉRENCE B1

Compréhension générale de l'écrit
Peut lire des textes factuels directs sur des sujets relatifs à son domaine et à ses intérêts avec un niveau satisfaisant de compréhension.
Traiter un texte
Peut paraphraser simplement de courts passages écrits en utilisant le plan du texte avec les transformations lexicales nécessaires.

Objectif(s) *Production d'un texte informatif à partir d'éléments factuels.*

FICHE EXPRESS | ± 45 min

❶ Répartir les apprenants en sous-groupes qui prendront connaissance des informations données et réfléchiront dans un premier temps à l'organisation du texte à produire : exposition du problème, constatation des faits, solutions à apporter.
❷ Mise en commun de la réflexion puis élaboration du texte par chaque sous-groupe : reformulation des informations.
❸ Procéder à une correction collective.

pp. 122-123

• Description d'itinéraire

**Compréhension orale •
Expression orale**

• Description
d'itinéraire

Ressources:
• 1 enregistrement
• 1 carte routière

Transcriptions:

A. Après Brissac rejoignez la départementale 4 (D4) en direction de Saint-Guilhem-le-Désert. La route longe d'abord la rivière, l'Hérault, puis s'en éloigne. Quelques kilomètres après Brissac, on peut apercevoir de la route, sur la gauche, la chapelle romane de Saint-Étienne-d'Issensac et un pont du XIIe siècle qui enjambe la rivière.

B. On arrive dans la petite ville de Ganges. Ganges était célèbre autrefois, à l'époque du roi Louis XIV, pour la fabrication des bas de soie.

C. Enfin, la route rejoint la N109 qui franchit l'Hérault sur le pont de Gignac, situé à 1 km à l'ouest de la ville de Gignac. Ce pont, construit entre 1776 et 1810, est considéré comme le plus beau pont français du XVIIIe siècle. Il mesure 175 mètres de long et comporte trois arches.

D. Vous continuez jusqu'à Brissac. C'est un village pittoresque dont la partie la plus ancienne est dominée par un château des XIIe et XVIe siècles.

E. Vous arrivez alors à Aniane, petite cité viticole tranquille. Vous y visiterez l'église Saint-Sauveur, caractéristique de l'architecture classique française du XVIIe siècle. Il faut voir aussi le très bel hôtel de ville datant du XVIIIe siècle.

F. Au sud de Pont-d'Hérault, la route D999 suit le cours d'une rivière, l'Hérault. Elle est très sinueuse, c'est-à-dire qu'il y a beaucoup de virages.

CADRE DE RÉFÉRENCE B1

Compréhension générale de l'oral
Peut comprendre une information factuelle directe sur des sujets de la vie quotidienne ou relatifs au travail en reconnaissant les messages généraux et les points de détail, à condition que l'articulation soit claire et l'accent courant.
Production orale générale
Peut assez aisément mener à bien une description directe et non compliquée de sujets variés dans son domaine en la présentant comme une succession linéaire de points.

Objectif(s) **Repérage d'informations concernant un itinéraire avec prise de notes.**

FICHE EXPRESS ± 30 min

❶ Faire d'abord observer la carte de la page 122 pour repérer les noms de villes ou villages ainsi que le type de routes (départementales ou nationales).

❷ Faire écouter l'enregistrement en s'arrêtant après chaque information pour laisser le temps de compléter les notes prises. Noter que l'enregistrement **F** correspond au début de l'itinéraire.

❸ Faire le point avec les apprenants sur les notes prises et la chronologie du déplacement. Expliquer les raisons du choix.

❹ Vérifier les hypothèses et écouter les explications données sur l'intérêt de l'itinéraire suivi : *chapelle romane, Ganges était célèbre pour la fabrication des bas de soie,* etc.

❺ Faire écouter l'enregistrement une dernière fois en suivant des yeux l'itinéraire.

Corrigé

A.	B.	C.	D.	E.	F.	G.	H.
5	2	8	4	7	1	3	6

Pour votre information

Le département de l'Hérault va de la Camargue au Pays Cathare, du Massif central à la Méditerranée et est situé dans le sud-est de la France. Capitale régionale, Montpellier, eurocité, carrefour méditerranéen, est la huitième ville de France.

G. À la sortie de Ganges, vers le sud-est, prendre la route D 986 puis la D 108. La route s'engage dans une gorge creusée par l'Hérault.

H. Après Causse-de-la-Selle, la route traverse une étendue très sèche en été avant de s'engager dans une gorge de plus en plus étroite jusqu'au pont du Diable. L'Hérault a creusé une vallée très encaissée que le pont du Diable enjambe. Il est très ancien puisqu'il a été construit au début du XIe siècle.

Passionnée d'art et de culture, elle offre toute l'année une qualité de vie exceptionnelle, des spectacles et des festivals internationaux et devient un des haut-lieux de l'Hérault.

Ville de la culture au soleil et capitale intellectuelle, Montpellier organise depuis plusieurs années des festivals prestigieux.

Les jardins du Château d'O accueillent au tout début de l'été un festival de théâtre (le Printemps des Comédiens).

**Compréhension écrite •
Expression orale**

• De Colmar à Thann

Ressources :
• 1 liste d'étapes
• 1 carte routière
• 3 photos

• De Colmar à Thann

CADRE DE RÉFÉRENCE B1

Compréhension générale de l'écrit
Peut lire des textes factuels directs sur des sujets relatifs à son domaine et à ses intérêts avec un niveau satisfaisant de compréhension.
Lire pour s'orienter
Peut parcourir un texte assez long pour y localiser une information recherchée et peut réunir des informations provenant de différentes parties du texte ou de textes différents afin d'accomplir une tâche spécifique.
Production orale générale
Peut assez aisément mener à bien une description directe et non compliquée de sujets variés dans son domaine en la présentant comme une succession linéaire de points.

Objectif(s) *Production orale à partir d'un schéma : descriptions et explications.*

FICHE EXPRESS | ± 45 min + 30 min

❶ Faire d'abord observer la carte de la page 123 pour repérer les noms de villes ou villages.
❷ Organiser des sous-groupes qui prendront connaissance des curiosités touristiques.
❸ Chaque sous-groupe élabore un parcours explicatif qui va de Colmar à Thann.

Suggestions, remarques

On peut facilement imaginer que les apprenants proposent un itinéraire dans une des parties de leur pays. À eux alors de fixer des étapes et de faire l'inventaire des lieux où s'arrêter.

Ils devront ensuite donner les informations et faire les commentaires qui s'imposent pour justifier leur choix.

Pour votre information

Située en Alsace, à l'est de la France, dans le département du Haut-Rhin, Colmar est le résumé parfait de l'Alsace.

Ville d'art et de culture, Colmar est mondialement connue pour le *Retable d'Issenheim*, chef-d'œuvre de Mathias Grünewald, qui attire chaque année 300 000 visiteurs au musée d'Unterlinden. Et chaque été, Colmar accueille le Festival International de Musique, placé sous la direction de Vladimir Spivakov.

Ville d'échanges placée sous le signe de l'ouverture au monde, Colmar est située au cœur de l'Europe, à égale distance des centres prestigieux de Strasbourg et de Bâle.

Exercice :
Les pronoms relatifs
composés

Tableau de grammaire / communication : les pronoms relatifs composés

Faire découvrir le tableau grammatical. Le commenter avec les apprenants. Décomposer les phrases pour montrer l'utilité des pronoms relatifs pour l'intégration d'informations complémentaires tout en faisant une économie de formulation. EXEMPLE : *N'oubliez pas votre passeport ; sans votre passeport vous ne pourrez pas passer la frontière.* → *N'oubliez pas votre passeport sans lequel vous...*

Exercice : Les pronoms relatifs composés

Corrigé

1. Vous connaissez la personne **à laquelle** je pense pour ce poste : c'est Claude.
2. Le sujet à propos **duquel** nous nous sommes disputés est sans importance.
3. Mon téléphone portable ? C'est un outil sans **lequel** je ne pourrais pas travailler, je t'assure !
4. Les amis **auxquels** tu as adressé ton invitation la recevront dans deux jours.
5. La montagne au sommet **de laquelle** nous sommes parvenus dominait une vallée magnifique.
6. La revue **à laquelle** je suis abonné m'apporte une foule de connaissances passionnantes.
7. Patrick et Gérald sont des amis sur **lesquels** je peux toujours compter.
8. Les personnes **auxquelles** je me suis adressé n'ont pas pu me renseigner.

Expression orale

• L'image aussi est un texte

Ressources :
• 5 photos

• L'image aussi est un texte

CADRE DE RÉFÉRENCE B1

Monologue suivi
Peut développer une argumentation suffisamment bien pour être compris sans difficulté la plupart du temps.
Interaction orale générale
Peut exprimer des opinions personnelles et échanger de l'information sur des sujets familiers.

Objectif(s)

Expression de points de vue et recherche d'arguments. Bilan en fin de parcours des acquis lors d'une activité de production orale créative.

FICHE EXPRESS ± 45 min

❶ Donner aux apprenants quelques minutes pour observer les photos et choisir celle qui leur semble être la plus frappante.
❷ Former des groupes en fonction des photos choisies et demander à chaque groupe de défendre son point de vue.
❸ Relever les arguments donnés par chaque groupe puis les classer lors d'un travail collectif selon leur degré de conviction.
❹ Rechercher les contre-arguments.

Suggestions, remarques

Cette activité, comme toutes les activités qui sont situées au début d'une séquence, donne un aperçu de ce qui sera traité au cours de la séquence, à savoir de nouveaux outils servant à l'argumentation.

• Mini-débats

CADRE DE RÉFÉRENCE B1

Comprendre une interaction entre locuteurs natifs
Peut généralement suivre les points principaux d'une longue discussion à condition que la langue soit standard et bien articulée.

Objectif(s) *Entraînement à une compréhension fine de conversations sur des thèmes faisant partie du domaine de la vie quotidienne.*

FICHE EXPRESS | ± 45 min

❶ Faire écouter une première fois la première conversation après avoir divisé le groupe en deux. Le premier sous-groupe repérera les arguments pour et le deuxième, les arguments contre.

❷ Faire une deuxième écoute pour vérifier les hypothèses et reformuler, si nécessaire, les arguments (arguments pour : *profiter de tarifs peu élevés, meilleur marché que d'autres destinations, allier l'utile à l'agréable*).

❸ Discuter avec les apprenants pour savoir quels arguments (pour ou contre) ont été les plus convaincants.

❹ Procéder de la même façon avec le deuxième enregistrement.

❺ Faire suivre chaque enregistrement (ou les deux) d'une discussion avec les apprenants qui sera l'occasion d'échanger des points de vue argumentés avec reprise des expressions introduisant ces points de vue.

Suggestions, remarques

Comme cela a été suggéré ci-dessus, l'exploitation des documents sonores peut être suivie d'une discussion sur les deux thèmes abordés et toujours d'actualité :
• vacances totalement détente ou vacances culturelles ;
• l'abus de télévision peut nuire aux enfants.

Pour votre information

Les Français et les vacances : où vont-ils ?
• 60 % des Français ont l'intention de partir en vacances en 2004, contre 57 % l'année précédente. Une augmentation de 3 % représentant 1,8 million de personnes.
• La durée moyenne des vacances est à 21 jours, étalés sur un ou plusieurs séjours. 52 % des personnes interrogées déclarent partir au mois d'août contre 38 % en juillet.
• La destination privilégiée des Français reste – et de loin – la mer (53 %) devant la campagne (27 %), la montagne (20 %) et la ville (16 %).
• Côté hébergement, 35 % des partants vont séjourner dans leur famille ou chez des amis. L'hôtellerie de plein air (tente, caravaning, camping) arrive en seconde position avec 17 % des interrogés, suivie des locations (14 %), des résidences secondaires (10 %), des hôtels (9 %), des gîtes et des chambres d'hôtes (6 %) et des villages vacances (4 %).

Compréhension orale

• Mini-débats

Ressources :
• 1 enregistrement

Transcriptions :
1. – Tu as vu les promotions de la SNCF pour Rome ? Une semaine pour 200 € par personne dans un hôtel quatre-étoiles en plein centre-ville avec la gratuité pour les moins de 7 ans.
– Rome ? Moi, je préfère le bord de mer, on peut se baigner au moins. Il n'y a rien en Grèce ou alors en Turquie ?
– Si, il y a aussi des promotions Air France, mais c'est plus cher et les dates ne nous conviennent pas. Et puis c'est bien Rome ; ça permettra à Jérôme de voir ce qu'il a étudié en classe. C'est une ville où on peut se balader sans problème depuis qu'ils ont interdit la circulation dans le centre de la ville.
– Et tu as pensé à Clara ? Tu sais quelle température il fait en août à Rome ? À la plage, en revanche on se repose, elle pourra se faire des copains et s'il fait trop chaud, on se baigne. Tout le monde est content.
– Oui, mais moi, pour une fois, je ne veux pas rester sans rien faire ! J'ai trouvé une solution bon marché et culturelle et toi, tu ne penses qu'à bronzer !
2. – Nous, on a décidé de supprimer la télévision. On a pris cette décision parce qu'on en avait assez de se disputer avec les enfants. Tous les soirs c'était la bagarre pour décider la plus grande à prendre un bon livre et la plus petite à aller se coucher.
– Je comprends, mais je trouve ça dommage. Moi, je ne suis pas du tout pour interdire la télé aux enfants. Il y a quand même des émissions intéressantes qui peu-

vent leur ouvrir l'esprit sur le monde. Il faut simplement les sélectionner.

– À condition de pouvoir sélectionner, ce qu'un enfant ne sait pas faire. Ou alors il choisit ce qui l'attire le plus et qui n'est pas toujours le plus intelligent. Ce qu'ils aiment, ce sont les feuilletons débiles et les jeux encore plus bêtes ! Tu parles d'une ouverture d'esprit !

– Oui, mais tu les empêches d'avoir un sujet de discussion avec leurs copains. Tu risques de les exclure de certains groupes.

– Oh ! il faut quand même pas exagérer !

- 70 % des partants vont rester en France tandis que 14 % envisagent un séjour à l'étranger. Ceux-ci devraient prioritairement se rendre en Europe (Espagne 20 %, Portugal 9 %, Italie et Grande-Bretagne 6 %), en Afrique du Nord (12 %), dans les DOM-TOM (8 %) et dans la zone Canada-USA (6 %).

La télé et les enfants

Aujourd'hui, entre 4 et 14 ans, un enfant passe en moyenne 1 400 heures par an devant la télévision et 850 heures… à l'école ! Quatre enfants sur dix regardent seuls la télévision après 20 h 30. Au Canada, où de sérieuses études ont été menées, on a recensé près de 2 000 actes de violence en 18 heures de programmation sur 10 chaînes de télévision, dont près de la moitié dans des publicités et des bandes-annonces diffusées entre 8 heures du matin et 10 heures du soir. On a relevé également dans ce pays, en dix ans (1985-1995), une augmentation de plus de 160 % des crimes violents commis par des adolescents, augmentation statistiquement parallèle à celle des scènes de violence et de pornographie diffusées à la télévision ou vendues en vidéo. Un enfant de 12 ans aurait ainsi visionné 8 000 meurtres et 100 000 actes de violence !

Le psychiatre Serge Tisseron qui a mené, pour le ministère de la Santé et le ministère de la Culture, une étude entre 1997 et 2000 sur des enfants de 11 à 13 ans a montré que, soumis à des images violentes, le tiers d'entre eux réagissait par de l'agressivité et 15 % par de l'angoisse.

Compréhension écrite • Expression orale

• Et vous, qu'en pensez-vous ?

Ressources :
• 2 textes
• 1 photo

• Et vous, qu'en pensez-vous ?

CADRE DE RÉFÉRENCE B1

Lire pour s'orienter
Peut parcourir un texte assez long pour y localiser une information recherchée et peut réunir des informations provenant de différentes parties du texte ou de textes différents afin d'accomplir une tâche spécifique.
Interaction orale générale
Peut exprimer des opinions personnelles et échanger de l'information sur des sujets familiers.

Objectif(s) *Compréhension fine de documents écrits. Repérage des arguments dans des textes.*

FICHE EXPRESS ± 45 min

❶ Repérer, lors d'une première lecture, le thème et l'argument principal dans le texte sur les avantages et celui sur les inconvénients : *le graffiti est un langage pictural, un espace de liberté qui fait partie de la culture populaire ; pour beaucoup de mairies, c'est avant tout une dégradation illégale des murs de la ville qui coûte cher à effacer.*

❷ Rechercher, lors de la deuxième lecture, la façon dont cet argument se développe dans chaque texte ainsi que les arguments secondaires : comparaison avec les autres disciplines de la culture hip hop, le graff rend les zones industrielles plus attrayantes ; l'effacement des tags coûte plus de 5 millions d'euros à la SNCF, les voyageurs se sentent en insécurité, certains graffitis sont de vraies horreurs.

❸ Faire noter enfin l'organisation des deux textes, la cohérence de chacun (dans le texte sur les avantages : définition préalable pour différencier tag et graff, spécificité du graff avec comparaison, reconnaissance du graff avec exemple d'utilisation à des fins décoratives)

❹ Discussion avec les pour et contre du graff ou du tag.

Suggestions, remarques

Tout au long de la séquence, nous insisterons sur l'importance de l'organisation du discours. Le but, quand nous argumentons est de convaincre l'autre du bien-fondé de notre position. Pour cela, il faut d'une part s'impliquer totalement (les expressions ou locutions verbales sont autant de marques de cette implication) et d'autre part construire son argumentation de telle sorte que l'interlocuteur reconnaisse la force de conviction de l'autre et le bien-fondé des arguments.

Pour votre information

Les tags et la loi

Le tag est interdit par les articles 322-1 et 322-2 du Code pénal (destructions, dégradations et détériorations ne présentant pas de danger pour les personnes). La peine prévue est une contravention de 3 750 € au maximum pour les immeubles privés, et atteint 7 500 € dans le cas de bâtiments publics ou classés.

Les tags ne déclenchent pas de procédure d'enquête policière ou de gendarmerie. Néanmoins, des tags à répétition peuvent entraîner une enquête.

Lorsque les fautifs sont découverts, c'est en général en flagrant délit. Il est fréquent qu'ils soient condamnés à des peines de nettoyage, dans le cadre des travaux d'intérêt général.

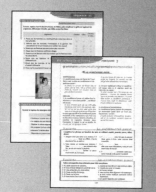

• Bon, je te l'accorde !

CADRE DE RÉFÉRENCE B1

Comprendre une interaction entre locuteurs natifs
Peut généralement suivre les points principaux d'une longue discussion à condition que la langue soit standard et bien articulée.

Objectif(s)
Compréhension et repérage des arguments utilisés par les interlocuteurs dans une conversation.

FICHE EXPRESS | ± 45 min

❶ Demander d'abord aux apprenants de prendre connaissance des éléments du tableau et de faire des hypothèses sur le thème de la conversation qu'ils vont écouter.

❷ Faire écouter une première fois la conversation avec comme consigne de repérer le point de vue défendu par la femme et celui que l'homme défend.

❸ Faire une deuxième écoute pour relever les arguments avancés par l'un et l'autre pour soutenir leur point de vue.

Suggestions, remarques

Cette activité doit être l'occasion, quand l'information du document est reformulée par les apprenants, de leur faire employer les verbes d'opinion tels que : *il / elle soutient / affirme / insiste sur le fait / déclare / dénonce / répète / est d'accord avec / n'est pas d'accord avec / reconnaît / accepte que...*
Les arguments de chaque interlocuteur devront être relevés par écrit afin de donner lieu, d'une part à un travail sur les éléments du discours, d'autre part à une discussion sur le thème du document : importance des associations dans le pays de l'apprenant, implication des uns et des autres dans les activités péri-professionnelles.
Il faut éviter deux écueils qui sont :
* privilégier l'aspect linguistique (syntaxe et lexique) au détriment de l'organisation du discours (points de vue, agencement des arguments...) ;
* privilégier la spontanéité de la production des apprenants au détriment de l'apprentissage (nécessité de donner des outils pour le classement).

Corrigé

Arguments	Christine	Gilles	Christine et Gilles
1. Pense que les hommes ne s'impliquent pas beaucoup dans la vie culturelle.	☒	☐	☐
2. Affirme que les hommes s'intéressent à la gestion des associations et en ont besoin pour oublier leur travail.	☐	☒	☐
3. Pense que les femmes ont une action plus concrète.	☒	☐	☐

Compréhension orale

• Bon, je te l'accorde !

Ressources :
* 1 enregistrement
* 1 photo

Transcriptions :
– Les femmes s'intéressent beaucoup plus à la culture que les hommes. Je viens de lire un article là-dessus. Moi, ça ne m'étonne pas, les hommes ne pensent qu'à leur travail.
– Tu en es sûre ? Je ne vois pas pourquoi les hommes seraient moins intéressés par la culture. Je connais d'ailleurs beaucoup d'hommes qui sont très impliqués dans la vie culturelle de leur quartier, qui font partie de groupes de musiciens par exemple. Au contraire, pour nous, c'est un moyen de se changer les idées, de décompresser après le travail. Et puis, il y a beaucoup d'hommes qui sont présidents d'associations de toutes sortes...
– Ah ! ah ! ah ! oui, c'est ça, ils président... En revanche, nous, on agit. Les membres actifs, ce sont les femmes. Elles s'organisent entre elles pour ouvrir des cours de peinture ou de sculpture, pour monter des expositions, pour faire toutes sortes de choses que vous ne faites pas.
– Quand je dis qu'il y a des hommes qui président, ça ne veut pas dire qu'ils ne font rien, au contraire, ils font le maximum pour avoir des subventions pour faire vivre l'association. Pour ça, il faut entretenir de bonnes relations avec les autorités, faire connaître l'association et avoir le sens de l'organisation.
– D'accord, j'ai peut-être un peu exagéré... les hommes et les femmes s'impliquent

autant, mais de façon différente.

– Oui, c'est ça! Les hommes n'ont pas les mêmes centres d'intérêt que les femmes. Regarde la musique: tu connais une femme chef d'orchestre, ou compositrice d'opéras? Il y a plus d'hommes que de femmes qui savent jouer d'un instrument de musique et qui en possèdent un! Vous, vous préférez le concret: les activités manuelles, la sculpture, la peinture ou la gravure.

– Sur ce point, je suis d'accord avec toi; les centres d'intérêt sont en effet très différents.

– On pourrait avoir un centre d'intérêt commun…

– Oui, mais lequel?

– La danse! On pourrait s'inscrire ensemble au cours de salsa? On va danser pour s'exercer?

– Ok!

4. Trouve que les hommes préfèrent diriger.	☒	☐	☐
5. Trouve que les femmes sont plus actives que les hommes dans les associations.	☒	☐	☐
6. Pense que les hommes et les femmes s'impliquent différemment.	☐	☐	☒
7. Pense que les hommes et les femmes ont des centres d'intérêt différents.	☐	☐	☒
8. Pense qu'ils pourraient trouver une activité commune.	☐	☐	☒

Pour votre information

Association loi 1901

Vous jouez au football, ou aux boules? Vous collectionnez des étiquettes de camembert ou les 2 CV? Vous consacrez votre temps aux Restos du cœur ou vous militez pour les droits de l'homme? Vous donnez des cours pour les étrangers ou vous assistez des personnes âgées?

Vous faites partie des 20 millions de Français de plus de 14 ans qui adhèrent à une association, ou des 9 millions qui y travaillent bénévolement ou du 1,3 million de personnes salariées par une association.

La liberté de s'associer remonte au 1er juillet 1901, par la promulgation d'une loi qui reconnaît la liberté fondamentale de l'individu de s'associer à condition que l'association soit déclarée.

L'association est une initiative de gens qui n'ont aucun mandat, aucune légitimité a priori, si ce n'est qu'ils ont la même sensibilité, la même analyse et désirent mettre en œuvre des projets ensemble.

Il y avait 800 000 associations recensées en France en 2001 et 60 000 créations sont enregistrées chaque année.

Comment créer une association dite 1901?

Un simple échange de consentements entre les membres fondateurs suffit à former le contrat d'association.

Plus formelle, une Assemblée Générale Constitutive permet d'instaurer un véritable débat où les aspirations de chacun sont précisées. La décision de création prise, les membres fondateurs rédigent les statuts et élisent les dirigeants. Vient ensuite la déclaration préalable à la préfecture ou à la sous-préfecture du siège social (pour Paris, à la Préfecture de Police). Dans les cinq jours qui suivent le dépôt, l'administration délivre un récépissé de déclaration.

Dans un délai de 30 jours suivant la déclaration, il convient de demander la publication de l'association au *Journal Officiel*.

Les services préfectoraux proposent d'effectuer cette démarche pour les associations. Cette formalité nécessite:

• un formulaire de demande d'insertion au *Journal Officiel* à se procurer à la préfecture ou à la sous-préfecture;

• un règlement de 38,29 € à partir du 1er janvier 2004.

La parution au Journal Officiel donne naissance à la capacité juridique de l'association et fait preuve.

Ressources :
• 1 enregistrement

Transcriptions :

1. – Alors on t'a attendu hier, tu n'es pas venu à la réunion. On a attendu jusqu'à 8 h puis on a commencé sans toi.
– Personne ne m'avait prévenu, je ne savais pas que vous aviez avancé la réunion.
– Pourtant, j'avais demandé à Nicole de te téléphoner.
– Je t'assure, personne ne m'a prévenu, sinon, je serais venu.
– Mais elle nous a affirmé qu'elle t'avait eu au téléphone !
– Mais puisque je te le dis, on ne m'a pas prévenu, sinon, je serais venu, tu penses.

2. – Alors tu as trouvé le chemin facilement ? Les indications que je t'avais laissées sur le répondeur étaient bonnes ?
– Excellentes ! Merci ! On s'est retrouvés à l'autre bout de la ville. Ça me rappelle la fois où on avait rendez-vous devant le cinéma et tu nous avais fait le plan pour aller au théâtre. Tu es super douée pour les plans ! Tu devrais faire géographe, tu as de l'avenir !

3. – Je vous avais proposé de venir avec moi, pourquoi vous n'avez pas voulu ? C'était une occasion de rencontrer des gens qui ont les mêmes centres d'intérêt que vous et avec lesquels vous auriez pu sympathiser !
– Et pourquoi j'aurais sympathisé avec des inconnus ?

4. – Il faut absolument que tu passes voir Mathieu demain pour le travail dont il m'a parlé. Je crois que c'est vraiment l'occasion de commencer à travailler et en plus, dans une troupe de théâtre.
– Je ne peux pas demain, et puis, je n'aime pas les pièces qu'il monte, Mathieu, c'est vraiment trop classique.
– Écoute, je t'aurai prévenu. Moi, je ne peux pas continuer à t'aider financièrement. Si d'ici un mois tu n'as pas trouvé de travail, tu te débrouilles tout seul pour payer ton loyer !

5. – Votre solution me tente assez mais quand je vois le prix, j'hésite. Ça fait quand même très cher. Vous êtes sûr que la réparation ne peut pas attendre un peu ?

• Quand on n'a plus d'arguments...

Comprendre une interaction entre locuteurs natifs
Peut généralement suivre les points principaux d'une discussion portant sur des sujets de la vie quotidienne.

Objectif(s) *Repérage des stratégies utilisées pour éviter d'argumenter. Expression du reproche et du regret : le conditionnel passé.*

FICHE EXPRESS ± 45 min + 45 min

❶ Faire avec les apprenants l'inventaire des stratégies utilisables pour éviter d'argumenter et consulter le tableau.

❷ Faire écouter le premier enregistrement pour dégager le thème de la discussion. La stratégie utilisée est indiquée à titre d'exemple dans le tableau. Elle peut donner lieu à commentaire : repérer la ligne de défense (nier qu'on lui ait téléphoné).

❸ Faire noter les expressions utilisées pour marquer l'insistance : *je t'assure, mais puisque je te le dis...*

❹ Procéder de même avec les autres enregistrements : noter à chaque fois les expressions utilisées pour la moquerie, l'hypothèse irréelle, la menace...

❺ Procéder à une nouvelle écoute pendant laquelle l'attention se portera plus particulièrement sur l'intonation.

Suggestions, remarques

Demander, une fois tous les enregistrements écoutés, la stratégie préférée des uns et des autres.
Cette activité peut trouver sa prolongation dans des jeux de rôle mettant en scène des situations où les stratégies étudiées ou d'autres sont utilisées par les interlocuteurs.

POINT FORMATION : RAPPEL DES VALEURS ET EMPLOI DU CONDITIONNEL

(Extraits de l'ouvrage de Geneviève-Dominique de Salins : *Grammaire pour l'enseignement / apprentissage du FLE*, Éditions Didier, 1996.)
« Les formes du conditionnel présent et passé sont très employées dans le langage quotidien. [...]
Cette valeur du conditionnel, mode du virtuel, permet de minimiser ou d'atténuer la force illocutoire d'une demande de service, par exemple. C'est donc la manifestation d'un acte rituel, caractéristique de la culture française. Son emploi fait savoir à autrui qu'on le considère avec respect [...]. Ce « conditionnel de politesse » doit être appris très tôt dans l'enseignement / apprentissage du FLE. »

Rappelons les actes de parole dans lesquels le conditionnel entre :
Une invitation : *Seriez-vous libre, ce soir ?*
Une suggestion : *On pourrait partir ce week-end !*
Un conseil : *Tu devrais travailler plus !*
Un regret : *Tu aurais dû me demander avant d'agir.*
Un reproche : *Tu aurais pu me téléphoner, j'étais vraiment très inquiet.*

Il est important de préciser que le conditionnel est le mode de l'irréel (il envisage des actions qui n'ont pas eu lieu dans la réalité).

– Écoutez, c'est à prendre ou à laisser. Vous pouvez toujours choisir de ne rien faire, mais vous aurez le même problème dans six mois.

6. – Alors, voilà : cet appareil permet à la fois de téléphoner dans un endroit bruyant sans être dérangé, d'envoyer des messages et de se connecter à Internet, ce qui peut être extrêmement utile.
– Oui, mais ce qui m'intéresse, c'est essentiellement de pouvoir communiquer sans limite de durée.
– Alors pour prendre des photos, vous avez ce petit bouton, là, c'est la fonction « prise de vue ».
– Et je ne compte pas mettre une fortune dans un portable. Vous n'avez pas quelque chose de moins sophistiqué ?
– L'avantage de cette fonction, c'est que vous pouvez tout faire avec le même appareil. Plus besoin de transporter votre appareil photo.

Exercice :
Le conditionnel passé

Exercice :
Le conditionnel passé

Le tableau *Grammaire / communication* porte sur les formes du conditionnel passé (morphologie et emplois : avec ou sans *si*) et de ce qu'il permet d'exprimer : le regret, le reproche et la présentation d'un événement passé dont on n'est pas certain (conditionnel journalistique, constamment employé dans la presse).

Une comparaison avec les formes utilisées par les apprenants dans leur langue maternelle pour exprimer regret et reproche est toujours très intéressante.

Exercice : Le conditionnel passé

Corrigé

1. Jacques n'est pas venu à la réunion ? Il **aurait pu** faire un effort, c'est la deuxième fois ce mois-ci.
2. Vous voulez un rendez-vous demain ? Vous **auriez dû** me prévenir plus tôt, je suis pris toute la journée.
3. Tu **aurais dû** vérifier ce document avant de l'envoyer.
4. J'**aurais su** plus tôt que tu passais deux jours à Paris, nous aurions dîné ensemble.
5. J'**aurais** bien **voulu** aller avec vous à Barcelone, mais j'ai vraiment trop de travail.
6. Il **aurait fallu** contacter votre assurance tout de suite après l'accident.

À noter que toutes les phrases sont construites sans *si* et expriment regret ou reproche.

Pour choisir les modaux adéquats, prendre en compte le contexte et réfléchir à la meilleure forme pour exprimer regret ou reproche.

Exercice : Le conditionnel passé

Corrigé

1. Si j'avais compris ta question, → **f.** je t'aurais répondu avec précision.
2. Si vous m'aviez téléphoné avant de venir, → **e.** je vous aurais expliqué comment arriver facilement.
3. Si vous aviez fait une réservation, → **a.** j'aurais pu vous donner une meilleure table.
4. Si j'avais eu plus de temps, → **b.** j'aurais pu visiter le musée.
5. Si j'avais vu ce livre, → **c.** je l'aurais acheté.
6. Si nous avions loué une voiture, → **d.** nous serions allés déjeuner à la campagne.

Compréhension orale

• Si j'ai bien compris

Ressources :
• 1 enregistrement
• 3 dessins

Transcriptions :

1. – Je suis italienne, j'ai commencé à travailler comme architecte à Paris dans les années quatre-vingt. Ce qui m'a intéressée à l'époque, c'est qu'on pouvait obtenir une ligne de téléphone dans la journée, qu'on voyageait déjà en TGV, que la carte bleue était utilisée partout. Et aussi, que le système de santé paraissait très efficace.
– Si je comprends bien, ce qui vous a marqué à l'époque, c'était l'avance technologique, une bonne organisation de la vie quotidienne ?
– Oui, c'est ça.

2. – Vous avez écrit dans votre dernier roman que la France s'américanisait. Qu'entendez-vous par là ?
– Depuis vingt ans, je partage mon temps entre les États-Unis et la France. J'ai donc pu observer l'influence du mode de vie américain. Surtout dans la façon de s'exprimer, de se vêtir et avant tout de se nourrir.
– Ce qui vous frappe c'est donc l'américanisation des comportements des Français ?
– Oui, mais en même temps, il y a des choses qui n'ont pas changé parce qu'elles font partie de la culture française : on parle beaucoup plus ici qu'aux États-Unis, on prend du temps pour s'arrêter, dans un café, se promener tranquillement tout en parlant, ou descendre dans la rue pour manifester.
– Pour vous, donc, ce qui caractérise la façon de vivre à la française c'est de prendre son temps...
– Oui... même si cela peut vous sembler étonnant.

• Si j'ai bien compris

CADRE DE RÉFÉRENCE B1

Compréhension générale de l'oral
Peut comprendre une information factuelle directe sur des sujets de la vie quotidienne ou relatifs au travail en reconnaissant les messages généraux et les points de détail, à condition que l'articulation soit claire et l'accent courant.

Objectif(s) **Présentation de points de vue sur la France lors d'un entretien. Repérage des formules utilisées par le journaliste pour reprendre ou résumer les arguments de la personne interviewée.**

FICHE EXPRESS | ± 45 min

❶ Faire écouter le premier enregistrement en demandant de repérer la profession de la personne interviewée, l'époque dont elle parle, l'opinion qu'elle a de la France (positive ou négative) et les arguments utilisés pour illustrer cette opinion. Relever ces arguments.
❷ Faire une deuxième écoute pour relever la réponse du journaliste et les commenter : reformulation des informations données par l'interviewé(e). Relever la formule utilisée et se reporter au tableau pour vérifier la fonction de cette formule.
❸ Procéder de la même façon avec les autres enregistrements.
❹ Commenter avec les apprenants les points de vue exprimés par les trois personnes sur la France : l'avance technologique pour l'Italienne, la faculté des Français de prendre son temps pour l'Américain, le souvenir des écrivains pour l'Anglaise.

Suggestions, remarques

Il est bien évident que cette activité peut trouver son prolongement par l'organisation d'un débat en classe, en premier lieu sur le point de vue des trois personnes interviewées. Les Italiens, Anglais ou Américains présents éventuellement dans la classe se retrouvent-ils dans les points de vue donnés ? D'autre part, un débat peut être organisé sur la représentation que les uns et les autres se font de la France et des Français en fonction ou non de leur expérience. Ce sera l'occasion de réutiliser certaines formules : reformulation des arguments de l'interlocuteur pour vérifier que vous avez bien compris ou pour insister sur son point de vue.

Pour votre information

Une émission très intéressante intitulée *Double je* passe une fois par mois le jeudi à 20 h 45 sur France 2.
Au cours de cette émission, animée par Bernard Pivot, des écrivains, historiens, peintres étrangers ayant choisi d'adopter la langue et la culture française et de cultiver un « double je », sont invités.

3. – Vous connaissez bien la France. Peut-être mieux que beaucoup de Français…

– Mes premiers souvenirs sont des souvenirs de vacances à Nice quand j'étais enfant. Après, j'ai beaucoup voyagé dans tout le pays. Depuis dix ans, j'ai choisi de vivre à Paris, car c'est à Paris que se concentre le souvenir des écrivains que j'adore : Proust, Perec, Rimbaud, Flaubert, Balzac, Zola ou Cocteau…

– Donc, pour vous, la France est avant tout un lieu de souvenirs littéraires…

– Pas seulement. Bien sûr que ces auteurs m'ont passionnée et me passionnent encore, mais je ne vis pas uniquement pour le passé, j'observe aussi beaucoup les gens. Pour moi, les Français sont à la fois les personnes les plus stylées et les plus vulgaires d'Europe ! Il est dur de généraliser, mais il y a, chez le Français, un mélange d'arrogance, d'insouciance, d'intelligence et de sensualité qui compose un tout finalement assez séduisant.

– Pour vous résumer, ce qui vous intéresse, chez les Français, c'est la somme de leurs contradictions, de leurs défauts et de leurs qualités…

– Oui, c'est ça.

Ainsi le jeudi 11 mars 2004, B. Pivot recevait :

- Kaplan, américain, historien du pain et auteur de *Chercher le pain – Le guide des meilleures boulangeries de Paris*, Éditions Plon.
- Andreï Makine, écrivain français d'origine russe. Son dernier roman, *La femme qui attendait* est publié au Seuil.

  Après avoir enseigné la philosophie à Nougorod, il obtient le droit d'asile politique en France en 1987. Très vite, il se consacre à l'écriture en français, langue qu'il maîtrise depuis l'âge de trois ans grâce à sa grand-mère. Et en 1995, il reçoit le prix Goncourt et le prix Médicis pour son roman : *Le testament français*.
- Corneille, chanteur, auteur, compositeur d'origine rwandaise.

• RUBRIQUES : La dictée de Pivot

CADRE DE RÉFÉRENCE B1

Lire pour s'informer et discuter
Peut reconnaître les points significatifs d'un article de journal s'il est direct et rédigé clairement.

Objectif(s) *Compréhension fine d'une interview assez longue.*

Compréhension écrite

• RUBRIQUES :
La dictée de Pivot

Ressources :
• 1 interview de Bernard Pivot
• 1 photo de Bernard Pivot

| **FICHE EXPRESS** | ± 50 min |

❶ Commencer par donner l'information sur la dictée de Pivot pour ceux qui ne la connaissent pas ainsi que celle sur les essais de réforme de l'orthographe.

❷ Demander aux apprenants de lire la réponse de Bernard Pivot à la première question, de repérer l'information essentielle : *d'accord avec la réforme, mais ne pas toucher à l'accent circonflexe*, de réagir aux deux premières affirmations du questionnaire et de justifier leur réponse par des exemples tirés du texte.

❸ Continuer avec la réponse à la deuxième question (ce sont les questions financières qui déterminent le choix de l'apprentissage d'une langue) et l'affirmation 3 du questionnaire.

❹ Réagir aux affirmations 4 à 7 à partir des informations données dans la réponse à la troisième question : *les dictées redonnent le goût des mots, il vaut mieux savoir rédiger que de seulement savoir l'orthographe.*

❺ Enfin, l'éloge de la dictée comme jeu, les mots comme un jeu pour réagir aux affirmations 8 à 10.

Suggestions, remarques

Proposer aux apprenants de relever dans le texte tout ce qui leur paraîtrait superflu ou compliqué donc susceptible d'être modifié.
Leur demander s'ils sont d'accord avec l'affirmation selon laquelle ce ne sont pas les difficultés de la langue qui rebutent ceux qui seraient susceptibles de l'apprendre mais des problèmes financiers.
La pratique de la dictée a toujours donné lieu à discussion.
Le débat peut-être lancé en classe entre les tenants de la dictée et les autres. Quelques éléments sont donnés au professeur dans la rubrique *Pour votre information*.

Corrigé

	vrai	faux	?
1. Bernard Pivot était d'accord avec toutes les modifications proposées par la commission de réforme de l'orthographe.	☐	☒	☐
2. Son point de vue sur certaines questions était le même que celui des écrivains, de gauche en particulier.	☒	☐	☐

3. Selon lui, la simplification de l'orthographe inciterait plus d'étudiants à apprendre le français. ☐ ☒ ☐
4. Les élèves étrangers adorent faire des dictées et s'inscrivent en grand nombre à la dictée de Bernard Pivot. ☐ ☐ ☒
5. Les gens aiment la dictée parce qu'ils aiment la difficulté. ☐ ☒ ☐
6. La dictée incite les gens à rechercher la signification et l'orthographe de certains mots. ☒ ☐ ☐
7. Il est plus important de connaître l'orthographe des mots que de savoir bien rédiger. ☐ ☒ ☐
8. Les bons écrivains ne font jamais de fautes d'orthographe. ☐ ☒ ☐
9. On ne peut pas apprendre les règles en s'amusant. ☐ ☒ ☐
10. Il est plus gênant de faire des fautes d'orthographe dans une lettre d'amour que dans une lettre d'embauche. ☐ ☒ ☐

Pour votre information

La dictée de Pivot

Dimanche 25 janvier 2004 : la 18e dictée de Bernard Pivot est diffusée sur France 3.

Une estrade, un précepteur et un auditoire studieux ployant l'échine au-dessus d'une feuille blanche. Cette tradition pédagogique constitue la dramaturgie des *Dicos d'or*, l'une des émissions les plus anciennes et estimées du service public.

Chaque année, près de 2 millions de téléspectateurs français suivent, stylo en main et en famille, la dictée et son corrigé présentés par Bernard Pivot et Florence Klein. Une cérémonie exempte de paillettes, mais truffée d'embûches lexicales et d'ornières orthographiques, que relaye aussi la chaîne francophone TV5 Monde. *Jamais je n'ai pensé qu'elle aurait une telle longévité à la télé*, raconte Bernard Pivot.

La première dictée a été retransmise en 1985.

Depuis sa création, sur une suggestion de la lexicographe Michèle Sommant, cette compétition intellectuelle, baptisée jusqu'en 1993 *Championnats de France d'orthographe*, a fait école, suscitant dans toutes les régions une floraison de clubs spécialisés dans lesquels on s'entraîne comme dans les clubs de Scrabble.

À l'étranger, la recette a été copiée. Le Canada et le Liban possèdent leur « propre » dictée, et le Portugal envisage d'en instaurer le rite. En Allemagne et en Angleterre, cette initiative n'a pas été une réussite, peut-être parce que leur langue ne recèle pas assez de chausse-trappes pour motiver une dictée, et les linguistes sont plus laxistes, selon des linguistes. En France, 15 000 personnes répondent tous les ans aux tests de qualification qui paraissent dans le mensuel *Lire*, l'hebdomadaire *L'Express* et la presse quotidienne régionale ; 400 000 jeunes participent aux *Dicos d'or* scolaires. Un engouement qui va à contre-courant de la mode des textos et l'usage des logiciels de correction orthographique.

Il s'agit de faire connaître l'orthographe, mais surtout le sens des mots, précise Bernard Pivot. *Si les* Dicos d'or *ont une utilité, c'est de donner le goût du dictionnaire aux jeunes. Moi-même, je le consulte quotidiennement.* Tous les jours, l'animateur et critique littéraire relève des termes au hasard de ses lectures, romans ou articles de journaux. Ses notes forment une manière d'herbier qu'il exhume en temps voulu pour composer son ode à la langue française, y glissant, à l'occasion, une ou plusieurs de ses précieuses trouvailles.

Bernard Pivot veut sauver 100 mots français menacés de disparition

Coquecigrue, barguigner, faquin, gommeux, s'esbigner, jocrisse, hommasse, fla-fla, pékin, cagoterie, carabistouilles, clampin, déduit, potiner, trotte-menu, huis, jean-foutre, diantre, derechef, radeuse, génitoires, péronnelle, brimborion, billevesée, vertugadin, argousin, ruffian : ces vieux mots de la langue française, et beaucoup d'autres, sont menacés de disparition car, très peu utilisés, ils risquent de sortir des dictionnaires courants.

Pour tenter de les faire survivre, Bernard Pivot lance une nouvelle croisade, dans son dernier livre : *100 mots à sauver*, Albin Michel.

Il a donc choisi 100 mots qu'il estime menacés, et en donne pour chacun une explication et un exemple dans une citation. Et résume son plan de sauvetage : *En informant le public, qui en connaît certains et d'autres pas, qu'ils existent. En expliquant leur sens, avec à l'appui une citation puisée chez un écrivain. En leur faisant de la publicité, pour qu'ils soient mieux connus et plus souvent employés quand cela est possible.*

Le point sur la réforme de l'orthographe
La réforme de l'orthographe est-elle restée lettre morte ?

Des années après la publication en 1990 au Journal officiel de la République française des *Rectifications de l'orthographe*[1] proposées par le Conseil supérieur de la langue française, qu'est-il advenu de cette tentative de simplifier l'orthographe ? Cette réforme concernait un peu plus de 2 000 mots, soit environ 5 % de la nomenclature des dictionnaires de grande diffusion tels *Le Petit Robert* ou *Le Petit Larousse*.

La réforme orthographique de 1990 est-elle restée lettre morte ou s'est-elle appliquée, tout au moins en partie ? En France, en Belgique et en Suisse, certains spécialistes de la question dont la regrettée Nina Catach, auteure du *Dictionnaire historique de l'orthographe française* de Larousse (1995), et Jean-Marie Klinkenberg ont résolument retenu la nouvelle orthographe pour leurs écrits. Ces initiatives sont demeurées cependant individuelles. À ce jour, aucun pays de la francophonie n'a adopté officiellement les *Rectifications*.

D'une façon pratique, notamment pour les enseignants, c'est dans les dictionnaires courants qu'il sera possible de vérifier si la réforme a véritablement eu des prolongements. La consultation des dernières éditions de ces ouvrages de référence nous permettra de faire le point sur certaines des propositions formulées en 1990.

**• RUBRIQUES :
Brouillon d'écrivain**

Ressources :
• 1er vers manuscrit de *Voyelles*

• RUBRIQUES : Brouillon d'écrivain

Objectif(s) *Expression créative.*

| FICHE EXPRESS | ± 30 min |

❶ Donner des éléments d'information sur Arthur Rimbaud (voir *Pour votre information*). Lire, si les circonstances s'y prêtent, le poème.
❷ Reprendre le début du poème sur les couleurs associées aux voyelles : impressions, réactions, propositions…

---

1. *Les rectifications de l'orthographe,* Journal officiel de la République française, Édition des documents administratifs, 6 décembre 1990, n° 100.

Pour votre information

Arthur Rimbaud est né le 20 octobre 1854, à Charleville-Mézières, dans les Ardennes.

En 1871, Rimbaud compose la *Lettre du voyant*, et son poème *Le Bateau ivre*. Ces textes sont essentiels pour comprendre la dimension radicalement nouvelle que Rimbaud veut donner à sa poésie. Séduit par Paris, fasciné par Verlaine qui l'y invite, Rimbaud coupe avec Charleville et se lance dans l'univers de la bohème littéraire de son époque.

La relation de Verlaine et de Rimbaud est très souvent orageuse. La rupture se fait en 1873 quand, à l'occasion d'une dispute, Verlaine tire sur Rimbaud et le blesse légèrement. Rentré chez lui, Rimbaud compose sa dernière œuvre, *Une saison en enfer*, sorte de confession autobiographique qu'il publie à compte d'auteur.

La deuxième partie de la vie de Rimbaud commence. Les voyages le mènent successivement en Italie, en Hollande, en Afrique, en Suède, au Danemark, à Chypre. Mais Rimbaud revient assez régulièrement passer la saison d'hiver à Charleville.

La dernière partie de la vie de Rimbaud se passe en Abyssinie. Il renie complètement son passé ainsi que toute forme de littérature. Il s'y livre à des activités d'exploration et de commerce. En 1891, il est obligé de rentrer à Marseille parce que son genou droit est atteint du cancer. Il est amputé. Il fait un dernier séjour dans les Ardennes, retourne à Marseille et y meurt le 10 novembre 1891.

Voyelles

A noir, E blanc, I rouge, U vert, O bleu : voyelles,
Je dirai quelque jour vos naissances latentes :
A, noir corset velu des mouches éclatantes
Qui bombinent autour des puanteurs cruelles,

Golfes d'ombre ; E, candeurs des vapeurs et des tentes,
Lances des glaciers fiers, rois blancs, frissons d'ombelles ;
I, pourpres, sang craché, rire des lèvres belles
Dans la colère ou les ivresses pénitentes ;

U, cycles, vibrement divins des mers virides,
Paix des pâtis semés d'animaux, paix des rides
Que l'alchimie imprime aux grands fronts studieux ;

O, suprême Clairon plein des strideurs étranges,
Silences traversés des Mondes et des Anges :
– O l'Oméga, rayon violet de Ses Yeux !

Arthur Rimbaud

Lecture très intéressante : *Les mystères de l'alphabet*, Marc Alain Ouaknin, Éditions Asouline, 1997.

**Compréhension orale •
Expression écrite •
Expression orale**

• Radio ou télé ?

Ressources :
• 1 enregistrement

Transcriptions :
– Je ne peux pas me passer de la radio. Avec elle, mon imagination reste en éveil, elle n'est pas bloquée par une image apparue à l'écran.
– C'est drôle, j'ai un point de vue tout à fait différent. J'ai besoin d'associer une image à une information. La télé me permet de me renseigner non seulement sur les personnes mais aussi sur leur environnement.
– L'autre avantage de la radio, c'est que tout en écoutant, je peux feuilleter des journaux ou des magazines, ou me livrer à d'autres activités, ce que je ne peux pas faire avec la télé puisque je suis obligé de regarder l'écran.
– La télévision, je la laisse allumée toute la journée et toute la nuit, en continu ; ça me tient compagnie. Je regarde surtout les émissions sur les voyages ; ça me fait rêver. Je zappe aussi beaucoup ; je passe d'une émission à une autre pour avoir le maximum d'informations.
– Parfois, je laisse moi aussi la radio branchée de jour comme de nuit. Mais je persiste à penser que les images déforment la réalité et qu'on comprend mieux sans elles. Faites l'expérience d'écouter un discours à la télévision puis à la radio : vous aurez l'impression que ce n'est pas le même. On ne ment pas avec la voix. Si j'avais été médecin, j'aurais fait mes consultations par téléphone. En face à face, les gens peuvent jouer la comédie, en revanche, quand on ne les voit pas, il suffit d'écouter

séquence 11 : *Argumenter*

p. 132

• Radio ou télé ?

CADRE DE RÉFÉRENCE B1

Comprendre une interaction entre locuteurs natifs
Peut généralement suivre les points principaux d'une longue discussion à condition que la langue soit standard et bien articulée.

Objectif(s) *Compréhension fine d'un document sonore avec repérage d'arguments.*

FICHE EXPRESS | ± 45 min

❶ Faire une première écoute pour repérer le thème et le point de vue de chacun des interlocuteurs. Faire des hypothèses sur les arguments avancés par l'un et l'autre.
❷ Procéder à une deuxième écoute, vérifier les hypothèses et compléter les informations en repérant les arguments de chaque interlocuteur. Relever ces arguments.
❸ Reprendre les arguments concernant la radio, les classer et les résumer en les reformulant.
❹ Même démarche avec la télévision.
❺ Demander aux apprenants quels arguments sont les plus convaincants ainsi que leur point de vue argumenté.

Suggestions, remarques

L'objectif de cette activité comme des autres activités de cette séquence est de donner aux apprenants les outils leur permettant d'argumenter. Pour cela, il est tout d'abord nécessaire qu'ils sachent organiser leur discours, trouver les arguments et les classer par ordre d'importance. Il leur faut aussi posséder les moyens linguistiques pour exprimer leur opinion (expressions, lexique en rapport avec le thème).
Les différentes activités de compréhension orale et écrite devraient leur permettre d'acquérir des habitudes d'organisation du discours, et de réemployer les acquis.

• Je soutiens au contraire que...

CADRE DE RÉFÉRENCE B1

Lire pour s'informer et discuter
Peut reconnaître le schéma argumentatif suivi pour la présentation d'un problème et en identifier les principales conclusions.

Objectif(s) *Compréhension fine d'un texte, repérage des arguments et contre-arguments et de la façon de les exprimer.*

leur voix pour savoir s'ils vont bien ou non.

– Moi, il me faut voir avant d'écouter. C'est sur le visage des gens qu'on peut voir s'ils sont sincères. Les gestes et les mimiques apportent aussi des informations.

– En fait, on est différents, vous et moi. Vous, vous êtes une visuelle et moi je suis un auditif. Vous avez besoin de voir pour comprendre... Comme saint Thomas, vous ne croyez que ce que vous voyez... et moi, j'ai besoin d'entendre pour faire fonctionner mon imagination.

Compréhension écrite

> • Je soutiens au contraire que...

Ressources :
• 1 interview d'un metteur en scène
• 1 photo

FICHE EXPRESS ± 45 min

❶ Faire une première lecture pour repérer le thème, le statut des interlocuteurs. Demander aux apprenants ce qu'ils ont retenu de cette première lecture.

❷ Faire une deuxième lecture pour relever la première argumentation du journaliste (affirmation suivie d'exemples) et les éléments qui montrent que le metteur en scène n'est pas du tout d'accord : *j'ai du mal à penser au cinéma en terme de compétition, je ne pense pas que ce soit une bonne approche... Le mot record me gêne... Je me moque de savoir...*

❸ Continuer avec la deuxième partie : argument / contre-argument : *je trouve qu'il y a un changement / Je soutiens au contraire qu'il n'y a pas de changement.*

❹ Noter la façon dont le contre-argument est amené. Se référer à la page 133 qui reprend les différentes façons de contre-argumenter.

❺ Demander, selon les connaissances du groupe sur le cinéma français, ce qu'ils pensent des arguments avancés par le journaliste et ceux du metteur en scène.

Pour votre information

Palmarès du 56ᵉ festival de Cannes (mai 2004)
• Palme d'or : *Fahrenheit 9/11*, de Michael Moore.
• Grand prix : *Old Boy*, de Park Chan-Wook.
• Prix de la mise en scène : Tony Gatlif pour *Exils*.
• Prix du jury : Irma P. Hall pour *Ladykillers (The Ladykillers)*. *Tropical Malady (Sud Pralad)* de Apichatpong Weerasethakul.
• Prix du scénario : Agnès Jaoui et Jean-Pierre Bacri pour *Comme une image*.
• Prix d'interprétation masculine : Yagira Yuuya pour *Nobody Knows (Daremo Shiranai)*.
• Prix d'interprétation féminine : Maggie Cheung pour *Clean*.
• Palme d'Or – court métrage : *Trafic* de Catalin Mitulescu.
• Prix du jury – court métrage : *Flatlife* de Jonas Geirnaert.
• Prix Un Certain Regard : *Moolaade* de Ousmane Sembene.
• Caméra d'Or : *Mon Trésor (Or)* de Keren Yedaya.

séquence 11 : *Argumenter*

p. 133

• Débat

CADRE DE RÉFÉRENCE B1

Discussions et réunions formelles
Peut suivre l'essentiel de ce qui est dit relatif à son domaine, à condition que les interlocuteurs évitent des expressions trop idiomatiques et articulent clairement.
Peut exprimer son point de vue clairement, peut prendre part à une discussion formelle courante sur un sujet familier conduite dans une langue standard et qui suppose l'échange d'informations factuelles.

Objectif(s) **Compréhension fine d'un document oral long présentant différents points de vue argumentés dans le cadre d'un débat. Préparation à un débat ultérieur entre apprenants du groupe.**

FICHE EXPRESS ± 50 min

❶ Présenter l'activité, le support (débat), son objectif et faire lire la liste de ce que fait ou ne fait pas le modérateur.

❷ Faire une première écoute de la totalité de l'enregistrement et demander aux apprenants ce qu'ils ont retenu (nombre d'interlocuteurs, statut des interlocuteurs, éventuellement certains points de vue…).

❸ Faire une deuxième écoute jusqu'à la présentation de monsieur Siméoni en demandant au préalable aux apprenants de relever les informations données sur les participants au débat. Relever ces informations (tableau, transparent).

❹ Continuer l'écoute de l'enregistrement qui comporte des informations sur la durée hebdomadaire du travail, le nombre de semaines de congé et les pourcentages de temps passé au travail dans une vie. Demander aux apprenants de relever ces informations.

❺ Les apprenants seront chargés de relever les points de vue exprimés par les personnes participant au débat (travail individuel ou en groupe).

❻ Finir l'écoute de l'enregistrement par l'avis de monsieur Romain et la conclusion du modérateur.

❼ Faire une dernière écoute pour confirmer les hypothèses et relever les moyens utilisés pour exprimer un point de vue (*à mes yeux, ce qui me semble essentiel, en ce qui me concerne, je voudrais vous dire… je ne sais pas si… je ne suis pas d'accord… je vous assure…*).

Compréhension orale

• Débat

Ressources :
• 1 enregistrement

Transcriptions :
Animateur :
– Bonsoir ! Le débat de ce soir porte sur le temps libre. Tous ne le considèrent pas comme quelque chose de positif. On entend en effet, ces derniers temps, des voix s'élever contre ce temps libre et considérer que les Français en ont trop, qu'ils ont perdu la notion de travail, qu'il faut retrouver cette valeur et donc diminuer la durée consacrée au temps libre, aux loisirs. Qu'en est-il exactement ? Faut-il opposer loisirs et travail ? Les Français sont-ils des gens qui ne pensent qu'aux congés et à la retraite ?
Nous avons, pour débattre, invité des personnes de différentes catégories socioprofessionnelles et de différents âges, qui ont toutes des responsabilités à divers titres dans notre société.
Madame Chamarin, qui est directrice d'une grande agence de voyages.
Monsieur Chasles qui travaille depuis peu dans une société informatique et pour qui, comme il va nous l'expliquer, la notion de temps libre est très vague.
Madame Corton qui est caissière dans un hypermarché, mère de cinq enfants et dont le mari est au chômage.
Nous avons aussi avec nous monsieur Romain, directeur de recherche à l'École des Hautes Études Sociales et auteur d'un ouvrage intitulé : *Le temps dit libre, mais libre de quoi ?*
Et enfin monsieur Siméoni, qui est directeur des ressources humaines dans une entreprise de travaux publics.
Mais d'abord quelques chiffres impressionnants : la durée hebdomadaire du travail était de

191

48 heures en 1919, 40 heures en 1936, 39 heures en 1982 et enfin, 35 heures aujourd'hui. Une autre donnée intéressante est celle du nombre de semaines de congés payés annuels, qui est passé de deux semaines en 1936, à trois en 1956, quatre en 1963 et cinq depuis 1981.

Enfin, les sociologues ont calculé que sur une année de vie, un salarié passe en moyenne 20 % de son temps à travailler et dans les transports, 33 % à dormir et emploie le reste, soit 47 %, à des occupations de détente et de loisirs. Tout d'abord, monsieur Romain, que vous inspirent ces pourcentages ? Estimez-vous que de grands progrès ont été faits, que l'on peut parler de conquête du siècle ?

Monsieur Romain :
– Oui, c'est une conquête, la plus grande à mes yeux. Il y en a bien sûr eu d'autres pendant ce siècle ; je pense aux voyages dans l'espace, au développement des communications. Mais, ce qui me semble essentiel en termes de progrès social, c'est quand même la diminution du temps de travail ! Reste à savoir ce que les gens font vraiment de ce temps libre. Dans vos pourcentages, vous avez oublié ceux qui profitent de leur temps libre pour travailler afin de gagner un peu plus d'argent.

Animateur :
– Vous voulez dire que le plus important, c'est ce qui concerne le progrès social ?

Monsieur Romain :
– Oui, tout à fait.

Animateur :
– Et vous, monsieur Chasles, pensez-vous que nous vivons dans une société où le temps libre a pris trop d'importance par rapport au travail ?

Monsieur Chasles :
– En ce qui me concerne, le temps libre, je ne connais pas. Je travaille 50 heures par semaine, alors qu'on en doit normalement 35. Je n'ai pas le choix. Nous sommes une petite société qui se développe et qui a à affronter la concurrence. Ceux qui disent que les Français ne travaillent pas assez sont ignorants ou cyniques !

Animateur :
Madame Corton ?

Madame Corton :
– Oui, moi je voudrais dire que nous sommes, nous les caissières de supermarchés, les esclaves de cette société ! Comme ceux qui travaillent dans la vente par téléphone !

Animateur :
– Vous voulez parler du téléa-chat ?

Suggestions, remarques

D'autres procédures sont bien entendu envisageables : sensibilisation avant toute écoute à l'organisation d'un débat (les acteurs), écoute partielle au lieu d'une écoute de la totalité dès le début.
Il est d'autre part possible de faire suivre ce travail d'une discussion (sans pour cela organiser un débat) au cours de laquelle on demandera aux participants de quel point de vue ils se sentent le plus proche.

Pour votre information

Pour les informations sur les 35 heures, voir page 118 de ce guide.

Madame Corton :
– Oui, c'est cela. Heureusement qu'il y a eu les 35 heures, qui ont permis de s'organiser et surtout qui me permettent d'avoir un peu plus de temps libre pour me détendre ! Je propose à ceux qui disent que les Français ont trop de temps libre de faire mon métier un jour ! Ils verront ce que c'est !

Animateur :
– Et vous, madame Chamarin, vous pensez que les Français ont trop de loisirs ?

Madame Chamarin :
– Je ne sais pas s'ils ont trop de loisirs, en tout cas, ils savent les occuper. Ils voyagent beaucoup, et de plus en plus souvent pour des périodes courtes : deux, trois, cinq jours. Il faut dire qu'avec les 35 heures, la pression au travail est plus grande. Les gens font en 35 heures ce qu'ils faisaient avant en 39, et ont réellement besoin de se détendre et de se reposer.

Monsieur Siméoni :
– Je ne suis pas d'accord avec vous. Beaucoup d'entreprises se sont réorganisées et je vous assure que les salariés ne travaillent pas plus qu'avant, au contraire, même. Ils profitent un peu trop de cette réduction du temps de travail. Les cadres, surtout, qui prennent des week-ends très prolongés. Je ne dirais donc pas que les Français ont besoin de se détendre, non… je dirais plutôt qu'ils ont perdu le goût du travail.

Animateur :
– Nos invités semblent être presque tous d'accord pour dire que les Français travaillent, et même beaucoup, parfois même trop. Peut-être sont-ils mal organisés ? C'est votre sentiment, monsieur Romain ?

Monsieur Romain :
– Oui. On parle toujours de restructuration des entreprises mais jamais de réorganisation du temps de travail et du temps libre. Il me semble que si cette organisation était mieux pensée, les gens sauraient mieux profiter de ce grand progrès social.

Animateur :
– Eh bien, merci à tous ! Le débat a permis à chacun de donner son point de vue et a répondu en partie à la question posée au départ. Bonsoir !

séquence 11 : *Argumenter*

p. 134

• Débattre

CADRE DE RÉFÉRENCE B1

Interaction orale générale
Peut communiquer avec une certaine aisance sur des sujets familiers habituels ou non. Peut échanger, vérifier et confirmer des informations, exprimer sa pensée sur un sujet abstrait ou culturel.

Objectif(s)   *Préparation à un débat, organisation et déroulement.*

FICHE EXPRESS   ± 50 min

❶ Procéder à la découverte des informations données à la page 134 sur l'organisation du débat : choix du thème, préparation du débat, les rôles des participants au débat, mise en place du débat et réalisation.

❷ Choisir avec le groupe le thème qui intéresse une majorité des membres du groupe, puis répartir les rôles en donnant les indications précises sur les tâches à accomplir.

❸ Préparer avec les intervenants choisis, en grand groupe, les grandes lignes du débat.

❹ Mettre en place les différents acteurs et démarrer le débat (durée approximative : 10 à 15 minutes).

❺ Faire le bilan avec les secrétaires de séance qui rédigeront la synthèse des débats aidés de membres du groupe. Publication des minutes !

Suggestions, remarques

Il est aussi possible de répartir le groupe en trois sous-groupes, chaque sous-groupe choisissant un domaine et, dans le domaine choisi, un thème de débat.

• Conseils pour passer un examen

CADRE DE RÉFÉRENCE B1

Compréhension générale de l'oral : comprendre en tant qu'auditeur
Peut suivre une conférence ou un exposé dans son propre domaine
à condition que le sujet soit familier et la présentation directe,
simple et clairement structurée.
Production écrite générale : essais et rapports
Peut résumer avec une certaine assurance une source d'informations
factuelles sur des sujets familiers courants et non courants dans son
domaine, en faire le rapport et donner son opinion.

Objectif(s) *Compréhension fine d'un document oral d'une cer-*
taine longueur contenant des informations factuelles. Entraîne-
ment à la prise de notes. Reformulation de ces informations par
écrit.

FICHE EXPRESS | ± 50 min

❶ Lire la consigne avec les apprenants et s'assurer que tous l'ont bien
comprise : prise de notes en vue de la rédaction d'une fiche, donc
reformulation éventuelle.
❷ Donner quelques éléments d'information sur le document avant
l'écoute : les circonstances, le type de discours, les parties de l'examen
concernées (expression orale et écrite).
❸ Faire écouter l'enregistrement concernant l'oral. Chaque apprenant
prend des notes. Procéder de même avec la deuxième partie.
❹ Laisser aux apprenants le temps de rédiger leur fiche, puis passer à la
correction collective en commençant par faire l'inventaire des notes
prises, puis, une fois l'inventaire terminé et accepté, en continuant
par la rédaction de la fiche comportant au moins cinq conseils.

POINT FORMATION :

Le temps de la correction collective est primordial. Il permet d'évaluer
le degré d'autonomie des apprenants vis-à-vis de la compréhension d'un
document assez long, d'évaluer leurs capacités à repérer les informations pertinentes et à les prendre en notes et enfin leurs capacités à
reformuler (nominalisation) les éléments relevés.
Cette correction doit être l'occasion bien sûr de confronter les résultats
et de demander aux uns et aux autres d'expliquer le choix de telle ou
telle information, mais elle doit être aussi le lieu de réflexion sur les
techniques pour repérer les informations pertinentes et les organiser :
– repérage de mots-clés : maîtriser son sujet, façon d'organiser, se préparer, rédiger l'introduction pour commencer ;
– introduction de ces mots : *L'important, c'est… / Il n'y a pas que les*
connaissances qui comptent… / Il est donc nécessaire de se préparer /
Je recommande toujours de…

Compréhension orale •
Expression écrite

• Conseils pour
passer un examen

Ressources :
• 1 enregistrement
• 2 photos

Transcriptions :
1. – Monsieur Pignon, vous qui
avez l'habitude de faire passer des examens à l'oral,
quels conseils donneriez-
vous à un candidat ?
– Eh bien, je crois que l'important, c'est de bien maîtriser son sujet ; si vous n'avez
rien à dire, l'examinateur
s'en aperçoit très vite. Mais il
n'y a pas que les connaissances qui comptent, il y a
aussi la façon d'organiser ce
que vous avez à dire. Cependant, on voit très vite si un
candidat a l'habitude de
faire un exposé quand il est à
l'aise, par exemple, les personnes qui font du théâtre,
qui ont l'habitude de parler
en public…
– Il est donc nécessaire de se
préparer ?
– Bien sûr ! Il faut parler en
public, il faut s'entraîner
avec ses camarades, puis se
critiquer pour progresser. Je
pense aussi que c'est efficace
de traiter un sujet dans un
temps limité, de faire des
plans, parce que tout cela
devient naturel et au
moment de l'examen, on
oublie ces contraintes.
– Avez-vous d'autres conseils
pour se sentir à l'aise ?
– Oui, je recommande tou-
jours de rédiger l'introduction pour commencer avec
plus de sécurité, mais ce n'est
pas bon de lire un exposé
donc ensuite, c'est mieux
d'utiliser son plan et de parler de façon plus spontanée.
– Et pour l'entretien, quels
conseils donneriez-vous ?
– D'abord de répondre précisément aux questions de

l'examinateur, de ne pas inventer ce que l'on ne sait pas, d'apporter des idées personnelles et originales.

2. – En cette période d'examen, Marthe Paleclaire, quelles recommandations faites-vous aux candidats qui doivent affronter une épreuve écrite ?

– Il y a beaucoup de choses à dire mais à mon avis, il faut d'abord comprendre le sujet avant de commencer à rédiger : le lire et le relire, puis se donner un petit temps de réflexion ; ensuite il faut organiser ses idées, c'est-à-dire prendre le temps de faire un plan.

– Est-ce que c'est ce qui compte le plus ?

– C'est important, mais il faut aussi rendre votre travail le plus lisible possible : écrire correctement, bien présenter l'ensemble avec des paragraphes, ne pas oublier les majuscules. L'orthographe et la grammaire sont importantes, il faut donc bien utiliser ce que l'on sait, relire une fois que vous avez rédigé pour ne pas laisser de fautes.

– Un dernier conseil ?

– Bien gérer son temps, réfléchir avant l'examen au temps que vous allez consacrer pour chacune des phases de votre travail.

– Merci beaucoup.

• Fêtes

CADRE DE RÉFÉRENCE B1

Compréhension générale de l'oral
Peut comprendre une information factuelle directe sur des sujets de la vie quotidienne ou relatifs au travail en reconnaissant les messages généraux et les points de détail, à condition que l'articulation soit claire et l'accent courant.
Interaction orale générale
Peut communiquer avec une certaine assurance sur des sujets familiers habituels ou non.

Objectif(s)

Compréhension de documents portant sur des faits de civilisation (reprise de thèmes abordés dans les Studio précédents), recherche d'indices écrits permettant de comprendre un document oral, activité interculturelle.

FICHE EXPRESS | ± 50 min

❶ Faire écouter la première série portant sur les préférences des personnes interviewées et demander aux apprenants d'indiquer, à chaque fois, la fête mentionnée et les arguments donnés par chaque intervenant pour justifier son choix. Rechercher ensuite dans le texte *Les fêtes en France* les dates mentionnées.

❷ Faire écouter chaque enregistrement de la deuxième série. Après chaque enregistrement, demander aux apprenants de faire des hypothèses à confirmer par l'information donnée dans le texte (fête [*teuf* = fête en verlan, langage très prisé des jeunes], événement, date de la fête suggérée).

❸ Les apprenants comparent le calendrier des fêtes de leur pays avec le calendrier français et disent quelle est la fête la plus importante pour eux.

Suggestions, remarques

Le professeur peut commenter les informations données (Front populaire en 1936, origine du 1er Mai, 11 novembre, Saint-Valentin...) à partir des informations données dans la rubrique *Pour votre information*. La comparaison avec les fêtes des pays des apprenants sera l'occasion pour chacun de prendre la parole, de décrire l'événement concerné, d'expliquer en quoi cette fête est importante et, à ses yeux, plus importante que les autres.

Pour votre information

Le Front populaire

Le Front populaire est un moment clé de l'histoire du mouvement ouvrier en France.
L'arrivée au pouvoir du Front populaire s'inscrit dans un mouvement de mécontentement général soulevé par la crise économique mondiale.

Compréhension orale •
Compréhension écrite •
Expression orale

• Fêtes

Ressources :
• 1 enregistrement
• 1 liste des fêtes en France
• 1 photo

Transcriptions :
Première série
– Pour vous, quelle est la fête la plus importante ?
1. – Vous savez, moi, je suis un vieux syndicaliste, je n'ai pas connu le Front populaire en 36, mais mon papa l'a connu, en tout cas la fête la plus importante, c'est vraiment la fête des travailleurs.
2. – Cette année, il y a à peine une dizaine de survivants de la Première Guerre mondiale. Alors si nous, les jeunes, nous ne sommes pas capables de nous souvenir de cette horreur, qui s'en souviendra ? Pour moi, c'est vraiment le 11 novembre la fête la plus importante.
3. – Le 14 Juillet. Sans être nationaliste, je suis attaché à mon pays et puis le 14 Juillet, c'est l'occasion de faire la fête, il y a des bals populaires, il y a des feux d'artifice. C'est la fête bleu, blanc, rouge, quoi !
4. – Moi, je suis très famille : Noël. C'est l'occasion de réunir tous ceux qu'on aime et puis, la joie des enfants devant les cadeaux, c'est quelque chose d'inoubliable !
5. – Le lundi de Pentecôte. C'était l'occasion de passer un grand week-end dans ma maison à la campagne avec des amis, c'est presque l'été, mais voilà qu'il est question de nous le supprimer !
6. – Moi, je suis resté très fleur bleue... Même si ça paraît un peu ridicule, pour la Saint-Valentin, j'offre toujours un bouquet de fleurs et un

cadeau à ma copine. C'est la fête des amoureux, quoi !
Deuxième série
1. – Tu viens avec moi voir le défilé ?
   – Ça va pas ! Je préfère attendre pour aller au bal !
2. – Oh ! tu m'as acheté du muguet !
   – Eh, oui.
   – J'adore le muguet !
3. Champagne ! Et tout le monde s'embrasse ! C'est la teuf d'enfer !
4. Ah ! chaque année, c'est la même chose : je ne sais vraiment pas quoi acheter à ma mère ; elle a tout ! T'as pas une idée ?
5. La musique dans la rue : c'est pas génial comme idée, ça ? Écoute ça, le classique rencontre le jazz, le rap et la techno à chaque coin de rue.
6. – Marc m'a invité samedi 21.
   – Ah oui, moi aussi ! Mais dis-moi, c'est à l'église ou à la mairie ?
   – À la mairie.

Mais c'est bien une crise politique, avec la montée du danger fasciste, qui va déclencher le mouvement.

Les élections ont lieu les 26 avril et 3 mai 1936. Pour la première fois dans son histoire, la France a un gouvernement socialiste. Le 4 juin 1936, Léon Blum, dirigeant de la SFIO (Section Française de l'Internationale Ouvrière), est appelé à former le cabinet, qui ne comprend que des ministres socialistes et radicaux. En effet, les communistes refusent d'y participer, mais ils promettent leur soutien. Le nouveau gouvernement se distingue par deux innovations : la création d'un sous-secrétariat d'État aux Loisirs et aux Sports, confié au socialiste Léo Lagrange ; la participation de trois femmes au ministère, alors que les femmes ne sont ni éligibles ni même électrices.

Le gouvernement fait voter par le Parlement une série de lois sociales établissant les conventions collectives, la semaine de 40 heures (au lieu de 48) et les congés payés. Dans les semaines qui suivent, d'autres textes importants sont adoptés : prolongement de la scolarité jusqu'à l'âge de 14 ans, nationalisation des industries d'armement.

Le bilan

Si l'expérience du Front populaire a été brève, sa portée politique (union des forces de gauche) et sociale (lois en faveur des travailleurs) lui a donné une place à part dans la mémoire collective française. Paralysé par ses dissensions internes, par ses contradictions, notamment entre le réformisme de Léon Blum et les aspirations révolutionnaires d'une partie de son électorat, déstabilisé par la contre-attaque de la bourgeoisie, le Front populaire ne s'achève pas sur un échec total. Il réalise une transformation durable de la condition ouvrière et des relations industrielles.

Le 11 novembre 1918

Le 11 novembre 1918, à 11 heures, dans toute la France, c'est l'annonce de la fin de la guerre de 14-18. Un armistice a été conclu le matin entre les Alliés et l'Allemagne, dernière des puissances centrales à rendre les armes.

Tout le monde est soulagé, aussi bien chez les Français que dans le camp allemand.

Pour la première fois depuis quatre ans, Français et Allemands peuvent se regarder sans s'entretuer.

L'Armistice laisse derrière lui huit millions de morts et six millions de mutilés. Les survivants veulent croire que cette guerre qui s'achève restera la dernière de l'Histoire, la « der des der »…

Le 1er Mai : un rapide historique

Au cours du IVe congrès de l'*American Federation of Labor*, en 1884, les principaux syndicats ouvriers des États-Unis s'étaient donnés deux ans pour imposer aux patrons une limitation de la journée de travail à huit heures.

Ils avaient choisi de débuter leur action un 1er mai parce que beaucoup d'entreprises américaines entamaient ce jour-là leur année comptable.

Arrive le 1er mai 1886. 200 000 travailleurs obtiennent immédiatement satisfaction de leur employeur.

Mais d'autres, moins chanceux, au nombre d'environ 340 000, doivent faire grève pour forcer leur employeur à céder.

Le 3 mai, une manifestation fait trois morts parmi les grévistes de la société McCormick Harvester, à Chicago.

Une marche de protestation a lieu le lendemain et dans la soirée, tandis que la manifestation se disperse à Haymarket Square, il ne reste plus que 200 manifestants face à autant de policiers. C'est alors qu'une bombe explose devant les forces de l'ordre. Elle fait une quinzaine de morts dans les rangs de la police.

Trois syndicalistes anarchistes sont jugés et condamnés à la prison à perpétuité. Cinq autres sont pendus le 11 novembre 1886 malgré des preuves incertaines.

Trois ans après le drame de Chicago, la IIIe Internationale réunit à Paris son deuxième congrès.

Les congressistes se donnent pour objectif la journée de huit heures (soit 48 heures hebdomadaires, le dimanche seul étant chômé). Jusque-là, il est habituel de travailler dix ou douze heures par jour.

Le 20 juin 1889, ils décident qu'il sera *organisé une grande manifestation à date fixe de manière que dans tous les pays et dans toutes les villes à la fois, le même jour convenu, les travailleurs mettent les pouvoirs publics en demeure de réduire légalement à huit heures la journée de travail et d'appliquer les autres résolutions du congrès. Attendu qu'une semblable manifestation a été déjà décidée pour le 1er mai 1890 par l'AFL, dans son congrès de décembre 1888 tenu à Saint-Louis, cette date est adoptée pour la manifestation.*

Lundi de Pentecôte (fin mai, début juin)

Suite au drame de la canicule d'août 2003, qui a provoqué le décès de plus de 15 000 personnes âgées, leur prise en charge dut être repensée. Pour cela il fallait prévoir un financement.

L'article 2 du projet de loi proposé par le gouvernement de Jean-Pierre Raffarin institue une journée de solidarité en vue d'assurer le financement des actions en faveur de l'autonomie des personnes âgées et handicapées.

Cette journée prendrait la forme d'une journée de travail supplémentaire fixée au lundi de Pentecôte.

Cette décision a provoqué un tollé aussi bien de la part des syndicats et des partis de gauche que de certaines institutions religieuses.

Après les députés le 11 mai 2004, le Sénat a adopté le projet de loi sur « l'autonomie des personnes âgées et handicapées » créant une « journée de solidarité » destinée à financer la prise en charge de la perte d'autonomie.

D'amendements en amendements, elle est devenue une « Journée de solidarité », dont la date peut être négociée entreprise par entreprise, secteur d'activités par secteur d'activités, administration par administration. Elle peut être prise sous forme de suppression d'une journée de réduction du temps de travail (RTT) ou de n'importe quel jour habituellement non travaillé. Ce n'est qu'à défaut d'accord que le lundi de Pentecôte sera travaillé.

La Saint-Valentin : histoire et actualité

En ce qui concerne l'identité de saint Valentin, les historiens ne sont pas en accord. Au total, sept saints chrétiens prénommés Valentin sont fêtés le 14 février ! Lequel est à l'origine de cette fête ? Mystère !

La plupart des historiens croient que la Saint-Valentin est associée aux Lupercales romaines. Les Lupercales étaient des fêtes annuelles célébrées le 15 février en l'honneur de Lupercus, le dieu des troupeaux et des bergers. Ces fêtes marquaient le jour du printemps, dans l'ancienne Rome. Pour cette occasion, on organisait une sorte de loterie de l'amour. Cela consistait à tirer au hasard le nom des filles et des garçons inscrits, de façon à former des couples qui sortiraient ensemble tout le reste de l'année !

De nos jours, un amoureux se doit d'offrir un petit mot doux, des fleurs ou du chocolat à sa préférée, lors de la Saint-Valentin…

La fête des Mères : histoire et actualité

Le 16 juin 1918, à Lyon, est célébrée la première « Journée des mères ». À la suite de cet événement, l'idée d'une « Journée des Mères de Famille » est lancée. Selon certains, les Français se seraient inspiré des Américains qui, durant la Première Guerre mondiale, envoyaient massivement du courrier à l'occasion de la fête des Mères qui existait déjà aux États-Unis. À ce moment-là, la date envisagée pour cette fête est le 15 août.

Le 9 mai 1920, le ministre de l'Intérieur autorise la première « Journée Nationale des Mères de familles nombreuses ». L'apothéose de la fête se déroula à Paris le 19 décembre, bien loin du 15 août initialement prévu !

Le Gouvernement prend alors la décision de célébrer chaque année la « Journée des mères ». La première cérémonie eut lieu le 20 avril 1926. Le 24 mai 1950, le texte de loi instituant la fête des Mères est signé par le président de la République Vincent AURIOL : *La fête des Mères est fixée au dernier dimanche de mai, si cette date coïncide avec celle de la Pentecôte, la fête des Mères a lieu le premier dimanche de juin.*

La fête des Pères : histoire et actualité

Sans remonter au *Pater familias* romain, dont le terme usuel aujourd'hui évoque l'autorité plus que la tendresse, ce sont à nouveau les Américains, comme pour les mamans, qui ont consacré les premiers un moment aux papas. Car il fallait rendre les deux sexes égaux, mais cette fois à l'envers ! Calvin Coolidge, Président de 1924 à 1929, inaugure son mandat par la création d'un jour spécial dédié aux papas, et Lyndon Johnson, successeur de John F. Kennedy, fixe cette fête au troisième dimanche de juin en 1966. Comme en France, alors que la date diffère des États-Unis pour la fête des Mères. On ne peut pas toujours être égaux !

La fête de la Musique

Lancée en 1982 par le ministre de la Culture Jack Lang, la fête de la Musique a lieu tous les 21 juin, jour du solstice d'été.

Très différente d'un festival de musique, la fête de la Musique est avant tout une fête populaire gratuite, ouverte à tous les participants (amateurs ou professionnels) qui souhaitent s'y produire.

Elle mêle tous les genres musicaux et s'adresse à tous les publics, avec pour objectif de populariser la pratique musicale et de familiariser jeunes et moins jeunes de toutes conditions sociales à toutes les expressions musicales. C'est la raison pour laquelle son territoire privilégié est le plein air, les rues, les places, les jardins, les cours d'immeubles, ou de musées ou de châteaux… Mais la fête de la Musique est également l'occasion de suggérer aux grandes institutions musicales (orchestres, opéras, chœurs, etc.) de sortir de leurs lieux habituels de représentation, ou au contraire d'accueillir des genres musicaux parfois considérés comme mineurs : musiques traditionnelles, musiques populaires, jazz, rock, rap, techno, etc.

Elle offre ainsi la possibilité de créer des courants d'échanges entre les centres-villes et leur périphérie, de proposer des concerts dans les hôpitaux ou dans les prisons, de développer la rencontre et l'échange de jeunes musiciens et de nouveaux talents.

• Fêtes de quartier

Compréhension écrite •
Compréhension orale •
Expression orale

• Fêtes de quartier

Ressources:
- 1 enregistrement
- 1 article de presse
- 1 photo

Transcriptions:
1. Le voisin du dessus fait des fêtes jusqu'à cinq heures du matin alors qu'il sait que mes deux enfants dorment. La dernière fois, je suis allée protester. Il a eu peur et il a déménagé. Bon débarras!
2. Quand je suis arrivé dans l'immeuble, je suis allé me présenter à tous mes voisins. Ce sont surtout des personnes âgées; elles ont apprécié et ma fille Sophie a même reçu un cadeau pour ses quatre ans.
3. Quand je prends l'ascenseur avec un voisin, je dis bonjour mais après, je ne sais pas faire la conversation. Résultat: je ne connais pas mes voisins et ça fait dix ans que j'habite ici!
4. Juste au-dessus de chez moi, il y a une fille vraiment belle. Je n'ose pas lui dire bonjour, c'est bête.
5. J'ai la chance d'avoir des voisins très sympathiques. Nos enfants ont le même âge. Le soir, quand on veut sortir, on s'arrange avec eux et eux font la même chose.
6. Moi, ça fait quarante ans que j'habite dans cet immeuble. Autrefois, je connaissais tout le monde, aujourd'hui, je ne connais plus personne, mais je dis bonjour à tout le monde.

CADRE DE RÉFÉRENCE B1

Lire pour s'informer et discuter
Peut reconnaître les points significatifs d'un article de journal direct et non complexe sur un sujet familier ou non.
Compréhension générale de l'oral
Peut comprendre une information factuelle directe sur des sujets de la vie quotidienne ou relatifs au travail en reconnaissant les messages généraux et les points de détail, à condition que l'articulation soit claire et l'accent courant.
Interaction orale générale
Peut communiquer avec une certaine assurance sur des sujets familiers habituels ou non.

Objectif(s) **Apport d'éléments sur le comportement des Français, leurs rapports de voisinage. Activité interculturelle.**

FICHE EXPRESS | ± 45 min

❶ Sensibiliser au thème en commençant par la lecture du premier texte. Commenter avec les apprenants en faisant appel à leur expérience.
❷ Faire ensuite écouter chaque enregistrement et demander d'indiquer si les expériences sont positives ou négatives. Passer au détail de ces expériences et résumer en quelques mots le problème ou les réactions (voisin bruyant, initiative appréciée, difficulté de communication, timidité…). Commenter de nouveau avec les apprenants.
❸ Passer à la découverte du deuxième texte en précisant la date de la fête de quartier (voir *Pour votre information*). En vérifier la compréhension en demandant quelles sont les deux idées essentielles: lutter contre l'individualisme, lorsque *le voisin est perçu comme celui qui dérange, alors qu'il peut être une vraie chance.*
❹ Demander au groupe de commenter les deux idées exprimées et de parler de leur expérience de bon ou mauvais voisinage chez eux ou lors d'un séjour en France.

Pour votre information

En 1999, l'association « Paris d'amis » lance ce qui deviendra la fête des Voisins. Le succès est immédiat puisque 800 immeubles y participent, permettant de mobiliser plus de 10 000 habitants!

En 2000, grâce au soutien de l'Association des Maires de France, 30 municipalités parrainent l'opération. Dans tout le pays, 500 000 personnes se retrouvent autour d'un verre entre voisins.

En 2001, 70 villes et 20 organismes HLM contribuent au succès grandissant de cet événement, permettant ainsi à plus de 1 000 000 de personnes de prendre part à l'opération « Immeubles en fête ». L'Association des Maires de France, l'Association des Maires de grandes villes de France et l'Union nationale HLM s'impliquent fortement.

En 2002, la dynamique s'amplifie encore: 126 municipalités et des offices HLM sont partenaires. Pour cette 3e édition nationale, plus de 2 000 000 d'habitants se sont mobilisés dans toute la France.

En 2003, « Immeubles en fête » prend une dimension internationale et s'installe en Belgique, au Portugal et en Irlande. L'objectif pour cette première édition internationale est d'atteindre les 3 000 000 de participants.

• Cubitus

CADRE DE RÉFÉRENCE B1

Lire pour s'orienter
Peut parcourir un texte assez long pour y localiser une information recherchée et peut réunir des informations provenant de différentes parties du texte ou de textes différents afin d'accomplir une tâche spécifique.

Objectif(s) *Recherche d'indicateurs logiques ou chronologiques permettant de rétablir l'ordre chronologique du récit. Recherche d'arguments pour justifier les choix faits.*

FICHE EXPRESS | ± 45 min

❶ Découvrir le contenu des vignettes avec les apprenants. Expliquer certaines expressions : *tomber des hallebardes, un tantinet, je n'en crois pas mes yeux, ça vient de m'échapper…*
❷ Demander aux apprenants de faire des hypothèses sur l'ordre (**d, h, c, a, g, i, e, f, b**).
❸ Demander de justifier leur choix à partir des indices iconographiques et linguistiques.

Suggestions, remarques

Les indices pour retrouver l'ordre des vignettes :
• Les premières vignettes correspondent au départ en vacances par beau temps (**d** et **h**).
• La première lettre à Sémaphore commence par : *Je suis bien arrivé* (**c**).
• Réponse étonnée de Sémaphore à l'information sur le temps (**a**).
• Lettre du héros qui répond à Sémaphore qui écrivait : *je me demande si tu n'embellis pas un tantinet* en commençant sa lettre par : *Pas du tout !* (**g**).
• Étonnement répété de Sémaphore dans sa lettre : *je n'en crois pas mes yeux* (**i**), suivi de la proposition : *profites-en* (**e**). Cette vignette (**e**) suit la vignette (**i**) car *Ah oui !* est la suite de *ça vient de m'échapper… attends…* De même que la vignette (**f**) montre Sémaphore faisant un geste qui signifie « bon débarras » après avoir posté sa lettre. C'est la lettre qu'il vient d'écrire qu'il a postée.
• La dernière vignette est (**b**) qui montre notre héros furieux de s'être fait piéger.

Pour votre information

Cubitus
Né en 1945 dans la région de Charleroi et aujourd'hui disparu, c'est en 1968 que Dupa, auteur-dessinateur de bandes dessinées, a créé pour le journal *Tintin*, les mésaventures humoristiques d'un gros chien débonnaire auquel il avait donné l'aspect sympathique d'une grosse boule de poils blancs et le nom d'un os : Cubitus.
Le « gros toutou le plus sympa de la BD » a depuis acquis une immense popularité auprès des bédéphiles de 7 à 77 ans et atteint une renommée internationale. Son maître Sémaphore, vieux loup de mer à la retraite, Sénéchal, le chat souffre-douleur d'à côté, et l'escargot, fidèle témoin de leurs mésaventures hilarantes, l'accompagnent au fil des albums (au nombre de 39).
En octobre 2002, une statue Cubitus, a été érigée en l'honneur de Dupa, à Limal, village de l'entité de Wavre (Belgique) qui fut le sien pendant plus de 30 ans et qu'il aimait tant.

pp. 138-139

● Peut-on définir l'intelligence ?

Compréhension écrite •
Expression orale

● Peut-on définir
l'intelligence ?

Ressources :
- 1 texte
- 1 dessin
- 1 test

CADRE DE RÉFÉRENCE B1

Lire pour s'orienter
Peut parcourir un texte assez long pour y localiser une information recherchée et peut réunir des informations provenant de différentes parties du texte ou de textes différents afin d'accomplir une tâche spécifique.
Discussion informelle
Peut exprimer sa pensée sur un sujet abstrait ou culturel. Peut expliquer pourquoi quelque chose pose problème. Peut commenter brièvement le point de vue d'autrui.

Objectif(s) *Échanges de points de vue et d'arguments sur un thème d'intérêt général.*

FICHE EXPRESS ± 30 min + 30 min

❶ Faire lire les définitions de la page 138 et demander le point de vue des apprenants sur le principe (dénombrer des formes d'intelligence), sur le nombre et les types d'intelligence énumérés, sur une éventuelle hiérarchisation.

❷ Faire faire le test individuellement (sauf à ceux qui ont quelque réticence à le faire, mais bien leur préciser qu'il s'agit d'un jeu) en donnant les explications lexicales nécessaires.

❸ Une fois le test fait, chacun dira si les résultats correspondent à sa forme d'intelligence ou non. Chacun pourra donner son avis sur les tests en général, et ce test en particulier.

Suggestions, remarques

Chacun a une opinion sur ce thème qui peut être l'occasion de passer du familier et du concret (*c'est vrai j'aime, je n'aime pas, je suis comme ceci ou comme cela…*) au moins familier et à l'abstrait (*à mon avis, on peut avoir plusieurs formes d'intelligence, je pense que ce test est trop simpliste…*).
Cette activité peut déboucher, selon le temps imparti et l'humeur du professeur et du groupe, sur un débat organisé selon les règles définies en séquence 7.

Expression orale

> • Ni oui ni non

Ressources :
- 1 liste de thèmes
- 1 liste de diverses manières de dire *oui* ou *non*

séquence 12 : *Pratique des discours*

p. 140

> • Ni oui ni non

CADRE DE RÉFÉRENCE B1

Conversation
Peut réagir à des sentiments tels que la surprise, la joie, la tristesse, la curiosité, l'indifférence et peut les exprimer.

Objectif(s)
Production orale, entraînement à l'interaction, recherche d'arguments et structuration du discours.

FICHE EXPRESS | ± 45 min

❶ Faire lire tout d'abord la consigne et s'assurer de sa compréhension. Organiser ensuite le groupe en sous-groupes de deux personnes. Chaque sous-groupe choisit un thème. Laisser à chaque sous-groupe le temps de consulter la liste des « ni oui ni non », puis à celui ou celle qui commence à poser les questions le temps (3 minutes) de les préparer.

❷ Le professeur rappelle la consigne (questions devant amener des réponses par *oui* ou *non* mais attention à ne répondre ni par *oui*, ni par *non*) et demande à chaque « tandem » de se produire devant les autres. On peut demander à celui ou celle qui répond de justifier son accord ou son désaccord par des arguments (*C'est faux, parce que la musique rapporte un message… / En effet, il vaut mieux regarder des films en version originale, car…*).

Suggestions, remarques

Deux éléments sont à prendre en compte dans ce genre d'activité : le lexique nécessaire pour l'expression des idées et la façon de les organiser. L'activité peut donc être précédée d'un échange d'idées avec les apprenants leur permettant de l'aborder de manière plus riche ou efficace linguistiquement.

Il est possible de prendre chaque thème et d'en voir les aspects positifs ou négatifs, de les relever et les classer de sorte que les apprenants aient de la matière et qu'ils puissent être repris lors du jeu du « ni oui ni non ».

Expression orale

> • Vous avez aimé et pourquoi ?

> • Vous avez aimé et pourquoi ?

CADRE DE RÉFÉRENCE B1

Monologue suivi
Peut développer une argumentation suffisamment bien pour être compris sans difficulté la plupart du temps.

Objectif(s) ***Production orale, recherche d'arguments et structuration du discours.***

FICHE EXPRESS **± 45 min**

1. Demander à chaque apprenant de préparer pendant une dizaine de minutes son intervention.
2. Chaque apprenant présente son point de vue sur un livre.
3. Une évaluation peut se faire à l'issue de chaque présentation, par le groupe et par l'enseignant sur les capacités de synthèse et sur la cohérence du discours.

Suggestions, remarques

Cette activité doit être l'occasion d'observer la structuration de chaque monologue. Le discours doit en effet, après une courte présentation du livre et de son auteur, comporter des arguments principaux et secondaires. Les arguments prennent en compte l'intérêt du thème traité ainsi que la façon dont il est traité.
Éventuellement, ces présentations peuvent être suivies d'un débat sur les livres présentés.

p. 141

• Écriture d'une nouvelle

Compréhension écrite •
Expression écrite

• Écriture d'une
nouvelle

Ressources :
• 1 trame de nouvelle
• 1 dessin de couverture

CADRE DE RÉFÉRENCE B1

Lire pour s'orienter
Peut parcourir un texte assez long pour y localiser une information recherchée et peut réunir des informations provenant de différentes parties du texte ou de textes différents afin d'accomplir une tâche spécifique.
Écriture créative
Peut écrire la description d'un événement, un voyage récent, réel ou imaginé. Peut raconter une histoire.

Objectif(s) *Recherche collective d'idées en vue de l'élaboration d'une narration. Sensibilisation à l'écriture créative.*

FICHE EXPRESS ± 50 min + 50 min

❶ Découvrir avec les apprenants la trame de la nouvelle, du chapitre I au chapitre V : répertorier avec eux les personnages et les lieux mentionnés. Préciser l'intrigue.

❷ Passer au choix des chapitres que les apprenants pensent intéressant de développer (par exemple, les chapitres III, IV, V et VI, ou III et VI seulement ce qui constitue déjà quatre groupes) et aider à constituer les groupes.

❸ Laisser à chaque groupe le temps d'élaborer le récit (attention à la cohérence, chapitres III et IV).

❹ Assembler les chapitres et demander aux groupes de lire leur texte. Une correction des textes sera faite par le professeur par la suite.

Suggestions, remarques

Cette activité permet de sensibiliser les apprenants aux techniques de l'écriture créative. Elle suppose au départ une trame à partir de laquelle il est possible d'opter pour l'élaboration de différents types de texte : narratif, explicatif, descriptif. La trame est le fil conducteur qui donne au texte sa cohérence.

• Littérature : Marguerite Duras

Compréhension écrite •
Compréhension orale

• Littérature :
Marguerite Duras

Ressources :
• 1 enregistrement
• 4 textes de Marguerite Duras
• 4 documents iconographiques

Transcriptions :
A. Marguerite Duras est née en 1914, à Gia Dinh en Indochine dans la banlieue de Saigon. Son enfance et les lieux où elle a vécu sont très présents dans son œuvre. Lorsque son père meurt, sa mère, Marie Donnadieu, institutrice à Sadec décide de rester en Indochine. Elle achète une concession. Marguerite va ensuite à Saigon au lycée. Elle fait le voyage parfois entre Saigon et Sadec et traverse alors le fleuve.

B. Ce que j'aime chez Duras c'est son style, une simplicité étonnante, mais en même temps une sorte de magie. Elle a une maîtrise des dialogues... quand elle décrit des personnages ou des lieux, on a l'impression de les voir, de les toucher.

C. Dans plusieurs romans de Marguerite Duras, le personnage de la mère est très présent, mais dans celui-ci en particulier, on suit le combat de cette femme vieillissante qui se bat contre tout : la corruption, son destin, l'océan qui envahit son pauvre territoire.

D. C'est un film de Marguerite Duras que j'ai adoré, c'est une histoire d'amour absolu, qui frôle la folie, une ambiance très étrange, bizarre. Marguerite Duras a entrevu l'Inde à 17 ans, le temps d'une escale à Calcutta. Des voix racontent ou plutôt évoquent l'histoire

CADRE DE RÉFÉRENCE B1

Lire pour s'orienter
Peut parcourir un texte assez long pour y localiser une information recherchée et peut réunir des informations provenant de différentes parties du texte ou de textes différents afin d'accomplir une tâche spécifique.
Compréhension générale de l'oral
Peut comprendre une information factuelle directe sur des sujets de la vie quotidienne ou relatifs au travail en reconnaissant les messages généraux et les points de détail, à condition que l'articulation soit claire et l'accent courant.

Objectif(s) *Découverte d'un écrivain et d'une écriture. Motivation à la lecture d'un roman de Marguerite Duras.*

FICHE EXPRESS | ± 50 min

❶ Demander aux apprenants de lire le premier texte : la chanson *India Song*. Les interroger sur leurs impressions, demander s'ils aiment ou non et pour quelles raisons. Resituer le film et sa thématique dans l'œuvre de M. Duras (voir dans *Pour votre information*).

❷ Même démarche avec le texte extrait d'*Un barrage contre le Pacifique*. Resituer cet extrait dans l'histoire de la mère et des enfants (voir *Pour votre information*). Attirer l'attention sur l'écriture, l'art de la narration qui permet de visualiser la scène décrite, une écriture qui est d'autre part au plus près de l'action et de ce que ressentent les personnages.

❸ Passer au troisième texte extrait de *L'Amant*. Noter la similitude d'écriture avec le texte précédent. Le deuxième paragraphe donne « à voir », et fait penser à un script de film.

❹ Passer au dernier texte, l'extrait du *Navire Night*. Noter avec les apprenants ce qui caractérise cet extrait : une suite d'indications scéniques écrites de telle sorte qu'on imagine la conversation à partir des phrases à la fois purement factuelles (*elle se dit être, il dit être, elle dit que, il dit que...*) et qu'elles dépassent, par leur écriture l'aspect purement technique. Reprendre la lecture pour noter le rythme des phrases, leur découpage (EXEMPLE : *ils se parlent, parlent ; Ils se décrivent... Longs*).

❺ Faire écouter les enregistrements. Chacun évoque un texte. Le travail fait précédemment devrait permettre de trouver le texte correspondant. Le professeur pourra compléter les informations données par celles qui sont à sa disposition dans *Pour votre information*.

Suggestions, remarques

Autre façon de procéder : demander aux apprenants de lire tous les textes et de choisir celui ou ceux qu'ils préfèrent et qui sera relu et analysé avec eux.

d'amour entre Anne-Marie Stretter, femme d'un ambassadeur de France aux Indes et le vice-consul de France à Lahore. J'ai adoré la musique de ce film !

Faire écouter la chanson de Jeanne Moreau, *India Song*.

Faire aussi écouter la chanson de Jeanne Moreau : *J'ai la mémoire qui flanche*. (Voir les références dans *Pour votre information*.)

Pour votre information

Marguerite Duras

Étonnante Marguerite Duras ! Née en 1914, à Gia Dinh, Indochine, dans la banlieue de Saïgon. Son père, Henri Donnadieu – un patronyme qu'elle n'aime pas et remplacera par le nom d'un village du Sud-Ouest de la France d'où sa famille paternelle est originaire – enseigne les mathématiques et fait carrière au Tonkin, en Cochinchine et au Cambodge. Lorsqu'il est rapatrié en France pour des raisons sanitaires et meurt encore jeune, sa femme, Marie Legrand, née dans une ferme de Picardie, décide de rester en Indochine avec ses deux fils et la petite Marguerite âgée de quatre ans.

Le voilà le personnage incontournable de la vie et de l'œuvre de Duras : la Mère. Celle d'*Un barrage contre le Pacifique* (1950) que l'on retrouve trente ans plus tard dans *L'Amant*, toujours la même, entière, courageuse et obstinée jusqu'à l'absurde dans ses choix et ses partis pris, aimée et détestée, respectée et dénigrée à la fois. Devenue veuve, elle sollicite une concession au Cambodge, en se proposant de la mettre en valeur. Mais, trop naïve pour voir la corruption de l'administration et comprendre qu'il n'y a pas de concession cultivable sans dessous-de-table, elle perdra toutes ses économies et se ruinera en construisant des barrages pour protéger en vain ses rizières contre l'envahissement annuel de la mer.

Duras s'investira dans la littérature avec la même détermination et la même opiniâtreté que sa mère dans ses plantations d'Indochine ou, plus tard, en France, dans la viticulture et l'élevage. Duras sort, en 1943, son premier roman, *Les Impudents*, et l'année suivante *La Vie tranquille*, que l'écrivain Raymond Queneau, impressionné par ce jeune talent, fera publier chez Gallimard. Mieux encore, en 1950, lorsque paraît *Un barrage contre le Pacifique*, avec lequel elle rate de peu le prix Goncourt, du fait de son engagement communiste. Car Duras, qui était arrivée en France à dix-huit ans pour y faire ses études, avait déjà beaucoup vécu : une licence en droit et un poste au ministère des Colonies ; en 1939, un mariage avec le poète Robert Antelme ; un enfant mort-né en 1942 ; Paris sous l'Occupation et les groupes de résistants ; son mari arrêté ainsi que sa belle-sœur Marie-Laure, qui mourra en déportation. Antelme survivra et sera ramené de Dachau par François Mitterrand, qui avait introduit Marguerite dans la Résistance et accompagné les Américains à l'ouverture des camps.

Après la Libération, Duras adhère au Parti communiste français, qu'elle quittera en 1950, après le coup de Prague. Dans l'intervalle, aucune publication, mais la vente de l'*Humanité* et des activités de militante. La vie à trois aussi, avec Antelme et Dionys Mascolo. À trente ans, dans le bouillonnement créatif de l'après-guerre, Duras, qui voisine avec Sartre à Saint-Germain-des-Prés, est déjà une vedette de l'intelligentsia parisienne. Mais, il lui faudra encore quarante ans, et pas mal de rides supplémentaires, pour devenir une figure mondiale des lettres et du cinéma.

Duras ne connaît pas de frontières. Pour elle, il n'y en a pas entre les exigences du cœur, même les plus contradictoires. Pas plus qu'entre les caprices du corps, ou entre le vin et l'alcool, le whisky dans *le Marin de Gilbratar* (1952), le campari dans *les Petits Chevaux de Tarquinia* (1953) ou le vin rouge de *Moderato cantabile* (1958). Pas de frontière non plus entre le roman, le théâtre, le cinéma et le journalisme. Lorsqu'elle écrit

Des journées entières dans les arbres (1954), elle en fait indifféremment un livre, une pièce, un film.

Duras ne maîtrise qu'une seule chose : l'écriture et ce « bruit » très particulier que font les mots lorsqu'elle les assemble. N'est-ce pas déjà beaucoup ? Tout ce qu'elle sent, elle l'écrit en enfilant les syllabes comme un artiste des perles. C'est avec l'oreille, plus encore qu'avec les yeux, qu'il faut lire ses livres ou voir ses films.

Son œuvre

Après un récit autobiographique encore empreint de réalisme, où elle évoque son enfance et son adolescence passées en Indochine (*Un barrage contre le Pacifique*, 1950), Marguerite Duras s'oriente vers des œuvres en apparence statiques, où les personnages tentent d'échapper à la solitude pour donner un sens à leur vie par l'amour absolu (*le Ravissement de Lol V. Stein*, 1964 ; *Le Vice-Consul*, 1966), le crime ou la folie (*Moderato cantabile*, 1958 ; *l'Amante anglaise*, 1967). Incapables de vraiment communiquer, ses héroïnes vivent *sans savoir pourquoi*, mais attendent que *quelque chose sorte du monde et vienne à (elles)*. Des dialogues d'une apparente inanité traduisent cette attente pathétique (*L'Après-midi de Monsieur Andesmas*, 1962), suggèrent *ces situations ambiguës et inextricables* (*Détruire, dit-elle*, 1969) ou évoquent des personnages atteints *d'une faiblesse essentielle et mortelle* (*La Maladie de la mort*, 1983).

Avec *L'Amant* (1984) et *L'Amant de la Chine du Nord* (1991), l'écrivain revient à l'Indochine des années trente, pour dire aussi bien le paroxysme de la jouissance, la douleur de la mort que le désir toujours recommencé d'écrire. *Yann Andréa Steiner* (1992) est consacré à son ultime amant et compagnon, un jeune homme qui partagea les dix dernières années de sa vie. En tout, son œuvre rassemble une quarantaine de romans, une dizaine de pièces de théâtre et de films écrits et (ou) réalisés (dont *India Song*, 1975).

D'après Jean-Louis Arnaud

Un barrage contre le Pacifique (1950)

La mère, vieille femme usée et malade, vit avec ses deux enfants, Joseph et Suzanne, vingt et dix-sept ans, dans sa concession de la plaine de Ram en Indochine. Cette concession, c'est le drame de sa vie : elle y a englouti les économies de quinze années de privations et de sacrifices. Or l'administration coloniale lui a vendu une zone incultivable parce qu'inondée à chaque marée de juillet. La mère, aidée par des paysans auxquels elle a communiqué son désir de se battre, avait fait établir alors d'immenses barrages qui ont cédé immédiatement devant le flot, et elle a définitivement baissé les bras.

India Song : texte, théâtre, film (1982)

Simple histoire d'amour racontée par des voix. Sur un fond de misère et de splendeur écrasantes : l'Inde des années trente. Un très beau texte qui allie intensité poétique et puissance d'évocation.

Jeanne Moreau a rencontré Marguerite Duras pour la première fois en 1958, l'année où l'égérie de la Nouvelle Vague faisait scandale dans *Les Amants* de Louis Malle.

La comédienne connaît bien Marguerite Duras. Elle a chanté le thème d'*India Song*, un film réalisé par Duras, et tourné avec elle *Nathalie Granger*. Elle a aussi joué dans deux films adaptés de ses œuvres : *Moderato Cantabile*, de Peter Brook, et *le Marin de Gibraltar*, de Tony Richardson.

Jeanne Moreau a aussi joué et chanté dans le film *Jules et Jim* (1962) de François Truffaut, d'après le roman d'Henri-Pierre Roché, *Jules et Jim*, Gallimard.

La chanson du film *J'ai la mémoire qui flanche* est devenue célèbre. Paroles : G. Bassiak. Musique : G. Bassiak, F. Rauser, 1963.

L'Amant (1986)

Dans l'ambiance languissante de l'Indochine coloniale des années trente, entre forêt et fleuve, une jeune Blanche qui n'a pas seize ans découvre le plaisir avec un riche Chinois et s'arrache progressivement à une insupportable famille. Le plus autobiographique des récits de l'auteure. Le récit d'une passion charnelle, scandaleuse et sans avenir. Prix Goncourt 1984.

Le Navire Night (1986)

Six textes de films et de courts métrages, d'une écriture poétique, sensibles, avares de mots, en partie hermétiques, allusifs et profonds. Un critique a fait remarquer que ces textes font comprendre pourquoi, à travers l'expérience unique de Duras, les mots ont besoin d'images. Mise en parallèle avec une phrase du *Navire Night* : *Le désir est mort*, tué par une image, cette remarque éclaire d'un jour nouveau et paradoxal les intentions de l'auteure.

**Compréhension orale •
Expression orale**

• Chanson : *Qu'est-ce qui nous tente ?*

Ressources :
• L'enregistrement original
  de la chanson
• le texte de la chanson
• 1 photo de Louise
  Attaque

Transcriptions :
Qu'est-ce qui nous tente ?
Qu'est-ce qui nous donne ces
                [envies ?
Qu'est-ce qui nous enchante,
Qu'est-ce qui nous réveille la
                [nuit ?
Souvent souvent c'est les
                [certitudes,
de temps en temps c'est la
                [solitude
Très peu pour moi les habitudes
sinon J'vais passer pour un con
Qu'est-ce qu'on en pense ?
Qu'est-ce qu'on se marre tous
                [les deux
Qu'est-ce qu'on supporte ?
Qu'est-ce qui pourrait bien
                [nous rendre heureux ?
Un souffle autour du cou,
                [un repas-ciné pour deux
Franchir le rubicond voire mieux
Sinon j'vais passer pour un...
Dans un sens partir vaut mieux
 [que de souffrir de négligence
On pourrait s'ouvrir dans tous
                [les sens
Ça n'aurait plus d'importance
Qu'est-ce qui nous tente ?
Qu'est-ce qui nous donne ces
                [envies ?
Qu'est-ce qui m'arrive ?
Qu'est-ce que je fais encore ici ?
J'ai bien plus d'habitudes
        [qu'on avait de certitudes
Et plus encore de solitude
   [que l'on avait pris d'altitude
Dans un sens partir vaut mieux
 [que de souffrir de négligence
On pourrait... dans tous les sens
Ça n'aurait plus d'importance
Faut pas se laisser gagner
        [par l'euphorie de croire
Que l'on est un homme
                [important.

séquence 12 : *Pratique des discours*

p. 144

• Chanson : *Qu'est-ce qui nous tente ?* **Louise Attaque**

CADRE DE RÉFÉRENCE B1

Comprendre les enregistrements
Peut comprendre l'information contenue dans la plupart des documents enregistrés.
Discussion informelle
Peut exprimer sa pensée sur un sujet abstrait ou culturel. Peut expliquer pourquoi quelque chose pose problème. Peut commenter brièvement le point de vue d'autrui.

Objectif(s) **Sensibilisation à la chanson française. Apprentissage d'une chanson.**

FICHE EXPRESS ± 45 min

❶ Faire d'abord entendre la chanson en demandant de repérer les mots qui leur semblent les plus importants, démarche qui correspond à une demande de compréhension générale : *très peu pour moi les habitudes sinon j'vais passer pour un con*.

❷ Faire une deuxième écoute pour affiner la compréhension en demandant de repérer les répétitions de *Qu'est-ce que...* dans les quatre premiers vers et reprises dans la chanson.

❸ Passer au texte qui sera lu avec les apprenants auxquels les difficultés lexicales seront expliquées.

❹ Repasser la chanson qui pourrait être mémorisée.

Suggestions, remarques

Il va de soi que le travail d'ordre linguistique ne doit pas se faire au détriment de l'affectif et de la sensibilité à la poésie de la chanson.

Pour votre information

Le groupe Louise Attaque
Les premières fois que le public et les médias ont entendu parler de Louise Attaque, chacun se demandait ce que cachait ce drôle de nom. Rapidement, le bouche à oreille fonctionnant, on a vu émerger pendant l'année 1997, un des meilleurs groupes de la jeune scène française.
En avril 1997, sort un album intitulé *Louise Attaque*.
Début 1998, on comptabilise quelques 400 000 albums vendus. Succès phénoménal. Le groupe entreprend une tournée qui passe par Paris à la Cigale et par le festival du Printemps de Bourges. On les voit aussi au festival des Francofolies de La Rochelle pour un concert triomphal.
Le 20 février 1999, ils se voient attribuer la victoire de la Musique du groupe de l'année, soulignant au passage le score extraordinaire de 2,5 millions d'albums vendus depuis 1997.
La petite Louise est de retour en janvier 2000 pour un second album, *Comme on a dit*.
Au cours de l'été 2000, le groupe, qui cherche toujours à cultiver une démarche hors de l'industrie musicale, décide de monter ses propres festivals avec ses propres invités, tous des amis : les Wampas, Sergent Garcia, Mickey 3D...
En octobre 2001, deux des quatre membres de Louise Attaque, Gaëtan Roussel et Arnaud Samuel, sortent un album en duo sous le nom de Tarmac.

Évaluation PARCOURS 3

pp. 145-146-147

• Compréhension orale

CADRE DE RÉFÉRENCE B1

Compréhension générale de l'oral
Peut comprendre une information factuelle directe sur des sujets de la vie quotidienne ou relatifs au travail en reconnaissant les messages généraux et les points de détail, à condition que l'articulation soit claire et l'accent courant.

Corrigé

1. L'émission de Pierre Morin permet à un auteur de défendre son livre.
2. Les critiques ne savent pas qui est l'auteur invité à l'émission.

	vrai	faux
1. Il s'agit d'une émission radiophonique.	☐	☒
2. L'émission traite de livres qui vont être publiés.	☐	☒
3. Les critiques n'ont pas une longue expérience de leur métier.	☒	☐
4. Les critiques n'hésitent jamais à donner leur avis.	☒	☐
5. Seuls les ouvrages récents sont traités dans l'émission.	☒	☐
6. Seuls les ouvrages de bande dessinée ne sont pas traités.	☐	☒
7. Les auteurs critiqués ne viennent pas à l'émission.	☐	☒
8. Le public aime cette émission qui permet de connaître les nouveaux livres.	☐	☒

• Compréhension écrite

CADRE DE RÉFÉRENCE B1

Compréhension générale de l'écrit
Peut lire des textes factuels directs sur des sujets relatifs à son domaine et à ses intérêts avec un niveau satisfaisant de compréhension.
Lire pour s'orienter
Peut parcourir un texte assez long pour y localiser une information recherchée et peut réunir des informations provenant de différentes parties du texte ou de textes différents afin d'accomplir une tâche spécifique.

Corrigé

1.

	Apprécie	N'apprécie pas	Nuance son avis	Ne donne pas son avis
Marie	☐	☒	☐	☐
Josuah	☐	☒	☐	☐
Samira	☐	☐	☐	☒
Suzy	☐	☒	☐	☐

• Compréhension orale

Transcriptions:

– Pierre Morin, bonjour, merci de nous recevoir. Nous allons parler aujourd'hui de votre émission de critique littéraire à la télévision. Il s'agit d'une émission un peu particulière, qui ne sert pas seulement à faire vendre des livres. Quel en est le principe?

– Eh bien, en fait il y a deux principes; le premier principe c'est que de jeunes critiques puissent, en toute liberté, donner leur avis sur un livre qui vient d'être publié, en disant véritablement ce qu'ils pensent de l'auteur. Le deuxième principe, qui est original, c'est que j'ai invité, sans le dire aux critiques, l'un des auteurs dont on parle. C'est l'invité « surprise ». Les critiques ne savent pas qui j'ai invité.

– Ainsi, le petit groupe de critiques peut parler librement d'un livre sans savoir que, d'un moment à l'autre, ils vont peut-être se retrouver en face-à-face avec l'auteur qu'ils viennent de critiquer?

– Oui, c'est ce qui est intéressant, parce que les jeunes critiques n'hésitent pas à dire vraiment ce qu'ils pensent, à donner leur avis, à signaler une découverte. Ils parlent de toutes les nouveautés, sans distinction, de la bande dessinée aux grands classiques.

– Et vous pensez que ce principe est véritablement intéressant? Est-ce que ce n'est pas difficile pour l'auteur qui a été critiqué de se retrouver en face des personnes qui n'ont pas aimé son livre?

– Non au contraire, c'est une occasion pour lui de savoir sur quoi portent les critiques, positives ou négatives et de

défendre ses positions pour les faire connaître aux téléspectateurs.
– Pensez-vous que vos jeunes critiques disent franchement tout ce qu'ils pensent ? Car enfin, ils savent qu'ils peuvent être confrontés à l'auteur et se mettre dans une situation difficile !
– C'est justement cela qui fait l'intérêt de l'émission, en effet, les critiques n'ont pas tous le même avis, les débats sont souvent très animés, entre eux d'abord, puis avec l'auteur. C'est cela que le public apprécie, car ça lui permet de se faire sa propre opinion.
– Pierre Morin, je vous remercie.
– C'est moi qui vous remercie.

• Compréhension écrite

Bruno	☒	☐	☐	☐
Karine	☒	☐	☐	☐
Hugo	☐	☒	☐	☐
Orianne	☐	☐	☐	☒
Olivier	☐	☐	☒	☐

2.

	Marie	Josuah	Samira	Suzy	Bruno
La techno ressemble au rythme du travail.	☐	☐	☐	☐	☐
La techno est créative.	☐	☐	☐	☐	☒
L'amour et la musique sont inséparables.	☐	☐	☐	☐	☐
La techno est impersonnelle.	☒	☐	☐	☐	☐
Il y a différents styles de techno.	☐	☐	☐	☐	☐
C'est facile de critiquer.	☐	☐	☐	☐	☐
Les musiciens de techno sont des opportunistes.	☐	☒	☐	☐	☐
La techno est appréciée par les critiques.	☐	☐	☒	☐	☐
La techno anesthésie les esprits.	☐	☐	☐	☒	☐

	Karine	Hugo	Orianne	Olivier
La techno ressemble au rythme du travail.	☐	☒	☐	☐
La techno est créative.	☐	☐	☐	☐
L'amour et la musique sont inséparables.	☐	☐	☒	☐
La techno est impersonnelle.	☐	☐	☐	☐
Il y a différents styles de techno.	☐	☐	☐	☒
C'est facile de critiquer.	☒	☐	☐	☐
Les musiciens de techno sont des opportunistes.	☐	☐	☐	☐
La techno est appréciée par les critiques.	☐	☐	☐	☐
La techno anesthésie les esprits.	☐	☐	☐	☐

• Production orale (en interaction)

CADRE DE RÉFÉRENCE **B1**

Production orale générale
Peut assez aisément mener à bien une description directe et non compliquée de sujets variés dans son domaine en la présentant comme une succession linéaire de points.
Interaction orale générale
Peut communiquer avec une certaine assurance sur des sujets familiers habituels ou non en relation avec ses intérêts et son domaine professionnel.
Peut aborder sans préparation une conversation sur un sujet familier, exprimer des opinions personnelles et échanger de l'information sur des sujets familiers, d'intérêt personnel ou pertinents pour la vie quotidienne.

Corrigé

Accepter toutes les propositions vraisemblables et correctes d'un point de vue grammatical et sémantique.

• Production écrite

CADRE DE RÉFÉRENCE **B1**

Production écrite générale
Peut écrire des rapports très brefs de forme standard conventionnelle qui transmettent des informations factuelles courantes et justifient des actions.

Corrigé

Accepter toutes les propositions vraisemblables et correctes d'un point de vue grammatical et sémantique.

Évaluation sommative

PARCOURS 3

Cette évaluation n'est pas obligatoire, libre à vous de décider de l'utiliser ou non.
Elle permet de vérifier si le niveau des apprenants correspond bien au niveau B1 défini par le Conseil de l'Europe dans le Cadre européen commun de référence pour les langues *et peut répondre à une éventuelle demande institutionnelle d'évaluation chiffrée.*

• Interaction orale (compréhension et expression)

CADRE DE RÉFÉRENCE B1

Production orale générale
Peut assez aisément mener à bien une description directe et non compliquée de sujets variés dans son domaine en la présentant comme une succession linéaire de points.
Interaction orale générale
Peut communiquer avec une certaine assurance sur des sujets familiers habituels ou non en relation avec ses intérêts et son domaine professionnel.
Peut aborder sans préparation une conversation sur un sujet familier, exprimer des opinions personnelles et échanger de l'information sur des sujets familiers, d'intérêt personnel ou pertinents pour la vie quotidienne.
Discussion informelle
Peut comparer et opposer des alternatives en discutant de ce qu'il faut faire, où il faut aller, qui désigner, qui ou quoi choisir...
Discussion formelle
Peut prendre part à une discussion formelle courante sur un sujet familier conduite dans un langage standard qui suppose l'échange d'informations factuelles.

La conversation est interactive : l'apprenant y est tour à tour émetteur et récepteur, locuteur et destinataire. Il va devoir faire la preuve simultanée de sa compréhension orale et de sa capacité à produire de l'oral en interaction. Ce sont ses réactions (en production), qui vont permettre de vérifier s'il a bien compris le message qui lui a été adressé.
L'évaluation de cette communication interactive va s'attacher à vérifier la cohérence entre la compréhension et la production. Elle prendra également en compte les stratégies que l'apprenant va mettre ou non en œuvre pour prouver ses capacités (demandes de clarification, clarification des malentendus, rétablissement de la communication).

Conversation informelle ou formelle – 5 à 10 min
Cette conversation porte sur les acquis de *Studio +*. Les questions permettent de vérifier le niveau de l'apprenant en fonction du *Cadre de référence*.

Tout d'abord, prenez connaissance du barème de notation, puis, après avoir accueilli l'apprenant, posez-lui quelques questions pour le mettre à l'aise : *Bonjour, asseyez-vous / assieds-toi. Comment allez-vous / vas-tu ?* etc.
Faites-lui ensuite tirer au sort l'une des trois situations de communication suivantes (l'épreuve ne porte que sur une seule situation. Si celle qu'il a

214

tirée au sort ne semble pas lui plaire, il peut en tirer une seconde) et procédez à la passation de l'épreuve:

Situation 1:
Vous venez de voir un film ou de lire un livre que vous avez trouvé extraordinaire. Pouvez-vous en résumer l'histoire et expliquez votre enthousiasme ?

Questions pouvant être posées:
Bonjour, vous allez souvent au cinéma ? Vous lisez souvent ? Quel est le meilleur film / livre que vous avez vu / lu ? Quel en était le metteur en scène ? l'auteur ? les acteurs ? les personnages ? Pouvez-vous en résumer l'histoire ? Pourquoi avez-vous tellement aimé ce film / livre ? Pour l'intrigue ? Pour le jeu des acteurs / le caractère des personnages ?

Situation 2:
Vous avez assisté à une scène qui a retenu votre attention (comique ou dramatique). Pouvez-vous raconter cette scène, ce que vous avez ressenti et comment vous avez réagi ?

Questions pouvant être posées:
Avez-vous déjà assisté à une scène ou un événement extraordinaire ? Où cela s'est-il passé ? Vous étiez seul(e) ? Que s'est-il passé exactement ? Comment avez-vous réagi ? et les autres personnes présentes ?

Situation 3:
Un(e) ami(e) francophone veut visiter votre pays. Vous lui donnez tous les renseignements pour que son séjour soit agréable.

Questions pouvant être posées:
Quelle date me recommandez-vous ? Pourquoi ? Combien de temps ? Pourquoi ? Quel est le meilleur itinéraire ? Pourquoi ? Et comme moyen de transports ? Quel mode d'hébergement recommandez-vous ?

Barème sur 10 points
- **Phonétique (sur 2 points)**
  Aucun point: la prononciation gène la compréhension.
  1 point: prononciation imparfaite mais qui ne gène pas la compréhension.
  2 points: bonne prononciation.
- **Spontanéité dans l'interaction et compréhension (sur 3 points)**
  Aucun point: ne comprend pas les questions.
  1 point: hésite et fait des réponses partielles.
  2 points: quelques hésitations mais répond en totalité à la question.
  3 points: aucune hésitation.
- **Articulation (sur 1 point)**
  Aucun point: pas ou peu d'articulateurs.
  1 point: présence d'articulateurs ou de connecteurs utilisés à bon escient.
- **Clarification (sur 2 points)**
  1 point: est incapable de dire qu'il / elle ne suit pas ce qui se dit.
  2 points: peut indiquer qu'il / elle ne suit pas, demander de répéter et rectifier.
- **Lexique et morphosyntaxe (sur 2 points)**
  Aucun point: structures non maîtrisées et lexique non acquis.
  1 point: structures en cours d'acquisition et quelques erreurs lexicales.
  2 points: structures maîtrisées et aucune erreur de lexique.

CADRE DE RÉFÉRENCE B1

Lire pour s'orienter
Peut parcourir un texte assez long pour y localiser une information
recherchée et peut réunir des informations provenant de différentes
parties du texte ou de textes différents afin d'accomplir une tâche
spécifique.

L'origine des langues

Les chercheurs affirment qu'au début, il y avait une langue mère qui se serait divisée pendant des milliers d'années en de très nombreuses façons de parler différentes. Aujourd'hui de 6 000 à 6 700 langues existent l'une à côté de l'autre sur la planète. Mais elles ne sont pas réparties de façon égale car 96 % de ces langues sont parlées par seulement 4 % de la population.

Parmi ces langues, la plus importante, le chinois avec 1,1 milliard de locuteurs. Il a permis et permet l'unification du pays. Puis vient l'anglais, qui est la lingua franca universelle ; l'hindi et l'ourdou en Inde sont aussi des langues très importantes ; l'espagnol est de plus en plus parlé aux États-Unis ; le russe a perdu un peu de son importance depuis la fin de l'URSS et enfin l'arabe, qui hésite entre la langue littéraire et officielle et ses nombreux dialectes.

Selon les linguistes, la moitié des 96 % des langues qui restent auront disparu avant la fin du XXIe siècle. Les causes de cette disparition sont nombreuses. C'est par exemple la pression des États qui considèrent que le multilinguisme est une menace pour leur pouvoir. À l'époque, la France avait imposé le français contre les langues régionales avec comme argument la modernité.

Jusqu'à présent, tout le monde semblait accepter la mort des langues. Leurs locuteurs ne pouvaient pas et ne voulaient pas les sauver. Mais aujourd'hui, on est d'accord pour penser que chaque langue est unique, que grâce à elle, la diversité culturelle de la planète est assurée. Des langues qui devaient disparaître résistent : c'est le cas du yiddish ou d'une langue celtique, le cornique au Royaume-Uni.

Répondez aux questions.

	vrai	faux
1. Les chercheurs affirment que les langues se sont divisées en des milliers de langues.	☐	☐
2. La langue la plus parlée dans le monde est l'anglais.	☐	☐
3. Le russe est moins parlé qu'avant.	☐	☐
4. Une des raisons de la disparition des langues est la nécessité de mieux communiquer.	☐	☐
5. Des langues disparaissent à cause de la domination de certaines langues.	☐	☐
6. La situation ne s'améliore pas.	☐	☐

Corrigé

		vrai	faux
1.	Les chercheurs affirment que les langues se sont divisées en des milliers de langues.	☒	☐
2.	La langue la plus parlée dans le monde est l'anglais.	☐	☒
3.	Le russe est moins parlé qu'avant.	☒	☐
4.	Une des raisons de la disparition des langues est la nécessité de mieux communiquer.	☐	☒
5.	Des langues disparaissent à cause de la domination de certaines langues.	☒	☐
6.	La situation ne s'améliore pas.	☐	☒

• Expression écrite

CADRE DE RÉFÉRENCE B1

Écriture créative
Peut écrire des descriptions détaillées simples et directes sur une gamme étendue de sujets familiers dans le cadre de son domaine d'intérêt.

Consigne : Un journal francophone vous demande d'écrire un article sur la façon de fêter le Nouvel An dans votre pays. Vous racontez et expliquez ce qui vous plaît ou déplaît.

Barème (sur 5 points)
- La consigne est respectée et le destinataire du message est pris en compte (un rédacteur en chef).
- L'histoire est cohérente.
- Le registre de langue est respecté (registre formel).
- Les structures utilisées et l'orthographe sont maîtrisées.
- Le lexique est acquis et correspond au destinataire.

217

Notes

Notes

Notes

Notes

Notes

Notes

Achevé d'imprimer par Hérissey en septembre 2004 - N° 97581
Dépôt légal : septembre 2004 - 5409/01

New Forest

Nowhere in Britain is to be found the same delightful combination of scenery as exists in the New Forest, which covers more than 200 square miles of south-west Hampshire. Designated a National Park in 2005, this historic tract of land was established by William the Conqueror in 1079 to ensure that deer were protected and available for him to hunt. It is the only ancient royal hunting forest in England which has survived in anything like its original form. The historic laws of the forest are administered by the verderers whose officers patrol the forest on horseback to look after the welfare of the animals. Much of the forest is now managed by the Forestry Commission, and ancient woods of oak, beech, holly and yew are interspersed with plantations where timber has been grown commercially for centuries. In the 17th century much of the wood that was needed to build ships for England's growing navy came from the New Forest and timber is still grown for use in paper making and fencing. During the First World War many trees were felled for the war effort and broad-leaved trees were replaced by fast growing conifers, changing the ecology of the forest. Today, broad-leaf and conifer species are grown in the plantations in roughly equal numbers. The New Forest is renowned for its broad expanses of heathland. Characteristic of the sandy lowland areas of southern Britain, most heaths were created many centuries ago when woodland was cleared to create grazing land. They can appear bleak in winter-time, but in summer and autumn the New Forest heathland is covered with the rich purple tones of heather, the vivid gold of gorse and orange-brown fronds of bracken. Heathland provides an ideal habitat for reptiles including grass snakes, adders, lizards and slow-worms.

Deer, descendants of animals hunted by William the Conqueror, are less plentiful than they used to be but can still be seen, especially at dawn or dusk when they emerge from the undergrowth to feed. Of the four species found here, the pretty fallow deer is the commonest. Other mammals found in the forest include badgers, foxes and otters. The New Forest also provides an ideal environment for a wide variety of birds. Hawfinch, stonechat and nuthatch are common as are the nightingale, nightjar, woodlark, wood warbler and its rarer cousin the Dartford warbler. Among the larger birds of prey, the buzzard is frequently joined by the hobby and the Montagu's harrier, both rare summer visitors to England. Common rights for Forest dwellers to graze their animals on open forest land have existed for over 900 years and so cattle and other domestic animals also wander freely. The ancient right to graze pigs on acorns, known as "pannage", is permitted mainly between September and November.

Around Lyndhurst

Known as the "'Capital of the New Forest", **Lyndhurst** (*right*) has been its administrative centre since the Middle Ages. This attractive village of narrow streets and impressive Victorian and Edwardian architecture is an excellent base for exploring some of the best of the forest scenery. At one end of the High Street stands the imposing 17th century red-brick Queen's House (*bottom*) which is now the headquarters of the Forestry Commission and the official seat of the ancient Court of Verderers. The Parish Church, its spire a familiar local landmark, is the burial place of Alice Liddell, who lived in Lyndhurst after her marriage to Reginald Hargreaves, and who was the model for Lewis Carroll's famous story, *Alice in Wonderland*. Bolton's Bench (*right*) is a popular spot for picnics and a good starting point for heathland walks.

In the northern part of the New Forest is the little Domesday village of **Minstead** (*above*). The village's one inn is the unusually named "Trusty Servant". It has a quaint sign, a replica of a painting at Winchester College, which depicts a figure with a pig's head, donkey's ears, padlocked jaw and deer's feet. Bearing a sword and shield and carrying a collection of household implements, it symbolises the qualities of the ideal servant.

Azaleas and other flowering shrubs provide a stunning display of colour in **Furzey Gardens** (*above*) at Minstead. The thatched cottage in the gardens dates from 1560, and houses a collection of local arts and crafts. Pretty **Swan Green** (*left*) lies on the outskirts of Lyndhurst, surrounded by attractive woodland scenery. Beside the wide green stand several picturesque thatched cottages which are typical of the old homesteads found in this ancient woodland.

Camouflaged against the autumn colours of the trees and bracken, New Forest ponies graze undisturbed at **Warwick Slade** (*above*), just west of Lyndhurst. Nearby is the Forestry Commission's Reptile Centre, an important initiative for breeding endangered reptiles and re-introducing them in the forest. All six native reptiles, including Britain's only poisonous snake, the adder, are found in the New Forest which has become an important haven for these creatures whose habitat is under threat elsewhere in the country. At the Centre, outdoor pens provide a secure environment where two of Britain's rarest reptiles, the sand lizard and the smooth snake, can be seen. Beautiful **Highland Water** (*right*) is a tributary of the Lymington River, joining it south of Lyndhurst. Together they create the longest river in the New Forest, travelling south for some fifteen miles before flowing into The Solent. On its way, Highland Water meanders across heathland, through enclosures and into shady glades where animals come to drink.

Rhinefield is set in the heart of the forest surrounded by some of its most impressive scenery. Originally a forest track, the **Ornamental Drive** (*right*) is now a popular route for motorists and cyclists. Here there are some of the oldest and tallest Douglas firs in Britain as well as magnificent redwoods and banks of colourful rhododendrons and azaleas.

For those who prefer to explore on foot, forest paths wind along each side of the drive and give access to the **Rhinefield Enclosure** (*bottom*). Magnificent beech trees spread a canopy above the ground in **Mark Ash Wood** (*left*), the largest beech wood in the forest. A well-established path leads walkers through the wood and comes out near the keeper's cottage at Bolderwood.

Numerous footpaths meander across **Bolderwood** (*left*) making the area, which encompasses many different types of woodland and gives shelter to both ponies and deer, a paradise for walkers. On the road to Emery Down is Bolderwood Cottage, a keeper's cottage which is a favourite picnic spot. At **Mogshade Hill** (*below*) a simple wooden cross stands as a memorial to the Canadian forces who were camped in the New Forest in 1944 awaiting the signal to begin the invasion of Europe on D-Day.

The northern expanses of the New Forest are the highest and least visited part of this popular area, characterised by bracken-filled groves and shady enclosures. **Puckpits** (*below*) is an ancient enclosure which was planted more than 300 years ago. Once it was a haunt of both badgers and buzzards, but both are less numerous today than they once were.

Burley

Set high above the River Avon in the south-western part of the New Forest, **Burley** is an attractive village which makes a good centre for walking, horse-riding or cycling. Near the little green with its stone cross stands the Queen's Head (*right*), an intriguing old inn which houses a remarkable collection of hunting trophies and weapons. Although it was greatly extended in the 1890s, the Queen's Head is thought to be the oldest house in Burley. It was once a smugglers' hide-out

and its spacious cellar was used to store contraband goods. Burley Beacon offers good views of the Avon valley. According to legend a dragon once had its lair on the beacon, terrorising the local population until it was vanquished by Sir Maurice Berkeley in Dragon Fields at nearby Bisterne.

Brockenhurst

Situated in the heart of the New Forest, **Brockenhurst** is a popular centre for exploring the varied scenery of the forest. The heaths around the village are a colourful patchwork of heather and gorse and the woodland, with its combination of conifers and broad-leaved trees, offers quiet glades and shady streams. Ponies and cattle meander at will through the streets of Brockenhurst and the pretty little Brookley Watersplash (*below*) provides a natural watering place.

There are a number of pleasing old cottages, but the outstanding feature of this bustling village is the Parish Church (*above*) which is built of stone and brick and has a tower capped by a shingle spire. It retains many Norman features and the massive yew tree which stands near the door, its branches spanning over seventy feet, is said to be more than 1,000 years old. Here can be seen the grave of "Brusher" Mills, the forest snake catcher and local character who lived alone in a hut in the woods.

The **Lymington River** (*above*) rises in the heart of the New Forest and winds southwards through some of the most beautiful forest landscapes until it reaches the sea where it flows into The Solent. The upper reaches are characterised by bogs, springs and wooded streams which are rich in wildlife. Further downstream the river flows through nature reserves and Sites of Special Scientific Interest cared for by the Hampshire Wildlife Trust. At least fourteen species of fish are known to live in the river, including trout and sea lamprey, which comes into the fresh water to spawn. Kingfishers nest in the river banks and occasional otters are seen. From Brockenhurst there are delightful walks along the river to **Queen's Bower** (*right*), which lies deep in the forest in the midst of fine oak and beech trees. Here Highland Water, effectively the upper reaches of the Lymington River, joins the main stream. It is spanned by little bridges, and paths wind down to the water's edge where animals, including fallow and red deer, come to drink. The area is rich in wildlife, especially water-loving insects and a wide variety of birds from the little marsh tit to the mighty buzzard.

Beaulieu and Bucklers Hard

Situated at the head of the Beaulieu River estuary, a cluster of red-brick cottages make up the bustling but unspoiled village of Beaulieu (*top*). On the other side of the river stand the remains of the great Cistercian abbey, founded by King John in 1204. For many years the abbey possessed the privilege of granting sanctuary and among those who sought its protection were Marguerite d' Anjou, wife of Henry VI, and Perkin Warbeck, who laid claim to the throne of England in the 1490s. After the Dissolution of the Monasteries, much of the abbey was destroyed but the monks' refectory, now used as the parish church, and some beautiful cloister arches have survived. The original gatehouse (*centre* and *below*) was rebuilt in Victorian times and stands in attractive grounds where naturalised bulbs make a colourful display in springtime. Known as Palace House, is is now the home of Lord Montagu of Beaulieu who founded the famous National Motor Museum in the grounds in the 1950s. This outstanding collection of more than 250 historic vehicles includes veteran and vintage cars, record breakers like Donald Campbell's *Bluebird*, and famous cars that have appeared on screen or been owned by film stars.

In addition to its many other attractions, the New Forest has a number of fine gardens. **Exbury Gardens** (*right*) near Beaulieu were established by Lionel de Rothschild between the wars and are among the most outstanding gardens in the south-east. They provide something for every season from the daffodil meadow of spring to the "winter garden", but they are particularly spectacular during the late spring and summer when dramatic effects are created by the rhododendrons, camellias and roses. The peaceful hamlet of **Bucklers Hard** (*below*)

comprises two handsome rows of cottages facing each other across a wide main street. Situated beside the delightful Beaulieu River, this was a thriving shipbuilding community in the 18th century and many of England's fine wooden-walled ships were built and launched at Bucklers Hard, among them *Agamemnon* and *Euryalus* for Nelson's fleet. The quay is still well used and there is a fine Maritime Museum inside where the seafaring traditions of the area are celebrated.

Around Lymington

Lymington received a charter as early as 1200 and it quickly became a major seaport which grew to rival even Portsmouth and Southampton in importance. Boat building has been carried on here for many centuries, and smugglers once frequented the numerous creeks and inlets in the area. The local pressgang had an office here in the 1700s, recruiting men for the navy while the harbour master's office dates from 1833. Both the High Street and Quay Hill (*top*), which links it with Town Quay (*centre*) and the harbour, contain fine 17th and 18th century houses and shops, and retain a great deal of the atmosphere of Georgian days. The Lymington River (*below*) is still a popular yachting centre and the sheltered harbour, usually full to capacity with boats, is one of the most popular venues for yachtsmen on the south coast. Lymington harbour is also a point of departure for car and passenger ferries to the Isle of Wight.

Boldre Church (*right*) stands on top of a hill to the north of Lymington. It dates from about 1130, although it has later additions and alterations. An 18th century vicar of Boldre, William Gilpin, became famous as a naturalist of the New Forest, writing illustrated sketches of his wanderings through the countryside. He is buried here and there is a memorial to him in the north aisle of the church. The poet Robert Southey was also married in Boldre Church.

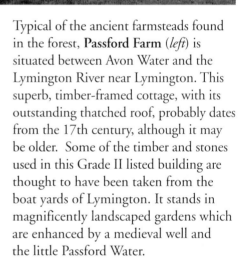

Typical of the ancient farmsteads found in the forest, **Passford Farm** (*left*) is situated between Avon Water and the Lymington River near Lymington. This superb, timber-framed cottage, with its outstanding thatched roof, probably dates from the 17th century, although it may be older. Some of the timber and stones used in this Grade II listed building are thought to have been taken from the boat yards of Lymington. It stands in magnificently landscaped gardens which are enhanced by a medieval well and the little Passford Water.

Pretty little **Avon Water** (*right*) is one of a number of delightful streams which meander through the leafy glades of the New Forest, providing a rich habitat for wildlife and lush grazing for the ever-popular ponies. Rising on open ground south of Burley, it winds south-eastwards through wooded enclosures and runs into the sea at Keyhaven to the south of Lymington.

Christchurch Bay

Projecting into The Solent, with its constantly changing pattern of activity, is a narrow strip of land known as the Shingles. In its shelter on a tiny tidal inlet is the quiet resort of **Keyhaven** (*left*), a popular centre for yachtsmen. Salt flats and mud at low tide provide a rich habitat for birds, and part of the area is a nature reserve. At the seaward end of the Shingles stands **Hurst Castle**. Commanding the entrance to Southampton Water, it was built in the reign of Henry VIII.

Adjacent to the castle, on Hurst Point, stands a fine lighthouse (*centre*) which guides shipping through the dangerous western approaches to The Solent. From its superb position on Christchurch Bay, the popular resort of **Milford-on-Sea** (*below*) offers fine views in all directions. To the east the shore curves round to the Shingles. Westward across the bay can be seen Hengistbury and the entrance to Christchurch harbour. There are good walks by the cliffs above the shingle beach.

Between Christchurch and Lymington, looking out across Christchurch Bay, is the popular little resort of **Barton-on-Sea** (*above*). From the cliffs, which have yielded many fossil remains, including prehistoric reptiles and sharks, there are magnificent views taking in The Needles, the Isle of Wight and the busy shipping lanes of the English Channel. Just inland lies **New Milton** (*centre*), a small country town of great charm set among tranquil lanes on the edge of the New Forest. Nearby in the village of Hinton Admiral stands the famous **Cat and Fiddle Inn** (*bottom*), one of the oldest inns in the New Forest. This delightful thatched hostelry is more than six centuries old and probably took its name from the original owner of the building, Chaterine la Fidèle.

The popular resort of **Highcliffe-on-Sea** (*left*) overlooks the wide sweep of Christchurch Bay and, to the south-east, the Isle of Wight can be seen with the jagged points of The Needles on the horizon. Steps lead up from the sand and shingle beach to **Highcliffe Castle** (*above*), perched on the 100-feet-high cliffs. Built in the 1830s for Lord Stuart de Rothesay, a distinguished diplomat in the reign of George IV, this Grade I listed building is an outstanding example of the Romantic and Picturesque style of architecture and contains some unique medieval stonework. The village of **Mudeford** has the advantage of facing both Christchurch harbour and the seashore where there is the long sandy sweep of Avon Beach (*below*). Fishing boats are launched from the quay where lobster pots are often piled up and a ferry plies across the fast-flowing Avon Run.

Originally one of King Alfred's walled strongholds against the Danes, **Christchurch** is now a tranquil town which takes its name from its 11th century Priory Church (*right*) which stands behind the quay. This magnificent building was begun in 1094 and took four centuries to complete. At just over 300 feet, it is England's longest parish church and contains many fine carvings and monuments. The tower houses two of the country's oldest bells, cast in 1370. Situated between the estuaries of the Rivers Avon and Stour, the sheltered harbour offers safe moorings for yachts and other small boats.

The Avon Valley

The Hampshire Avon, which has its source in the Wiltshire Downs, forms the western boundary of the New Forest, flowing through Fordingbridge and Ringwood on its way to the sea at Christchurch. The river provides delightful countryside for walkers and attracts anglers from miles around with its mixture of salmon, trout and coarse fish. From **Castle Hill** (*right*) near the attractive hamlet of Godshill there are magnificent views extending across a large part of the tranquil Avon valley.

Ringwood itself (*left*) is a bustling market town which is seen to good advantage from the river. It has always served as the market centre for the New Forest, and retains a pleasing variety of Tudor cottages, Georgian houses and more modern buildings. The area is connected with the ill-fated Duke of Monmouth who was captured nearby in 1685 after his failed rebellion, and held in a house now named Monmouth House in West Street.

The Parish Church (*right*) with its square, battlemented tower is a prominent local landmark attractively situated between the river and the Market Square. It was rebuilt in the 1850s, but retains many features of the older building including a good 15th century brass and three noteworthy lancet windows in the east end.

The village of **Breamore** (*above*), three miles north of Fordingbridge on the western fringes of the New Forest, has been carefully preserved against change and development and is one of the most beautiful villages in the forest. The church dates from Saxon times and there is a fine 16th century manor house as well as several picturesque thatched Tudor cottages grouped around the green. **Fordingbridge** (*bottom*) was once a flourishing centre for the manufacture of canvas and sail cloth, but today it is a quiet town which makes a convenient centre for exploring the wilder northern parts of the New Forest. Here the River Avon is spanned by a restored, 14th century stone bridge with seven graceful arches. North-east of Fordingbridge is the hamlet of **Woodgreen** (*right*) with its quaint thatched cottages and little green.

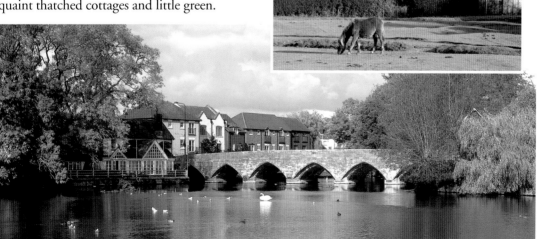

The Northern Forest

The high northern expanses of the New Forest are the least frequented part of this popular region, but they have a unique beauty of their own. **Rockford Common** (*right*) offers a panorama of marshy heathland which stretches out in all directions, interspersed with bracken-filled groves, wooded valleys and open moorland. North-east of Rockford is beautiful **Bramshaw Wood** (*below*). Threaded by footpaths, the woodland is particularly attractive when the autumn tints are on the trees and the sun casts long shadows.

Fritham (*bottom*) lies beside Dockens Water, one of the main tributaries of the River Avon. This is an ancient area where fossils and Roman remains have been found and there are extensive views northwards to Salisbury and south-west across the Avon valley. According to some ancient sources, it was also here, in 1100, that King William II met his death while out hunting.

From **Stoney Cross Plain** (*above*), half-way between Fritham and Lyndhurst, there are panoramic views which extend for miles over bracken-filled groves, wooded valleys and open moorland. Despite its apparent isolation the area has long been settled. Stone Age implements and Bronze Age barrows have been found here and Stoney Cross may have taken its name from the stone flags of the Roman roads which once intersected here. The **Rufus Stone** (*below*), at Canterton Glen near Minstead, marks the legendary site of the death, in 1100, of William II, known as William Rufus because of his red hair.

Other parts of the forest which have also been mentioned as possible locations include Bolderwood, Fritham and Stoney Cross. The king was shot by an arrow fired by Sir Walter Tyrell while hunting deer in the forest. It is thought by some that this was not just a tragic accident, but part of a carefully constructed plot to put William's brother Henry on the throne. He certainly lost no time in riding to Winchester to be proclaimed King Henry I, while Tyrell fled at once to France.

Northern gateway to the New Forest, **Cadnam** stands at the hub of a network of roads and attracts many visitors with its pretty cottages and famous inns. Behind the village, which is known to have existed since medieval times, the broad, grassy heathland of Cadnam Common (*below*) is grazed by ponies and donkeys.

Facing onto the village green, the **Sir John Barleycorn** (*above*) is one of the oldest inns in the forest. With its thatched roof and gables over the doorways, it was originally three cottages and dates from the 12th century. Here at one time lived the charcoal burner, Purkiss, who carried the dead body of William Rufus on his cart to Winchester.

At nearby Canterton, stands the **Sir Walter Tyrell Inn** (*right*), by contrast one of the more recent New Forest inns, built around 1900. Situated a short walk from the Rufus Stone, it was named after the man who fired the fatal arrow which killed the king. The Tyrell Society, a world-wide organisation of people believed to be descended from the 11th century nobleman, meets here each year on the anniversary of William II's death to make a pilgrimage to the site.